●浙江省哲学社会科学规划课题成果（项目编号为：10CGWW19YBX）

Translation Studies from the Sociological Approach:
With the Guidance of Bourdieu's Sociological Theory

翻译研究的社会学途径
——以布迪厄的社会学理论为指导

陈 秀 著

ZHEJIANG UNIVERSITY PRESS
浙江大学出版社

序

　　当代西方翻译研究学派奠基人詹姆斯·霍姆斯（James Holmes）于 1972 年在其里程碑式的论文《翻译学的名与实》（"The Name and Nature of Translation Studies"）中最初提出了"社会翻译学"（socio-translation studies）这一说法，并做了简述。后来，在翻译学"文化转向"进程中，在描写翻译学的深入发展中，以"翻译社会学"或"社会翻译学"为名的社会学路径翻译研究从此开始走向发展。浙江农林大学外国语学院陈秀副教授是国内较早关注社会翻译学的学者之一，她历时多年主持完成的浙江省哲学社会科学规划课题的研究成果《翻译研究的社会学途径》就是这一研究领域的一部力作。

　　该书稿从我国翻译研究现状梳理为切入，立足社会学研究视角，以布迪厄（Pierre Bourdieu）社会学理论内核为主线，紧密结合典型译例和译家译事，主要从布迪厄语言观与翻译、文化资本与翻译、惯习与译者等方面对翻译研究的社会学途径进行深度透析和积极探索，立论鲜明，观点新颖，论据充分，理论联系实际，史料翔实，旁征博引，分析较深入，阐述较到位，对当下翻译研究不乏一定的启示意义和学术价值。

　　但依我个人陋见，该书稿的理论视角如果能将布迪厄的社会学理论与拉图尔（Bruno Latour）的行动者网络理论（Actor-Network Theory）有机融合，则有可能为译作的生产与传播研究构建更为系统的翻译研究社会学途径。该书稿的研究对象倘若能在"惯习与译者"一章另添一节关于国内某位译家的惯习与翻译研究，则更趋完美。

　　是为推荐。

浙江财经大学外国语学院

2016 年 10 月

前　言

　　本书是浙江省哲学社会科学规划课题的研究成果。

　　本书主要从社会学角度对翻译进行研究。翻译的实践性决定了其与生俱来的社会性特征，翻译活动中所涉及的原作、译作、原文作者、翻译行为者、译文读者等之间也有着千丝万缕的关系，因此，法国社会学家布迪厄社会学理论中的实践原则、关系主义方法论原则及其核心概念之间的关系为阐释翻译的社会性、翻译与社会的关系以及翻译行为所涉及的各种因素之间的关系提供了系统的理论支撑。

　　本书借用了布迪厄社会学理论中的语言观、资本、惯习、场域等主要概念，对中国语境下的翻译行为以及中西方社会文化交流活动中的翻译行为进行梳理，以典型翻译事例或事件客观描述语言与权力的关系、翻译与社会的关系以及翻译所涉及的各种因素在社会环境中的相互关系。根据布迪厄的说法：语言是一种社会实践，社会行为者之间的语言交流始终存在着权力支配关系。在场域空间中，社会行为者在惯习的作用下，通过累积和企图垄断各种不同的资本，保证或改善自己在场域中的位置，进而获取更大的利益。在布氏理论框架下，我们可以对翻译进行如下描述：在翻译过程中，翻译行为者们遵守一定的规则进行翻译活动，他们长期以来养成的文化惯习对翻译文本的选择以及译本的产出风格等有决定性的影响。通过翻译，某种语言或者文化可以累积一定的文化资本（翻译文本及其影响），从而在全球化的社会文化场域中争夺到一定的位置。随着翻译行为以及相应累积资本的发展变化，文化场域中各种力量对比也不断发生变化。

　　本书由五个章节组成。

　　第一章"导论"，主要对我国翻译研究的历史进行了梳理，探讨了翻译研究的四个阶段、三个转向以及译者身份、学科建设等问题。同时对翻译领域社会学研究视角的现状进行了述评，并阐述了该角度研究切入的意义。

　　第二章"布迪厄社会学理论介绍"，对布迪厄的社会学理论框架以及布迪厄的语言观、场域、资本、惯习等主要概念进行了介绍，为后面的研究奠定了基础。

第三章"布迪厄语言观与翻译"，探讨了语言中所蕴含的权力问题。翻译是两种语言之间的转换，是社会系统内部的一种操作力量，是语言争夺中心位置强有力的武器。翻译过程中体现的各种矛盾实质上体现了各种权力关系之争。

第四章"文化资本与翻译"，分析了翻译作为一种文化资本的特征，认为语言和翻译属于文化资本的一部分，二者的表现形式（文本/译本的产出和影响），即文化资本累计的多寡，是行为者（译者、译文读者、出版机构等）获取文化场域位置和利益的一种标志。换句话说，在翻译过程中，行为者获得的文化资本越多，他们在某种文化场域中所处的位置就越优越。本章还对译作这种客观化的文化资本进行了分析。

第五章"惯习与译者"，主要探讨了译者的惯习和翻译之间的关系。译者在特定的文化场域中形成自己特有的双重文化惯习，而这种惯习又对译者的翻译思想、翻译文本和翻译策略的选择起着决定性的影响。

两次曼大求学，数年思考积累，期间由于各种原因的搁置，这本书终于画上了最后一个句号。在此期间，得到了来自老师、朋友、亲人的无私帮助、关心和支持。没有他们，难以想象本书能够顺利完成。在此，谨对他们表示衷心的感谢。

首先感谢 Mona Baker 教授。2007 年我第一次到曼彻斯特大学研修，正是在她的课堂上，我首次认知了文化资本、场域、惯习等概念，认识了布迪厄，启发了我从社会学角度对翻译进行研究的思路。当后来 Mona Baker 教授得知我对此课题感兴趣并想对此进行深入研究之后，她慷慨地给予了我第二次赴英访学的机会，促成了我 2014 年再次到曼彻斯特大学访学，得以收集到与课题相关的资料。

感谢解放军外国语学院孙致礼教授一如既往的鼓励和支持。孙教授是我学术生涯的引路人，正是他对翻译的热爱和痴迷，让我爱上了翻译，开始了翻译实践。我从最初在《英语世界》上发表短小的译文，到后来翻译茅盾文学奖得主王旭烽教授的茶文化作品《瑞草之国》与《爱茶者说》等，都离不开孙教授的关怀。正是他在翻译研究中的求真精神，鼓励我在翻译研究的道路上前行——《浙江省译家研究》这本处女作的选题就得益于孙教授的指点。

感谢浙江财经大学的黎昌抱教授。他在繁忙的工作中对本书的写作思路进行了指导，并提出了许多宝贵的意见，让我少走了不少弯路。感谢他还为本书写了序。

感谢浙江农林大学外国语学院历任领导和英语系全体教师以及外语学院同事的支持和关心。

感谢浙江大学出版社诸葛勤老师对我的支持和理解，他总是不厌其烦地和我商讨图书出版的细节，并对书中文辞表达的不当之处进行修订。

感谢我的朋友和家人对我一贯的理解、宽容和照顾。朋友的交流和支持，总能让我在情绪最低落的时候有继续前行的勇气。家人无私的包容和理解，是我生活中最宝贵的财富。母亲在世时，包揽了家里所有的家务；大儿子高考的那一天，还叮嘱我不用早起，他可以自己搞定一切；小儿子总是尽力做到生活中的自立；丈夫在生活中，总是做到对我一如既往无条件的关爱和细心的照顾。没有他们，一切都是不可能的。

在写作过程中，作者尽管本着踏实认真的态度进行研究和撰写，但由于识浅力薄，直到书稿交稿之时，内心仍然惴惴不安，因为深知书中仍然存在诸多不成熟的观点和纰漏。不足之处，恳请读者和专家学者见谅并赐正。

陈　秀

2016 年 11 月 3 日

翻译研究的社会学途径——以布迪厄的社会学理论为指导

目　录

翻译研究的社会学途径——以布迪厄的社会学理论为指导

第一章 导论

1.1 我国翻译研究回顾

在进行本课题论述之前，我们认为有必要对我国翻译研究的大致状况进行简要的梳理，这是我们研究的基础。只有清楚了我国翻译研究的状况，才能找到合理的切入点进行研究。谈到翻译这个活动，应该没有人会去质疑它历史的久远，因为翻译的历史可以追溯到不同地区的原始人类开始用语言作为工具进行交流的那一天。然而在历史的长河中，翻译常常处于一种透明而尴尬的境地：虽然翻译活动作为一种人类的文化交流活动一直存在，却很少受到世人的关注，就像人们生活中呼吸的空气一样，时刻被需要，却不被人感知和重视。20 世纪 50 年代以前，虽然有众多的翻译实践者孜孜不倦地埋头苦干，为中国历史文化的发展和进步做出了不可磨灭的贡献，但是却很少有学者对翻译进行深入而系统的研究。直到 20 世纪 50 年代，世界各地的学者才开始借助各门学科的研究成果，从不同的视角和层面对翻译进行探索。在中国，20 世纪 80 年代以来，翻译研究也逐渐改变了被遗忘、被忽视的局面，其学科重要性日益凸显，翻译研究成果在广度和深度方面都获得了突破性的发展：翻译研究从随感式、点评式的语言文本研究中走出来，呈现出一种多元和开放的态势。翻译研究发展到现在，我们说大致经历了四个阶段、三个转向，其间伴随着对翻译中一些重大问题的激烈讨论，体现了翻译研究的不断深化和系统化过程。这些讨论包括：翻译的"忠实"问题、翻译的理论与实践的关系问题、翻译中的译者身份问题、翻译学科建设等等。

1.1.1 翻译研究的四个阶段

学者吕俊对翻译研究的阶段进行了划分。他认为，我国的翻译研究走过了传统的语文学、结构主义语言学、解构主义研究等范式，目前我们所从事的是建构主义的翻译学研究（吕俊，2006）。我们可以用表 1.1 来说明这几个阶段的大致情况。

表 1.1　翻译研究的四个阶段及其主要特征

翻译研究阶段	语文学阶段	结构主义阶段	解构主义阶段	建构主义阶段
时间	20 世纪 80 年代以前	20 世纪八九十年代后半期	20 世纪 90 年代后半期至 21 世纪初	21 世纪初至今
主要特征	主观、零散、不系统、重灵感、靠直觉	客观、重文本对比、科学性、机械性、工具性、忽略外部因素	关注外部因素、多元、消解、解构、离散、重解释	建构、本体回归、多视角、多层次
代表性言论	神似说、化境说、灵性说、信达雅	等值说、对等说	文化学派、阐释学派、目的论学派、翻译研究学派、女性主义翻译、后殖民主义翻译	翻译学本体研究、翻译研究的不同途径
代表人物	钱锺书、傅雷、严复	奈达、卡特福德、雅各布森、纽马克	巴斯奈特、勒菲弗尔、根茨勒、图里、文努蒂、斯坦纳、斯内尔-霍恩比	吕俊、许钧、谭载喜、刘宓庆等众多学者
理论基础	缺乏理论基础	结构主义语言学	解构主义理论	建构主义理论、社会学理论等

1. 语文学阶段（the philological stage）

我国的翻译研究在 20 世纪 80 年代以前都可以归为这一阶段。这一阶段也就是我们常说的传统翻译研究时期。这一阶段翻译研究的特征是有很强的主观性，普遍的观点是把翻译活动看成和文学创作一样，是一种灵感和悟性的呈现，人们认为翻译家是天生的，而非培养的，翻译活动"全取决于译者个人，取决于个人素质与能力，包括天才与灵感"，"翻译是有赖于个人能力的艺术"（张经浩，1999）。在翻译过程中，译者凭着自己的好恶来选择翻译作品以及翻译方法，对翻译的评论多为点评式、随感式，没有什么理论作为翻译研究的基础，所以这个阶段人们对翻译的认识也是零散的、不系统的。这一阶段的本质是"前科学的"（pre-scientific），具有"早期自由式翻译的热情"（early enthusiasm for freedom in translation）（Nida，1993）。主要翻译目标是"美感经验对等"，对翻译的态度偏重于"主观"，总体来说是译者"重效果"、"跟着感觉走"者居多（胡庚申，2004）。傅雷的"神似说"、钱锺书的"化境说"以及严复的"信达雅"可以看作是这一阶段的代表性言论。

2. 结构主义阶段（the structural stage）

这一阶段主要指 20 世纪 80 年代至 20 世纪 90 年代后半期。20 世纪 80 年代，随着中国改革开放政策的实施，国外的翻译理论开始陆续进入中国，改变了中国翻译研究无理论的状况。这一时期的翻译理论主要以结构主义语言学为理论基础，强调语言的共性和规律性，使用语言分析、文本对比的方法来探讨翻译活动，突出语言的工具性。这一时期的学者们以索绪尔的普通语言学理论为基础，开始对翻译进行"科学"的研究：基于"各种语言具有同等表达力"的思想，奈达（Eugene Nida）提出了"翻译是科学"的主张，后来又提出"动态对等""功能对等"等翻译原则（谭载喜，1999）；雅各布森（Roman Jakobson）于 1959 年发表论文《论翻译的语言学问题》（"On Linguistic Aspects of Translation"），从语言学的角度对语言和翻译的关系、翻译的重要性以及翻译中存在的一般问题做出了详尽的分析和论述；英国学者纽马克（Peter Newmark）提出"交际翻译"和"语义翻译"的概念；英国翻译理论家卡特福德（J. C. Catford）在其 1965 年的《翻译的语言学理论》（*A Linguistic Theory of Translation*）中，用现代语言学视角诠释翻译问题，将翻译界定为"用一种等值的语言（译语）的文本材料去替换另一种语言（源语）的文本材料"，并指出"对等"是关键词，将寻求对等视作翻译研究和实践的中心问题（谢天振，2008）。在众多国外翻译理论的译介中，美国翻译家奈达的著作最多、最系统，影响力也最大，因此也可以说那是一个中国翻译界言必称"奈达"的时代。而这一时期的关键词就是"等值""对等"。相对于语文学阶段来说，这一阶段的先进性主要体现在通过对语言结构的分析，帮助我们破除了长期以来语文学翻译研究模式留给我们的神秘感，带来了科学和分析的思想，克服了主观主义，以语言分析代替了直觉感受，把翻译活动变成了一种有章可循、有法可依的活动了，让我们从主观主义走向了一种客观性（吕俊，2001a）。但是要指出的是，结构主义语言学翻译研究仍然将分析和研究集中在语言层面的转换上，并没有走出原文文本中心。这种研究模式过分强调语言的对等和规律，忽略了翻译活动中影响翻译产品形成的外部因素，使翻译程序化、科学化、机械化、简单化，把翻译活动看成了纯粹的语言活动，把语言看成是一种理想化了的东西，形成了语言逻各斯中心主义，忽视和压抑了人的主观创造性与能动性，同时也抹杀了翻译活动的人文性和社会性。

3. 解构主义阶段（the de-constructural stage）

结构主义语言学的翻译研究在中国走过了其轰轰烈烈的黄金时代，终归由于其研究模式的缺陷，在 20 世纪 90 年代后半期被来势汹汹的解构主义思潮所取代。在这一阶段，翻译研究者们借助文化学、思维学、社会符号学、阐释学、现象学等多学科知识，从多元、多层次、多角度来探讨翻译问题。翻译研究再次取得了突破性发展，走出了长期以来束缚人们思想的文本中心的藩篱，从结构主义研究阶段走向了解构主义研究阶段。一时间，翻译的目的论学派、操控论学派、文化学派等多种学派从西方逐渐引进，取代了奈达翻译思想一统天下的局面。这些翻译学派是西方六七十年代解构主义运动的产物。解构主义思潮的代表人物胡塞尔的意向性理论（intentionality）把"人"这一主体概念引入了意义形成，从而打破了索绪尔结构主义语言学那个封闭的符号系统。伽达默尔的视域融合（fusion of horizons）理论认为真正的理解是新的意义的生成。这就对结构主义语言学关于语言规律设定意义的原则形成一种否定力量，这种理论不仅强调了主体间的对话性，还把"时间"（历史）的概念也引入意义的形成之中。德里达（Jacques Derrida）关于意义延异（differance）和播撒（dissemination）理论则直接否定了意义的确定性，否认了结构的存在。他的主张就是"解构"，就是要突破原来的系统，打开封闭的结构，排除中心和本原，消解二元对立。在他看来，语言的实质只是一种差异与延宕的永无止境的游戏。文本只是这场游戏中的一个系统，没有任何本原和中心。因此世间没有完全独立的文本，互文性是一切文本的特征（吕俊，2001c）。在这个阶段，翻译研究者们批判了结构主义语言学研究的工具理性、语言中心论以及二元对立的观点，纷纷将目光投向影响翻译活动的外部因素，表现出多元、消解、离散、解构、重解释的特点。这一阶段的哲学基础是解释哲学，根据解释哲学的理念，翻译活动是译者的期待视域与作品的召唤结构相互作用下形成的创作主体与接受主体间的对话，翻译的整个过程是译者在通过文本中介与隐含的作者的对话，译者的活动就是一种对话的参与（吕俊，2000）。这种解释哲学关注影响翻译活动的外部因素，拓展了传统译学的疆界，但是也带来了许多困惑与混乱。其中最大的问题是使翻译活动本身受到拆解，完全排除了对翻译活动中不可或缺的语言问题的研究，而将翻译研究变成文化、意识形态等研究的附庸。其结果必然会带来对语言的忽略而走向分散。而且相互抵牾的多元，即把翻译的本体拆解，只关注在这一活动中的其他次要因素（吕俊，2003）。

4. 建构主义阶段（the constructural stage）

翻译研究走过了主观、神秘的语文学阶段，科学、封闭的结构主义阶段，也经历了否定、消解的解构主义研究阶段，在短暂的"沉寂期"之后，翻译研究于 21 世纪初进入了更为理性和成熟的研究阶段，即建构主义阶段。在这一阶段里，学者们基本达成这样的共识：翻译学是一门与多种学科有着密切联系但是又相对独立的综合性学科。国内有一大批为翻译事业无怨无悔付出的学者孜孜不倦地构建译学这座大厦。他们在注重翻译研究本体回归的同时，从不同视角、借鉴不同学科知识对翻译进行研究，使译学这座大厦日趋完善和成熟。这一阶段的特点可以概括为建构、本体回归、多视角、多层次。说它是建构的，是因为几乎所有翻译研究的学者都致力于翻译学学科建设这个事业。说它是本体回归的，是因为经历过解构主义阶段对语言消解、解构、去中心化之后，人们意识到从本质上来说，翻译终归是关于两种语言之间的活动。因此，有学者警示：如果在翻译研究中一味借鉴其他学科知识，会导致"翻译的领域看似不断扩大，但在翻译从边缘走向中心的路途中，却潜伏着又一步步失去自己的位置的危险"（许钧，2003a）。也有学者呼吁翻译学应该保持自身的学科特点，恢复翻译理论和翻译实践之间的良性互动关系（曹明伦，2006）。因此部分学者又重提"忠实"问题，认为"忠实"仍然是翻译研究中一个不可或缺的方面（陈秀，2010）。说它是多层次、多视角的，是因为在众多学者的著作中，既有从本体上对翻译进行研究的，也有从不同视角和途径对翻译进行研究的。许钧、谭载喜、刘宓庆等学者对翻译的本质、过程、研究对象、标准、基本模式和学科框架等进行了详尽的探讨，而张美芳、俞佳乐、吕俊等学者则借助其他学科的知识对翻译进行多种途径的研究。值得一提的是学者吕俊。他十几年如一日，执着地在翻译学的领域里耕耘，他从 2000 年就开始陆续发表文章和著作，对我国翻译研究的发展阶段进行梳理，提出我国翻译研究经历了语文学研究阶段、结构主义现代语言学阶段、解构主义阶段，并对这三个阶段的优缺点进行了详尽的分析。在此基础上，他提出我们目前从事的研究是建构主义的翻译学研究（吕俊、侯向群，2006）。在其著作《翻译学——一个建构主义的视角》中，他从哲学基础、理性观、真理观、语言观、认识观五个方面论证了建构主义翻译学的合理性。他的研究兼顾了翻译的人文性、社会性，同时具有系统性、科学性和可操作性，给读者以深深的启迪。笔者在这里要说明的一点是：在对我国翻译研究阶段进行划分的时候，虽然借用了学者吕俊的"建构主义"概念，但是笔者所提及的"建构主义"概念更为广泛，而学者吕俊的"建构主义翻译学"只是众多学者构建的译学大厦的一个部分或一个视角，即翻译研究的建构主义视角，就像"翻译研究的功能途径"一样。

西方近代哲学，特别是德国哲学中对实践概念的理解，为马克思的实践概念最终形成提供了思想源泉。马克思批判了康德、费希特、黑格尔哲学思想中的片面理解错误，最后得出科学的实践观：实践是人们有目的地改造和探索外部世界的一切社会性的客观的物质活动。实践的主体是有意识有目的的人；实践的手段是人所创造的工具；实践的对象是被人认识和改造的客观事物（赵甲明，2011）。我们有理由相信，译学建设这座大厦，在无数学者的共同努力下，必将会走向完善和成熟，如同马克思哲学中的实践概念一样。

1.1.2　翻译研究的三个转向

20 世纪 80 年代以来，我国的翻译研究经历了三次转向，即 20 世纪 80 年代的语言学转向，20 世纪 90 年代末期的文化转向，以及由于文化转向而诱发的权力转向。翻译研究中的每一次转向都是一个研究视角的改变，是对当时研究困境思索的结果。这种转向是渐进的、必然的，是学科融合交叉的结果，每一次的研究转向都使翻译研究的领域不断扩大，研究的方法日益多样，最终促成翻译学科的独立和渐趋完善。

1. 翻译研究的语言学转向

20 世纪 80 年代以前，我国的翻译研究处于语文学阶段。这一阶段的主要特征是忽视翻译的理论建设，认为翻译是一种艺术，只能"神而明之，存乎其人"不受任何理论的约束。也有人把翻译比作类似于油漆匠似的技术性工作：既然油漆匠学会了使用颜色，就可以照样本画山水人物，那翻译工作者只要看懂外国文，会写本国文，又了解一本书的内容，就可以翻译。油漆匠从来不讲究什么理论，翻译工作者要理论做什么呢（董秋斯，1956）？今天看来这样的观点无疑是把翻译过分简单化，但是却代表了当时大部分人反对翻译理论的观点。从事翻译实践的人凭着自己的直觉经验选取自己感兴趣的题材，凭着自己语言的天分自由地从事翻译工作。翻译研究者们对翻译作品的评价也仅仅限于"效果""感觉"和"意境"，翻译处于一种"只可意会，不可言传"的境地。20世纪80年代以来，随着中国改革开放政策的实施，国外翻译理论开始陆续进入中国，改变了翻译界无理论、进行主观价值判断的状况。首先进入人们视野的是结构语言学，人们几乎是以欣喜若狂的态度对待语言学在翻译领域的任意侵占的。翻译研究学者借助符号学、语用学、语义学、句法学、篇章语言学等语言分支学科对翻译问题进行探索，试图用语言学理论来构筑翻译学学科理论。在语言学理论的指导下，人们一下子对神秘莫测的语言似乎有了把握的可能，人们相信能在不同的语言之间找到共同的规律，翻译的可能性是基于不同语言相异的表层结构之下的语言共核，即语言的深层结构。国外学者提出的"对等"或"等值"，以及"翻译是一种科学"等主张均是这一转向的结果和体现。

翻译研究中的语言学转向一方面是翻译研究领域自我寻求发展的结果，同时也是语言学学科在20世纪世界学术领域霸主地位所决定的。

随着语言学学科的成熟和发展，它在20世纪陆续征服了学术界的很多领域，致使不少学术领域，如哲学、社会学、文学等都相继出现了语言学的转向。在哲学领域中，维特根斯坦（Wittgenstein）将语言变为哲学反思的对象，促成了哲学中的语言学转向（Kellner，1995），维特根斯坦的语言"游戏说"认为日常生活的语言是生生不息的，这是哲学的基础和源泉，哲学的本质应该在日常生活解决，在"游戏"中理解游戏。海德格尔认为"语言是存在的家园"，即存在依附于语言，人是符号动物，不是人在说语言，而是语言在说人。维特根斯坦和海德格尔的语言观在后结构主义者罗兰·巴尔特（Roland Barthes）和德里达那里被拓展到了无以复加的地步，他们运用"解构"的思维方式，颠覆了语言中心论，指出语言的能指和所指之间是一种游戏关系，语言的意义是在不断地延异中产生（覃安基，2011）。哲学领域语言学转向的根本特征是对语言进行分析，即用现代逻辑来对语言进行科学的系统的分析，解决了哲学研究的研究对象问题，从而解救了西方哲学的危机，被称为是"哥白尼式的革命"（徐友渔，1994）。在社会学领域的语言学转向使社会学更深刻地切入了生活，解决了社会学中语言学的失落问题。语言学问题成为西方当代社会学主流的主题，被广泛运用于利科（Paul Ricoeur）的解释学社会学、哈贝马斯（Jurgen Harbermas）的交往社会学、布迪厄（Pierre Bourdieu）的反思社会学、福柯（Foucault）与利奥塔德（Lyotarod）等人的后结构主义社会学中。社会学中的语言学转向把社会学引入了一个交往世界或者对话沟通世界（刘少杰，1999）。在文学领域，语言学的转向让人们关注的焦点从文学经验（意象、风格、主题、时代背景等）层面上拉回到语言本身的反思，这一转向革命性的理念在于必须把语言看作是文学及其知识甚至是再建构的前提条件，因为"吾语言之疆界乃吾世界之疆界"。文学的语言学转向颠覆了把意义看作是文字背后的实体的传统观念，包含了解读文本的更为复杂的多种差异性，继而产生了"文本"和"作品"两个不同的概念，由于文本对阅读的依赖性和开放性，"作者死了"，一个上帝式的作者被无数多元化的读者所取代（周宪，2010）。

翻译研究的语言学转向主张运用逻辑方法对语言进行分析，实则是 20 世纪盛行的科学主义和理性主义的必然产物。语言学转向强调理性和科学，强调语言的规律性和可认知性，破除了传统翻译阶段神秘的面纱，提出了与传统翻译研究不同的研究方式，大大拓宽了人们的研究视野，为翻译研究注入了新鲜的血液，是符合事物发展规律的。但是由于结构语言学忽略了翻译活动中的人文性和社会性，把非逻辑的因素绝对地排除在外，从而将翻译活动简单化、机械化。我们知道，在翻译活动中，非理性因素同样具有不可或缺的作用，因为在认识客观世界、获得真理的过程中，人类主体对客体的认识不可避免地要受到客观性因素，即社会、历史及人类科学技术的发展影响，更要受到主体生物特征、心理特征等因素的影响。因此虽然我们承认语言是翻译中不可或缺的一部分，把语言分析看作翻译学中一种主要的研究方法，但是我们仍然不能将全部的翻译问题仅仅归结为语言问题。

2. 翻译研究的文化转向

我们知道，翻译行为绝不是在真空中进行的，更不是一种远离政治和意识形态的活动。语言学视角的翻译研究把眼光仅仅局限于翻译中的内部因素，关注语言层面的文本对比，忽略了社会大语境中对翻译产品产生的外部因素的思考，因此翻译的语言学研究从 20 世纪 90 年代逐渐式微，翻译研究者们开始关注外部因素的研究，发生了翻译研究的第二次转向，即翻译研究的文化转向。

斯内尔-霍恩比（Mary Snell-Hornby）建议从事翻译理论研究的学者们抛

弃他们"唯科学主义"的态度，把文化而不是文本作为翻译的单位，把文化研究纳入翻译理论研究中来。在巴斯奈特（Susan Bassenett）和勒菲弗尔（André Lefevere）看来，她的这一提法具有"划时代"的意义，标志着在翻译研究领域中出现了一场变革，他们把这场变革称为翻译研究领域的"文化转向"（Gentzler, 1993）。译界公认的文化转向的标志事件是 1989 年在英国华威大学（The University of Warwick）召开的国际翻译研讨会。随后苏珊•巴斯奈特和安德烈•勒菲弗尔在合编的《翻译历史与文化》（*Translation, History and Culture*）中提出了翻译研究的"文化转向"概念，在《文化构建——文学翻译论集》（*Constructing Cultures: Essays on Literary Translation*）中他们使用了强有力的例证使文化领域的研究靠近翻译研究，指出翻译研究是文化互动的研究（Bassenett, 2002）。

在翻译的文化研究方面，比较活跃的学者还有埃文-佐哈尔（Even-Zohar）、图里（Gideon Toury）、文努蒂（Venuti）、雪莉•西蒙（Sherry Simon）以及尼兰贾娜（Niranjana）和斯皮瓦克（Spivak）等。埃文-佐哈尔于 20 世纪 70 年代提出了多元系统理论（Polysystem Theory），把翻译和社会、历史、文化联系起来，认为翻译是社会各种关系网络的一个组成部分，必然受到其相关的各种社会因素的影响。此外，在不同国家的不同时期，翻译在多元系统中的位置会发生变化——有时候处于边缘地位，有时则处于核心的地位。图里发展了佐哈儿的多元系统理论，提出了描述翻译学。他指出，描述性研究的主要目的是描述、解释和预测与其研究对象相关的各种现象。文努蒂强调翻译应该"存异"，而非"求同"，同时强调了译者的主体性。雪莉•西蒙将关注点放在女权运动对翻译活动的影响，探讨女性翻译家及女作家作品的翻译问题。尼兰贾娜和斯皮瓦克提出后殖民主义翻译理论，指出翻译是一种政治行为，体现了意识形态和权力的关系。

翻译研究的文化转向是文化研究催生的结果。在如今全球性的文化转型时期，文化的全球化打破了文化研究的疆界，也打破了学科的疆界，将翻译研究纳入了文化研究的范围，出现了文化研究的翻译转向。而既然翻译至少是在两种文化之间进行，将翻译研究纳入文化研究的大语境下也自然是比较合适的。翻译研究的文化转向扩大了翻译研究的范围，使翻译研究走出了语言研究的桎梏，将翻译研究的重点从原文研究转向译文研究，关注翻译对于译语文化的影响，注重对翻译功能的考察，将关注点从原文作者转向了译者和译文读者，译者从传统翻译研究的"隐形"转向"现身"，凸显了译者的地位。翻译研究者们从哲学、社会学、人类学、符号学等多门学科借鉴研究方法，导致研究方法的多样化，使我们翻译研究的结论更具有普遍意义和学科意义，而不仅仅是解决了几个具体操作技巧性的问题（王宁，2009）。文化研究的勃兴促使翻译研究作为一门相对独立学科跻身于学界的殿堂。文化研究不仅赋予翻译研究以存在的合法性，而且可以给我们的翻译研究提供有力的理论武器和明晰的观察视角。它可以使我们站得更高一些，超越单一的思维模式，以便使我们对翻译研究有一个总体的把握。如果我们把文化比作一个人的身体，那么语言就是这个人的心脏。就像一名正在给心脏做手术的外科医生不能对心脏周围的肌体熟视无睹一样，从事翻译工作的译者和从事翻译研究工作的翻译理论工作者也不能只满足于语言的分析和文本之间的对照与转换而忽视了文化因素的存在（孙会军，2000）。

3. 翻译研究的权力转向

巴斯奈特与勒菲弗尔认为，翻译研究者必须深入探讨社会权力行使的任意性和变动性，以及对于文化产品（翻译产品是文化产品的一部分）来说，该种权力行使究竟意味着什么（Bassnett, 1990）。这一观点诱发了国内外学者对权力、意识形态和翻译关系探讨的兴趣。勒菲弗尔把翻译研究与权力、思想意识、赞助人结合起来，提出翻译是一种"重写"，"重写"是为权力服务的有效手段，是一种"操纵"（Bassnett, 1990）。赫曼斯（Hermans）研究了图里提出的"翻译常规"（Translation Norms），认为"翻译常规"包含了各种权力关系，并在研究中指出：既然"翻译是社会实践"，是社会交际行为，那么发现、辨认和阐释那些支配译者做出选择和决定的常规就是翻译研究的主要任务之一（李文革，2004）。在根茨勒（Gentzler）与提莫志克（Tymoczko）合编的论文集《翻译与权力》（*Translation and Power*）中，不同的学者从不同国家、不同的文化角度发出了同一个声音，那就是翻译不仅仅像语言活动那样从甲语言到乙语言那么简单，它的背后还有着或大或小的权力操纵；反过来，翻译又构建着特定文化的权力结构。在这本书中，他们宣告了翻译研究的"权力转向"，认为权力是翻译背后运作的力量，在跨文化交流过程中，翻译始终处在一个与各种权力关系进行"谈判"的地位（Tymoczko, 2007）。费小平的《翻译的政治：翻译研究与文化研究》一书采用政治学、社会学、性别批评、后殖民批评等新视角对翻译所导致的不同文化碰撞与文化对话中隐现或显现的权力关系进行了系统的清理。他所谈及的翻译的政治指的是翻译在两种不同文化碰撞与交融过程中显现或隐现的权力关系（曹顺庆，2005）。胡翠娥对我国五四期间文化激进主义和文化守成主义之间的争论进行了分析，认为"信、达、雅"是二者在文化和文学领域内进行论争的主要阵地，具有浓厚的文化工具性。在这场权力对话中，严复提出的"雅"文体被两个对立的阵营赋予截然相反的文学价值和文化使命（胡翠娥，2007）。上述研究都表明了一个事实：翻译是一种"社会规约化的行为"（Hermans，2004），是一种满足人类自身需要的社会行为，深嵌于社会系统的各个方面，而权力是社会系统中不可或缺的一部分。因此，要充分了解翻译的社会性，对翻译与权力的关系的探索就是必不可少的了。

翻译研究的权力转向是从翻译研究的文化转向中衍生出来的，或者说翻译研究的文化转向注定了翻译研究的权力转向。受文化研究的影响，翻译研究的文化转向也关注被忽视、被压迫的边缘化文化，权力和意识形态自然而然就成了常常探讨的议题。在翻译的文化研究中，学者们常常企图找出他们所在的某种文化的立场，阐释文化如何把不平等的权力关系合法化和自然化。赛义德的"东方主义"和文化霸权主义批判是翻译的文化研究中用得比较多的理论。此外，女性主义翻译研究和后殖民主义翻译研究也涉及了翻译中的权力问题。女性主义翻译研究者将女性的地位与翻译的地位进行类比，认为在男性为主导的社会中，女性处于弱势、被动、从属的地位，社会一味要求女性对男性忠实并接受男性的规范和约束。同样，传统译论也总是把译作看成是原作的派生、替代物、仿制品，要求译作要忠实于原作。女性主义翻译家则希望通过翻译对原作进行操控和重写，以抹去其父权主义的痕迹，消除性别歧视。如此一来，女性主义翻译对传统翻译中的忠实概念进行了解构，强调了译者在翻译中的权力。后殖民主义翻译研究者也强调了翻译在殖民化和去殖民化的过程中的权力体现。他们认为翻译是宗主国对其殖民地进行殖民和统治的重要工具，因为殖民基业中所隐含的征服行为，不仅仅是通过帝国的强制机器来实施的，还通过哲学、历史、人类学、文学以及文学阐释的话语来进行。在后殖民时代，翻译仍然是宗主国对原殖民地推行隐蔽殖民主义的一种手段。此外，无论是在殖民时代还是在后殖民时代，翻译也是殖民地人民以及后殖民地人民用来反抗殖民统治，进行去殖民化的武器。

福柯的权力话语理论以及布迪厄的社会学理论也被翻译研究者运用于翻译研究中，对翻译活动中所涉及的权力问题进行了探讨。福柯认为：知识产生于权力，而权力又是通过话语来得到表达的，因此话语实际上占据了中心地位。翻译是一种话语实践活动（discursive practice）。翻译者往往涉及两种话语，即源语的话语和目标语的话语，因此成功的译者实际上在操控原作在目标语中的接受和传播（王宁，2009）。布迪厄认为语言不是客观中立的媒介，

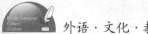

哪怕是最简单的语言交流也不是纯粹的沟通行为。在言语交流中始终有难以辨认的权力支配关系潜在地发挥作用。翻译是两种语言之间的转换，是社会系统内部的一种操作力量，翻译过程中体现的各种矛盾实质上体现了各种权力关系之争（陈秀，2011）。

翻译研究中的每一次转向是学科发展的必然，是学科不断融合交叉的结果。当学科面临困境之时，凭借相邻学科进行转向是一种有效的解决方式。20世纪的哲学、社会学、文学相继发生语言学转向就是很好的说明。在国际化程度日益加深的今天，很多学科领域，比如语言学、比较文学、人类学、心理学、文化研究、后殖民研究等都出现了"翻译转向"。这些给翻译研究提供了前所未有的机遇和挑战，使我们有可能借助其他学科的方法和理论对翻译进行研究，使翻译研究这门交叉学科日趋完善和强大。学科的转向并不可怕，因为从某种程度上来说，学科的转向是一个自然的过程，是当前开放语境下的必然，体现了跨学科的研究特点，但是关键的问题是在研究转向的过程中，如何既能保持自己学科的开放性和包容性特征，同时又不至于在众多学科的冲击下全然解体，丢掉自己学科核心的东西。在翻译研究中，无论这门学科如何发展，如何转向，其语言研究的本质不能丢，要防止"泛文化"倾向和"泛权力"倾向。翻译研究中的语言、文化、权力都只是整个翻译研究中的一个部分。语言学转向并不意味着中国传统译论的灭绝，同样，文化转向也并不代表语言学派译论的消亡。翻译研究中的转向给我们的另一个启示是：对于翻译这门综合交叉学科的研究者来说，仅仅关注本学科的知识是不够的，在学科融合不断加速的今天，我们有必要做一个杂家，关注与翻译相关学科的发展，从而更好地找到自己研究的切入点。

1.1.3 翻译研究的几个问题

1. 翻译的忠实问题

回顾中西方翻译历史，我们可以清楚地看到，长期以来在翻译活动中最受人关注的问题就是翻译的"忠实"问题，它幻化为翻译理论种种最基本的二元对立：直译与意译，形式与内容等等（许钧，2001）。可以说，"忠实"问题是翻译研究中一个无法躲过去的问题，古今中外的翻译研究者对这一问题都纷纷进行了论述，根据研究者论述观点的不同和时间顺序，对这一问题的论述大致可以分为三种态度：第一，传统"忠实"；第二，解构"忠实"；第三，"忠实"新解。现简述如下：

1）传统"忠实"

在两千多年的中西翻译史上，"忠实"标准总是一统天下，传统译论认为：翻译，即对原文的复制。既然是复制，当然译文应与原文无甚差别，故而"忠实"便当仁不让地成了翻译的最高标准，主张"要把原作的内容确切地完全表达出来，无改变或歪曲的现象，无增添或删削的现象，无遗漏或阉割的现象"（马祖毅，1980）。基于这样的认识，人们很容易把翻译理想化，要求对《圣经》的翻译"在上帝的感召下，几个人译出的结果不是互有差别，而是一词一句都相同，好比听写一样"。也产生了泰特勒（Tytler）要"完全复写原文"的"翻译三原则"：①译作应完全复写出原作的思想；②译作的风格和手法应与原作属于同一性质；③译作应具备原作所具有的通顺。（谭载喜，2000）雅各布森的"翻译等值"、奈达的"动态对等"，以及纽马克的"语义翻译"和"交际翻译"等理论中都暗含了"忠实"的理想。在国内，"忠实"的概念可以追溯到佛经时代的支谦的"因循本旨，不加文饰"。东晋时期的道安也有"五失本三不易"之说。近代自从严复的"信、达、雅"三字原则提出来以后，大家更是将"忠实"原则看作译事的金科玉律，不可更改。在这一标准的指导下，人们把原文当作翻译活动中的"绝对标准"，要求译文无论是在内容上还是在形式上都达到与原文的完美重合。鲁迅主张"宁信而不顺"，认为忠实的译文"不但在输入新的内容，也在输入新的表现法……"（罗新璋，1994）。朱光潜在1944年发表的《谈翻译》一文中认为"有文学价值的作品必是完整的有机体，情感思想和语文风格必融为一体，声音和意义也必欣合无间。所以对原文忠实，不仅是对浮面的字义重视，对情感、思想、风格、声音节奏等必同时忠实"（陈福康，2002）。钱锺书认为"文学翻译的最高标准是'化'。把作品从一国文字转变成另一国文字，既能不因语文习惯的差异而露出生硬牵强的痕迹，又能完全保存原有的风味，那就算得入于'化境'"（罗新璋，1994）。绝大多数翻译家和翻译学家们对"忠实"的翻译原则坚信不疑，执着地追求这一翻译的最高理想。

这种传统的一元论标准，强调一统天下的普适性，将翻译标准绝对化，将原文和译作之间的关系看成是孤立的、单向的、静止的关系，忽略了翻译活动中诸如译者、译文读者、社会语境等外部因素对翻译活动的影响，将翻译活动简单化，也将"忠实"这一不可企及的理想强加给翻译，造成了译者身份的隐形，也误导了译者在翻译活动中的行为，使之长期处于顾此失彼的尴尬局面。事实上就连提出"信"的严复，"也从来没有达到甚至接近过自己树立的标准，这是他自己都承认的事实"（贺微，2003）。钱锺书也承认从原文到译文的过程，"一路上颠顿风尘，遭遇风险，不免有所遗失或受些损伤。因此，译文总有失真和走样的地方，在意义或口吻上违背或不尽贴合原文"（罗新璋，1994）。

2）解构"忠实"

"忠实"标准的绝对化以及在实践过程中的不可企及性不仅将一对对的矛盾，诸如"直译与意译""内容与形式""形似与神似"等抛给译者，而且也让人们把"忠实"当作水中月、镜中花，纷纷感叹"忠实"的不易，进而提出译文"只能达到与原文的近似"抑或"最佳近似度"。有的学者索性对"忠实"进行了解构：辜正坤教授提出了"翻译标准多元互补论"，他认为翻译标准难题之所以久攻不克，其主要原因在于我们思维方法上的单向性或定向性，如果采用立体思维模式，则可以得出翻译标准的多元化。其标准系统分为绝对标准、最高标准以及具体标准。翻译的绝对标准就是原作本身，是一个永远也达不到的标准，因为达到它，就意味着根本不翻译一个字，翻译的最高标准就是最佳近似度，指译作模拟原作内容与形式的最理想的逼真程度，具体标准则是最高标准的外化形式（辜正坤，2003）。谢天振教授在其著作《译介学》中指出"在实际的文学翻译中，创造性与叛逆性其实是根本无法分割开来的，它们是一个和谐的有机体"（谢天振，2000）。因为"一部作品，即使不超越它的语言文化环境，它也不可能把它的作者意图完整无误地传达给它的读者，因为每个接受者都是从自身的经验出发，去理解、接受作品的。一部《西游记》，政治家从中发现了'片听片信的主观主义的干部'，'明辨是非敢于斗争的勇士'，文学人类学家从中发现了人类成年礼的原型模式，而普通百姓却只是看到了一部充满鬼怪打斗的有趣的神魔小说……而一旦一部作品进入了跨越时代、跨越地理、跨越民族、跨越语言的传播时，其中的创造性叛逆就更是不言而喻的了，不同的文化背景、不同的审美标准、不同的生活习俗，无不在这部作品上打上各自的印记……翻译是一种创造性叛逆，这种叛逆表现在形式上就是翻译中的删减、添加和意译"（谢天振，2000）。20世纪90年代以来，随着西方解构主义理论的引入，译界学者对翻译的标准的"颠覆"和"解构"进入白热化阶段。王东风教授在《中国翻译》2004年第6期上发表的论文《解构"忠实"——翻译神话的终结》中旗帜鲜明地对传统翻译标准"忠实"进行了解构。他指出：根据德里达和新批评理论的观点，既然原文的意义和作者的意图都是不确定的，翻译中对"忠实"进行解构就是顺理成章的。而翻译的忠实就是一个不切实际的、永远无法实现的乌托邦（王东风，2004）。

翻译研究中解构主义理论的引入，使译界研究者走出了翻译活动中语言对比的桎梏，引起了人们对翻译活动中影响译作形成的语言外因素的思考，开始关注译者、译文读者以及社会语境在翻译活动中的作用，使我们以开放的心态、多元的标准对待翻译工作，而不是只把对原文本的"忠实"当作唯一的评判标准。但是某些学者借助解构主义理论的颠覆性和破坏性，宣称原作者已经"死"了，原文变得"意义不确定"，译者可以享有充分的创作自由。甚至有的学者公开宣称忠实标准的"退场"，这样，一时间，似乎盛行了两千年的忠实观被打入了冷宫，引起了人们思想上的困惑（孙致礼，2007）。

3）"忠实"新解

我们认为传统译论以原文为中心，将对原文本的"忠实"作为绝对标准，对翻译行为进行静态描述，忽视翻译行为中目标语读者、译者等其他因素，往往使译者陷入顾此失彼的尴尬境地，这种理论难免过于狭隘，无法客观、全面描述翻译行为，忽略了翻译行为的复杂性，无助于译学的理论建设。20世纪90年代以来，某些学者借助解构主义等理论，不顾翻译的本质属性，颠覆解构"忠实"，实则走向了另一个极端：抛却对原文本的对比分析，过分强调语言外因素对翻译的影响，一味迎合读者口味，给予译者充分的创作自由，任意发挥译者翻译的自由度，势必导致质量低劣的胡译、乱译，同样不利于译学建设的发展。

时至今日，随着对翻译忠实问题的不断深入探讨，人们基本上达成了共识，认为"忠实"是翻译属性的本质特征，是翻译研究中不可回避的本体性问题，是翻译作为一种独特书写形式而存在的关键。很多翻译研究者们再次聚焦翻译"忠实"问题，认为"忠实"仍是翻译研究中一个不可或缺的方面。他们以辩证、动态、发展的哲学眼光来探讨"忠实"问题，取得了具有突破性的成果。

如果我们在梳理中西译家关于忠实言论时稍微用心，就可以发现，从一开始，各位译家并没有给我们规定非此即彼的"忠实"标准，而是或多或少都涉及了语言外诸多因素对翻译的影响：西塞罗"作为演说家的翻译"关注的是观众的反应；贺拉斯不主张逐字死译，是因为他把焦点放在目的语和目的语读者上，关注的是翻译的功能和翻译在目的语的影响与接受（刘军平，2009）；关注读者的还有路德、法国的厚今派等；哲罗姆的观点区分了不同文体的翻译，主张根据文体选择翻译策略。貌似不"忠实"的林纾、严复其实非常忠实于译者自己的主张；奈达的忠实观谈及的是一个多层次的忠实问题，即以原文信息为主，形式为辅，并未强调与原文的一一对应关系；而德国功能派将意图的忠实归入忠实原则，使翻译研究初次走出语言的囹圄。还有几个值得思考的问题：是不是从一开始，我们对"忠实"的理解过于绝对化？"忠实"难道只能对原文而言？前文谈及的"关注读者""关注翻译功能""忠实于译者自己"是不是也同样涉及了翻译的"忠实"问题？

有部分学者早就注意到这些问题，明确提出了"忠实"的不同层面。苏联现实主义翻译学派的创始人卡什金认为，现实主义翻译的基本任务是要做到"三忠于"，即忠于原作、忠于读者、忠于现实（李文革，2004）。法国学者阿尔比提出"三忠于"忠实观：忠实于原作者的"欲言"；忠实于译文读者；忠实于目标语。他不仅强调三大参照要素的整体性，还强调"忠实"的动态性。他指出，三维结构是靠其相互的张力作用的，根据"不同的译者，在不同的时代，根据不同类型的文本，不同的目的，不同的目的语，这个三维结构本身也会起相应的变化"（许钧，2001）。两位学者开创性的言论给我们动态、多层次理解"忠实"标准提供了许多有益的启示。笔者认为基于翻译的复杂性，"忠实"的概念应该是一个动态的、多维的概念，不仅涉及原文，还涉及翻译行为者、目标语读者等，主要包含了对原文的忠实、对译文读者的忠实、对译入语的忠实以及对翻译行为者的忠实。"忠实"这一概念的含义在这四个方面也有不同的侧重：①对原文本的忠实是由翻译的本质属性所决定的，在这里，忠实是"以实相告""不走样"的意思，相当于英语的"fidelity"，强调的是要准确传递原文的信息，即忠实于原作者的"欲言"。②对译文读者的忠实则是基于译文读者在翻译活动中的积极作用，"读者绝不是被动部分，绝不仅仅是反应连锁，而是一个形成历史的力量。没有作品接受者的积极参与，一部文学作品的历史生命是不可想象的"（胡经之，1989）。在这个层面上，对译文读者的"忠实"是"忠心耿耿""可信赖"的意思，相当于英文的"faithfulness"，要求译者与读者建立一种朋友般的关系，使译文读者信赖译者并产生阅读译作的欲望。③对译入语的忠实则是为了翻译传播的需要，在这里，"忠实"是"符合""一致"的意思，相当于英文的"conformity"，要求译作语言符合译入语规范。只有如此，才可能使译作得到译语读者的认可，使原作在译语世界得到传播。④对翻译行为者的"忠实"是"忠于职守"的意思，相当于英语中的"responsibility"，要做到这一点，要求译者不仅恪守高尚的职业道德，保证翻译质量，还要求译者根据委托人的意愿进行翻译，即保持二者之间的平衡。

众所周知，时至今日翻译研究经历了规定性到描述性的转变，人们已基本达成一项共识：翻译是一个动态的过程，不仅仅涉及原文与译文，还涉及诸如翻译行为者、意图、文化、读者等要素。如果我们仍把"忠实"当作翻译的标准，是否可以摆脱其"规定性"的一面，用发展、动态的观点来重新阐释这个标准呢？基于翻译行为的复杂性，翻译的"忠实"标准应是多维的、动态的、有层级的，不仅仅包括对原文本的忠实，还包括了对译文读者、译入语以及翻译行为者的"忠实"。只有做到了这几方面"忠实"的和谐统一，才能真正做到"忠实"。

2. 翻译理论与实践问题

翻译中的理论和实践的关系长期以来一直是翻译研究中的一对矛盾，20世纪90年代以来，我国翻译理论研究的力度不断加大，国外翻译理论在国内译界的纷纷登场，加之我国对外文化经济交流的活跃使得口笔译实务大量增加，理论与实践的矛盾似乎更加凸显，"一般从事实际翻译工作的人，往往有重实践轻理论的倾向"（郭建中，2003），认为只有那些做不了实践的人才会去从事翻译理论研究。而从事翻译理论研究的人对从事翻译实践的人也嗤之以鼻，认为他们是匠人，层次不高。二者之间比较激烈的讨论缘起于2002年8月在上海华东师范大学举行的英汉语对比与翻译国际研讨会，《上海科技翻译》（后更名为《上海翻译》）在2003年全年的杂志上发起了"关于翻译理论与实践关系的讨论"的专栏，共有18位学者对这一问题从不同的侧面表述了各自不同的观点，可以说他们的见解是我国译界对翻译理论与实践关系看法的一个缩影。随后也陆续有学者在不同的学术刊物上发表对这一问题的见解，但是在《上海科技翻译》杂志上的讨论最为集中。归纳起来，对二者关系的讨论主要体现在以下四个方面。

争论之一：翻译是否需要理论

很多从事翻译实践的学者认为，翻译实践是不需要什么理论进行指导的，因为在翻译历史上，有很多著名的翻译家从来没有学过什么翻译理论和技巧，却翻译出很多登峰造极的佳作，翻译家是生就的，而不是造就的。因此"没有理论的实践是盲目的实践"这句话并不正确，因为不能否认中国历史上几千年的翻译实践是盲目的，况且现代的翻译家大多对翻译理论不大有兴趣，当然也不能说他们是盲目的（张经浩，2003）。

不少学者对这种见解进行了分析和驳斥，澄清了翻译理论对实践的指导作用。我国翻译界普遍存在轻视理论、甚至否认理论价值的倾向，其中的一个原因就是长期以来，我们的翻译家忙于翻译实践，却很少对自己丰富的翻译经验加以总结，更少把这些经验加以提炼，然后上升到理论层面（谢天振，

2001）。其实，"理论无用论"本身就是一种理论，翻译佳作产生的原因在于译者的素养和才智，还有他们的翻译原则和方法。而翻译原则和方法也就是一种理论（黄振定，2003）。持"理论无用论"观点的人忽视了一个基本事实：尽管我国的翻译家大多都不关注翻译理论，但他们没有一个在实践中不接受一定原则（或理论）的指导（孙致礼，2003）。因为在历史上不乏这样的例子：同一个译者因为其翻译观点的变化，前后期的译作会有显著的差别。持"理论无用论"观点的人从经验主义出发，对理论的作用缺乏理性的认识（吕俊，2003）。某些人之所以有这样的观点，主要是将理论神秘化，没有找到理论和实践结合的切入点（林克难，2003）。有些人之所以反对翻译理论，主要是一些翻译实践家并没有系统地学过翻译理论，甚至看不懂有些新理论，自然要反对翻译理论。有些从事本科教学的老师，认为本科阶段主要的是实践性的训练，那些跨学科性强的、充斥着新概念新术语的翻译理论根本没有什么实用价值。英国学者莫娜·贝克（Mona Baker）一针见血地将这种拒绝理论的翻译家比作拒绝医学理论的巫医（王东风，2003）。

争论之二：不能指导实践的理论是否是有用的

在翻译领域，有些人认为一些理论无法在实践中进行运用，因而是无用的。实践第一，理论第二。在理论和实践有矛盾的时候，应该改变的是理论，而不是实践，"我认为空论是没有什么价值的"。西方对等论只能解决一小部分中英互译的问题，比如朱生豪在《罗密欧和朱丽叶》的最后两行译文"古往今来多少离合悲欢，谁曾见这样的哀怨心酸？"一点也不对等，却受到很多读者的欢迎。这个时候的对等论显然无法指导翻译实践，因而是无用的。而中国学派的"创译论"则可以对此进行阐释（许渊冲，2003）。

实际上之所以有人认为理论与实践的关系就是指导与被指导的关系，主要是因为理论工具论的集体无意识的偏见（王东风，2003）。要求理论一定对翻译实践有具体的指导作用，其实是对翻译理论功能的一种偏见。不直接指导实践的理论同样可以有很高的地位，这在其他学科中早已是不争的事实。文学理论就没有多少能直接指导文学创作的，但仍然享有很高的地位，反倒是那些写作指南之类的东西历来都遭到人们的鄙夷。哲学理论更是不直接指导任何社会实践，但却被称作"学问中的学问"（韩子满，2003）。再者，理论的作用也不仅仅表现在对实践的指导上。一般说来，理论有六个功能，即认识功能、解释功能、预测功能、方法论功能、批判功能以及实践的指导功能。实践的指导功能主要涉及技术方法、学科方法等，在理论结构层次中处于较低的层次，它们与实际的操作有更为密切的关系（吕俊，2003）。因此，我们对理论的判别不应该只从它的一个功能入手,比如说对于纯理论,我们评价的标准则应该采取逻辑分析的标准,看它自身内部逻辑结构是否完备,是否具有现代理论的解释力、预测力、相容力等,而不可只以实践的直接性来衡量和评价(侯向群,2004)。理论与实践之间实际上存在着一种互动关系,这种互动关系既可以表现为指导与被指导的关系,也可以是描写与被描写的关系。描写性质的理论具有一定的概括性、预测性和前瞻性,有些方面是规定性理论所难以发现和解释的。规定性的理论无法解释翻译家背离原文的行为,而多元系统论、操控论、改写论、目的论以及后殖民主义理论等对此都有合理的解释,而这些解释都与实践有关并产生一定的启发意义(王东风,2003)。

争论之三:理论家是否有过硬的实践能力

有人认为目前从事翻译理论研究的人,语言能力很差,翻译的作品错误百出,因而得出结论:搞不好翻译实践的人才去搞翻译理论,翻译理论与实践严重脱钩,致使一方面,译界的论文越写越"学术",读懂的人越来越少;另一方面,各类译作和译文的质量每况愈下,这就是中国译界近年来的一大奇观(毛荣贵,2003)。

随着翻译研究的不断发展,学科内的分工越来越细化,理论工作与实践工作本来就有一种分工关系。职业理论家的诞生是一个学科独立发展的标志(王宏印,2003a)。理论工作者未必一定要从事实践,实践能力不高也不影响其理论的说服力和影响力。就像文学理论家不必非得从事文学创作,艺术批评家也无须亲自去绘画和雕刻一样。学科的发展必然会加快学者们的分工,这种分工反过来也可以促进学科的发展。从事实践的学者译出的作品及他们的翻译行为,为理论研究者提供了研究的对象和素材;而理论研究的成功又会使实践者对自己的工作有更好的认识,译出更符合自己或用户要求的作品(韩子满,2003)。当然一些翻译理论研究者认为理论可以与实践脱钩的思想也是错误和极端的,因为如果翻译理论脱离了翻译实践就成了无源之水,无法对翻译实践做到深刻观察和解释(王东风,2003)。

争论之四:国外理论是否有用

在对待国外翻译理论的问题上,国内学者也有不同的见解,有的学者认为国外的翻译理论不适合我国的国情,对我国的翻译实践无法起到实际的指导作用。我国传统的译论则是翻译实践中不可缺少的指导原则。泱泱翻译大国明明怀揣着翻译研究及理论的"金碗",却要跪拜在西方译论家的脚下,去乞讨所谓的高超理论,特别令人不能容忍的是,乞讨那些别人已经抛弃的货色（毛荣贵，2003）。谈外国翻译理论的文章表面热闹，但实际不过是一种简单的搬运，因为这些文章基本上属于对外国翻译理论的介绍和推崇，我们应该清醒地看到，当外国理论的搬运工不可能有所作为，也无法与西方学者进行平等对话，况且各国翻译理论都必须植根于本国的历史结构和文化土壤中（张经浩，2006）。

对于国外翻译理论的抵制或者敌视，其实是一种比较狭隘的观点，是对西方翻译理论的偏见。有些人反对西方翻译理论，实际上他们根本没有认真学习或者阅读西方的理论，只是根据大致印象做出判断，并没有做深入的调查分析，这样的诊断显然是值得怀疑的（韩子满，2003）。无论是翻译实践还是翻译理论研究都要坚持与时俱进的原则。我们的翻译理论研究要紧密联系中国的翻译实践，要积极借鉴东西方各国翻译理论中能为我所用的合理成分，将中外的翻译理论有机地融会在一起，从而建立起中国的翻译理论体系（孙致礼，2003）。

这场关于翻译理论与实践关系的大讨论虽然已经过去很久，但是它对翻译界来说意义重大：一方面，通过讨论澄清了人们对二者关系的误解；另一方面，这场讨论如一石激起千层浪，对翻译界学术观念和研究范式的变革都产生了重大而深远的影响。我们探讨翻译理论与实践的关系不应停留在"翻译有没有理论"或"翻译理论有没有用"的认识层面，而应从群体的、社会的、历史的、发展的、文化的、民族理性精神的角度去认识（曾利沙，2003）。所谓理不辩不明，人类也正是通过对重大问题的不断讨论来提高整个人类对世界的认知能力。经过那场翻译理论与实践的大讨论，以及后面学者陆续的讨论，至少时至今日，不再会有人贸然宣称翻译理论无用，也不会有人说，对翻译实践没有指导作用的理论是无用的理论，因为大家都达成了共识：无论是翻译理论还是翻译实践，都是我们翻译学科建设中不可或缺的一部分。翻译实践通过具体的操作来把握翻译，翻译理论通过认识来把握翻译，它们又都通过批评对对方产生影响：理论通过批评制约实践，实践也通过批评来校正理论的内容，理论的价值通过批评来实现，实践的价值也通过批评来实现。理论和实践之间是一种彼此独立又互为依存，彼此制约又相互促进的关系（温秀颖，2003）。

3. 译者身份问题

作为翻译行为的直接执行者，译者在翻译中位置的重要性不言而喻，译者研究也因此成为翻译界一个重要的研究话题。翻译研究史表明，自从有翻译活动以来，中外译论家关于译者的作用、要求、主体性和主导性等的论述就持续不断，尽管这种议论时"隐"时"现"，有"驰"有"张"（胡庚申，2004）。译者在翻译活动中的身份也随着翻译研究的发展走过了从"隐身"到"现身"的过程，译界对译者身份的研究也逐渐深入和细化。

传统的翻译理论把对原文本的"忠实"作为翻译的最高标准。基于这一认识，人们很容易地把翻译理想化，从根本上说，他们认为译者应充当"隐形人"，应当是透明的，透明地感觉不到他的存在。因此，译者应竭力保持客观，企图摆脱主观性的控制。正是在这一思想的指导下，译者在翻译过程中的主观能动参与作用被忽视了。翻译时，译者也会企图力求原作与译作的完美重合，在理论上就出现了"信达雅""化境""等值""等效"等概念（陈秀，2002）。这些概念从本质上说，都是因为将原文看作"绝对标准"，以是否忠实原文为评判准则，忽略了译者的客观存在而产生的。于是乎有不少译论家把译者比喻为"仆人""隐形人""传声筒""学舌鹦鹉""玻璃人""戴着镣铐的舞者"等等，他们唯一的权力便是努力重现一个多多少少与原作等似的仿制品，人们要求译者在翻译中做到客观中立。这种在翻译中绝对忠实于原文的翻译标准实际上将不可企及的思想强加给译者，忽略了译者在翻译中客观存在的主观介入行为，往往使译者陷入顾此失彼的尴尬境地。从"忠诚"到"叛逆"，似乎就构成了翻译的两个极端："忠诚"在实践中常常令读者顾此失彼，而"叛逆"在理智上又让译者难以接受（许钧，2003b）。正因为如此，很多著名的翻译家都感叹翻译的不易，郁达夫（1983）就曾说："对于翻译，我一向就视为比创作更艰难的工作。创作的推敲，是有穷尽的，至多至多，原稿经过两三次的改窜，也就可以说是最后的决定稿了。但对于译稿，则虽经过十次二十次的改窜，也还不能说是最后的定稿。"这一现象的出现主要是因为我们的翻译研究长期以来把重点局限于语言层面的探讨，忽视了翻译活动中最积极的活动因素——译者。

对此，杨武能（1987）教授早在20世纪80年代就注意到译者的定位问题，他认为："过去，人们常常简单地将文学翻译的模式归结为原著→译者→译本，而忽视了在这之前创作原著的作家，特别是在这之后阅读译本的译者。在我看来，全面如实地反映文学翻译的特征的图形应该是作家→原著→翻译家→译本→读者。"他认为，译者是"阐释循环"的中心。

自20世纪90年代以来，翻译研究者们开始关注译者在翻译中的身份问题，使译者的身份从传统的"隐身"逐步走向"显身"。有关翻译家的作用和定位成为1996年中国第一届翻译教学研讨会上重中之重的话题（袁莉，

2003)。他们肯定译者在翻译过程中的介入，认为主观地不允许译者介入是完全做不到的，因为在翻译过程中，无论在理解阶段还是在表达阶段，译者的主观介入是客观存在的。在理解阶段，由于每个人的理解都是以"前理解"为前提的，在翻译活动中，由于译者的"前理解"受到自身所处历史、文化以及社会背景的影响，每个译者的理解方式以及对文本内容的理解就会出现不同之处。译者在解读原文时，就会出现"一千个读者，一千个哈姆雷特"。在翻译的表达阶段，译者在理解阶段对所译作品的评价，对书中人物的态度、翻译目的以及对目标读者接受的考虑等因素都会导致译者采用不同的翻译手段，进而产出不同的翻译产品（陈秀，2002）。译者的翻译过程，就是翻译主体与文本之间的对话过程。译者主体作为话语的生产者，他的任务是双重的：一方面，他要理解和阐释自己面前的源语文本；另一方面，他又必须把自己理解和阐释的结果表达出来供译语读者阅读。译者与原作、译作和世界发生关系，从而构成一个新的诠释循环，并在这个循环中心处于中心的位置（袁莉，2003）。谢天振（2000）提出"创造性叛逆"的概念，指出这一概念实际上是文学传播与接受的一个基本规律，是对译者所从事的文学翻译事业的认可，是对译作的文学价值的一种肯定。也就是说，"创造性叛逆"不仅是不可避免的，而且是值得肯定与鼓励的，这在很大程度上承认了译者的创造性。在翻译实践中，不管翻译者持怎样的翻译观，或者在翻译中自觉或不自觉地奉行某些原则，译者的主体地位事实上是存在的，因为即使是把自己当作一个忠实的仆人，也必须去面对从一种语言到另一处语言这一脱胎换骨的转变。译者主体意识的强弱直接影响着整个翻译过程，并影响着翻译的最终结果，即译文的价值（许钧，2003b）。有些学者在译者主体性的基础上，进一步提出"译者中心"论。胡庚申（2004）认为，在原文、译者、译文的三元关系流程中，译者居中，地处"中央"，是适应"原文"和选择"译文"的"中枢"，可以主动调整其位置和功能，以适应作者和读者话语权力的关系；在作者、读者、委托者、译评者、译文使用者等诸者关系中，诸者的任何反馈都只能是随动的、次级的和依赖译品的，而译者/译员在翻译过程中的中心地位也是不言而喻的；从功能角度来看，译者是带有明确翻译意图和实施任务的读者与作者；译作的差异是取决于译者的，即这种差异是由译者"主导"的；从文本意义的构建视角来看，原文的"使用意义"或"交际意义"只有靠译者的解读、诠释才能展现出来，只有靠译者对原文文本的解构和对其中元素的重组才能产生实际的意义；从"适应"与"选择"的视角来看，译文是译者适应与选择的产物，"译者为中心"的翻译观可以保障译者在翻译过程中始终地、自主地做出任何适应性的选择，甚至包括选择"被淘汰"。周领顺教授发表了关于译者研究的系列文章。他以译者的行为为切入点，以社会视域为批评维度，对译者行为进行批评性研究。他认为译者是翻译活动的执行者，是翻译活动的中心。译者作为意志体，本身具有语言性和社会性的双重属性，译者的翻译行为甚至在一定程度上的非翻译行为，莫不是译者社会性的彰显和译者与翻译社会化的体现。为了对译者的行为尽可能客观地描写和合理地解释，他构建了"求真—务实"译者行为评价模式，以期对译者的行为进行尽可能客观的描写和合理的解释。所谓"求真"，是指译者为实现务实于读者/社会的目标而全部或部分求取原文语言所负载意义真相的行为；所谓"务实"，是指译者在对原文语言能力所负载意义全部或部分求真的基础上为满足务实性需要所采取的态度和方法。"求真"是译者的本能行为，是"务实"的基础。"务实"是译者服务的目的所在，基于翻译行为的社会性特征，从翻译选材开始，就具备了务实的目标，注定译者行为的务实性，或务实于整个社会，或务实于部分读者群，或务实于译者个人，务实于作者等（周领顺，2010b）。这种评价模式的构建，是译者研究的创新性成果，它既不同于传统译论对译者规定性的要求，将译者的身份仅仅局限于"仆人"的位置，也不同于翻译文化学派对翻译描述性的研究，仅仅关注译者身份的社会性而忽略语言性特征，一味为译者在翻译中的"改写"乃至"任意妄为"寻找合理性辩解。这种模式由于兼顾了译者的语言性和社会性的双重属性，有利于在评价译者行为的时候做到描写的客观性和解释的合理性。

4. 翻译学科建设

尽管中西方的翻译已经有两千多年的历史，对人类文明的发展做出了巨大的贡献，也涌现出来不少我们耳熟能详的翻译家，但是由于各种原因，翻译研究长期以来发展缓慢，特别是在第二次世界大战以前的漫长历史中，人们几乎不把翻译研究看作一门有其自身特点、可以独立存在的学科。无论是西方的西塞罗、贺拉斯、奥古斯丁，还是中国的林纾、严复、鲁迅等学者，虽然他们对翻译有过精辟独到的见解，但是从来没有人把翻译研究当作一门学问，也没有人提出过要建立翻译学。他们对翻译的见解多散见于有关其他内容的著作里，各种译本的序言跋语中，以及译著的书评中（谭载喜，1987b）。长期以来，翻译要么被用作外语教学的一个手段，要么被看作语言学或比较文学的附庸。随着翻译研究的不断发展，翻译学界学科意识不断增强，通过多年的努力，翻译作为一门独立学科而存在是无可否认的事实。为了更好地进行翻译学科建设，我们有必要对翻译学科建设的足迹进行回顾，从中汲取丰厚的营养。

1）西方翻译学科建设

关于西方翻译学作为独立学科而存在的时间，普遍认可的是 20 世纪 80 年代。勒菲弗尔和巴斯奈特在翻译研究系列丛书的前言中宣称"翻译学作为一门独立学科已经于 20 世纪 80 年代成功地建立起来"（Bassnett, 1990）。20 世纪 50 年代以前，西方翻译学界几乎没有什么学科意识，翻译理论比较零碎而不成系统，讨论的问题多集中在文学翻译领域，因此有人把这一阶段的研究称为文艺学派或语文学派。他们强调的是翻译的创造性，很多说法都是基于个人的主观体验。20 世纪 50 年代开始，西方译界已经有了朦胧的学科意识，随着语言学的不断发展，学者们将语言学的成果应用到翻译研究中，形成了翻译研究的"语言学派"或者"科学派"。雅各布森的《翻译的语言观》（1959）第一次将语言学、符号学引进了翻译学，强调"广泛的语际交流，特别是翻译活动，必需时刻接受语言科学的细查"。这一阶段的代表性学者还有奈达、卡特福德、威尔斯等。从严格的意义上来说，一直到 20 世纪中期，由于科学的发展、现代语言学取得较大进展、机器翻译的设想变为现实，人们才真正开始把翻译学当作一门科学来研究。比较公认的著作有《论〈圣经〉翻译的原则和程序》（奈达）、《翻译理论引论》（费道罗夫）、《翻译的语言学理论》（卡特福德）、《翻译理论问题》（穆南）、《翻译的艺术》（列维）等（谭载喜，1987b）。这些著作大多借用语言学的方法来研究翻译，从语言层面探讨翻译的问题。

翻译的语言学派并没有解决翻译过程中存在的不可译现象。1972 年，学者霍姆斯（Holmes）发表了《翻译学的名与实》（"The Name and Nature of Translation Studies"）一文，着重讨论了翻译的学科名称、性质、范围等内容，在历史上第一次勾勒出了翻译学学科的结构框架。他从一开始就以把翻译学建成一个学科为己任的。霍姆斯认为翻译学有两个主要目标，一是对翻译现象进行描写，二是确立一些普遍的原理以描写和预测翻译现象（Holmes, 2004）。后来图里将其构想绘成翻译学科框架图，被翻译学界广为引用。

1978 年，勒菲弗尔建议学术界将"Translation Studies"作为翻译学科的正式名称。1980 年，巴斯奈特出版了第一本以"翻译学"为书名的学术专著（潘文国，2002）。1997 年，英国学者夏特沃斯（Mark Shuttleworth）和考维（Moira Cowie）合编了《翻译学词典》（*Dictionary of Translation Studies*）。1998 年，英国学者贝克主编了《翻译学百科全书》（*Routledge Encyclopedia of Translation Studies*）。这些成果标志着翻译学科在西方的建立。此后，西方翻译学研究的范围不断扩大，不仅包括各种文学和非文学的翻译、各种形式的口译、机器翻译、翻译语料库、影视字幕的翻译等，还包括翻译人才的培养、翻译教学、翻译标准和评估等。翻译研究涉及的学科也越来越多，不仅有语言学和文学，还有民族学、文化学、心理学、哲学乃至国际政治学等，翻译学已经成为一门名副其实的综合性学科（潘文国，2002）。随着翻译学研究的深入与发展，学术争鸣也越来越激烈，众多的翻译学派随之出现了，如翻译研究学派、多元系统学派、描写学派、文化学派、综合学派、解构学派、后殖民学派等。这些学派从不同的视角探讨翻译，涉及翻译研究的各个方面，包括源语、原作者、译者、译入语、读者、翻译过程以及文化、社会意识形态、国际政治等。西方的翻译研究从整体上来说比我们的视野更开阔，角度更宏观，他们研究的成果为我国翻译学科建设提供了可供借鉴的丰富的养料。

2）中国翻译学科建设

与西方翻译学建设相比，我国翻译学学科建设相对滞后，大体说来经历了萌芽期、探索期和发展成熟期。我们的翻译学科建设在摸索中前进，在辩论中成长。

第一个时期：萌芽期（20 世纪 50 年代至 20 世纪 80 年代）

在我国翻译研究中，尽管有严复的"信达雅"、傅雷的"神似说"，钱锺书的"化境说"，林语堂先生也在 20 世纪 30 年代多次使用"译学"一词，但是他们均没有意识到把翻译当作一门单独的学科加以系统的研究。20 世纪 50 年代，董秋斯提出建立翻译学的主张，他在《论翻译理论的建设》一文中首先批评了翻译界不重视理论建设的现象，指出翻译是一种科学，是有客观规律可遵循的，在翻译中要重视理论体系的建设，他主张"就翻译工作中一些比较重要的问题，如直译和意译问题，审校制度问题，译文的标准问题等，在短期内制成一个方案，提交全国翻译工作会议讨论通过，作为翻译工作者临时的'共同纲领'"。他还建议有计划有组织地开展翻译学科建设工作，包括：中国翻译史的编著；引进介绍各国翻译理论；以语言学为指导进行中外语言对比研究；加强翻译批评工作；号召翻译工作者多写文章进行探讨；办好翻译刊物等。最后他指出，正确的科学方法，广泛的调查和深入的研究是翻译理论的建设基础（罗新璋，1994）。董秋斯当推翻译学科建设倡导的第一人，他的主张不仅在国内具有划时代的意义，就是在国际译学界也处于比较领先的地位，但是由于各种非学术因素的影响，他的主张在中国译界鲜有反应或响应，也没有从学理上进行论证和阐述，因此他的理论在 20 世纪 50 至 70 年代的二十多年中并没有产生重大的成果，但是董秋斯的翻译学主张却让我们翻译学学科的意识开始萌芽，为后续的研究和讨论打下了一定的基础。

第二个时期：探索期（20 世纪 80 年代至 21 世纪初）

20 世纪 80 年代，经过了禁锢学术发展的时期，我国改革开放的政策给翻译领域带来了勃勃生机，各种翻译研究的专著纷纷得以出版，其中包括编译引进的国外翻译理论和译介文集。1980 年《翻译通讯》（即现在的《中国翻译》）的创刊为我国的翻译研究者提供了发表言论的园地，对我国翻译研究工作起了积极的促进作用（谭载喜，1987b）。1987 年在青岛召开了第一次全国翻译理论研究会议，翻译学成为会议的关键词。这次会议唤起了我国译界的理论意识。自此，翻译学成为译界的重要话题（方梦之，2009）。谭载喜称得上是翻译学学科建设的排头兵之一，他在 1987 年连续发表三篇文章——《必须建立翻译学》《论翻译学的任务和内容》和《论翻译学的途径》来论述翻译学科建设的必要性和建设途径。谭载喜认为尽管翻译是一项古老而蓬勃开展的活动，但翻译研究却受经验主义、教条主义、片面性和某些客观因素的影响，长期发展缓慢。究其根本原因，就是翻译长期以来没能享受其作为独立学科的地位。他提出翻译学是研究翻译的科学，是一个由各种理论构成的知识体系，其任务是揭示翻译过程的客观规律，探求关于翻译问题的客观真理，给实际翻译工作提供行动指南（谭载喜，1987b）。他还将翻译学分为普通翻译学、特殊翻译学和应用翻译学三个组成部分。同时他还探讨了五种翻译研究的途径，即文艺学、语言学、交际学、社会符号学及综合性途径（谭载喜，1987c）。此后，也有多位学者就翻译学科建设阐述了自己的主张。方梦之（1988）认为我国的译学研究应该拓宽研究领域，改进研究方法，充实研究内容，以发展和完善我国的翻译学研究体系，进而建立翻译学。杨自俭（1989）提出了建立翻译学的几项战略任务，即重视外国翻译理论的译介工作、翻译教学、翻译教材，在全国重点综合大学和外语院校建立若干个翻译专业、翻译系、出版社、杂志，同时主张译著和创作应享有同等的社会地位。翻译学学科讨论在 20 世纪 80 年代中晚期掀起了一个高潮。

然而，这股翻译学讨论热很快就与翻译理论一样陷入"沉寂期"。1995 年张南峰教授的文章《走出死胡同 建立翻译学》指出现有的翻译标准并没有很好地起到指导实践、提高质量的作用，原因在于这些标准大多过分强调忠于原文或原文的某些方面，而忽略了译文面貌的其他影响因素，尤其是译语文化、翻译动机、译文用途、译文读者等，翻译理论走进了一条死胡同，其出路是建立一门独立的、综合性的"翻译学",扩大翻译研究的范围,开展描述性的翻译研究,建立开放的翻译理论(张南峰,1995)。这篇文章发表之后引起了译界关于建立翻译学的又一轮争论。反建派认为,在翻译过程中,主观能动性起了决定性作用,并不受客观规律支配,所以翻译不可能成为科学。反建派还要求人们丢掉建立翻译学的迷梦,脚踏实地地联系实际,否则就只能"凭着主观想象,妄图凭空建立起一门空中楼阁般的翻译(科)来,那注定是要失败的,这是一条最可悲、危险的道路"(劳陇,1996)。主建派则认为建立翻译学是历史与逻辑的必然(贺微,2000),他们指出建立翻译学势在必行。那种"没有翻译学照样可以搞翻译"的观点,是翻译学形成和发展的障碍,也是不思进取、不求发展的懒汉思想(张后尘,2001)。另有学者从学科建设的外部条件(专业协会、专业刊物、专业教学等)上论证了翻译学科独立设立的可能性(穆雷,2000)。他们认为"翻译学是研究翻译的科学,翻译学应当享有独立学科地位"这一命题就好比"语言学是研究语言的科学,语言学应当享有独立学科的地位"的命题一样,是不应加以怀疑的。我们与其在到底"要不要翻译学""有没有翻译学""翻译学究竟是现实还是迷梦"的问题上老生常谈,倒不如把精力放在译学框架内具体层面的研究上,通过对这些具体层面和具体问题的研究,来充实译学框架的内容与内涵,促进译学理论的健康发展(许钧,2001)。

中国的翻译学学科建设是一个不断探索不断发展的过程。理不辩不明,正是因为各位专家学者的争论,明确了学科建设中的一些模糊的观点,纠正了错误的认识,梳理了杂乱思路,使翻译学建设不断深化、成熟。在学理上进行论证和阐述的同时,大量扎实的基础性工作也在有条不紊地展开。这些都为翻译学科走向独立和成熟做好了准备。

第三个时期:逐渐走向成熟(21世纪初至今)

2003年12月,上海外国语大学高级翻译学院经过教育部有关部门的确认,正式建立了我国内地高校第一个独立的翻译学学位点,并且从2005年起招收博士生和研究生。这标志着我国内地高校终于结束了没有独立的翻译学学位点的历史,更象征着我国翻译学学科建设新阶段的开始。翻译界同仁振奋不已,奔走相告。这一事件被看作翻译学界的标志性事件,随着上海外国语大学的翻译学学位点的建立,翻译学这一人文科学领域的独立学科,由理论家们争论的抽象话题转变成了有形可见的现实(谭载喜,2004)。自此,中国的翻译学建设不断走向成熟。从研究的内容来看,翻译学研究的范围不断扩大,翻译学研究的领域早已不限于语言层面的探讨,它涉及的范围涵盖了文化、历史、社会、心理、哲学、IT 技术等，几乎与所有的人文社会科学相关，甚至还涉及一些自然科学的领域。通过译学界的不懈努力，目前的翻译研究早已脱离了早期研究的经验式、随感式、印象式，也经过了探索期的译介式、追踪式和接轨式。近年来实证式、批评式、创新式研究新风渐起。翻译研究开始注重学科中的逻辑分析和哲学思考，从哲学的整体观和系统论出发，对译学的系统结构提出创新的见解（方梦之，2009）。随着翻译研究的不断发展，有些学者对霍姆斯的翻译研究结构图提出了扩展结构和修正结构，学者罗列在分析国内外翻译学学科发展形势和现状的基础下，提出翻译学的学科架构图。该图展示了近几十年来国内翻译学发展而逐步形成的翻译学学科体系，呈现了翻译学学科中各个领域的层次结构，而且该图构建者声称，这一学科框架图展示的并非一个封闭的学科体系，而是开放型的，会随着翻译学的不断发展和研究领域的继续深入和拓展而不断丰富和完善（罗列，2010）。

在翻译研究领域不断扩大的同时，学者们也理性地意识到：翻译研究的领域看似不断扩大，但在翻译从边缘走向中心的路途中，却潜伏着又一步步失去自己的位置的危险（许钧，2003a）。我们必须清醒地认识到：把其他学科引入翻译研究并不是要把翻译学变成其他学科，把翻译置于任何视域下审视翻译也依然是翻译，而把翻译视为（或作为）任何现象来研究都并不排除把翻译视为（或作为）翻译来研究。总而言之，探索翻译在人类文化中的地位与作用，并不等于不再关注翻译本身，如果没有把翻译作为翻译来研究的这个根基，翻译研究将变成一种宽泛的文化研究，翻译理论将变成一种宽泛的文化理论，翻译学将名不副实甚至不复存在（曹明伦，2006）。从研究方法上来看，学者们也开始关注翻译研究的人文性，认为要明确翻译研究的人文和社会科学的性质，在研究中摆脱科学主义的束缚（吕俊，2001b）。翻译研究一味追求结论的所谓客观公正，贬抑直觉阐释和价值评价，已经有背离翻译研究人文性的偏颇倾向，应该引起译界的特别警惕，翻译研究应该从综合人文社会科学的学科性质出发，以人文方法作为一般研究方法（赵巍，2005）。

另外，翻译学科建设的外部条件也逐步走上成熟和完善：目前全国已经有 100 多所高校设立翻译本科专业以及招收翻译专业的硕士和博士，培养了大批的翻译人才；代表性的翻译行业协会团体有中国翻译协会、中国比较文学学会翻译研究会、中国英汉语比较研究会翻译协会以及各省区市的各类翻译研究会等，这些协会都定期举办各类与翻译相关的活动；译林出版社、上海译文出版社、外语教学与研究出版社、上海外语教育出版社和高等教育出版社等专业出版社均出版翻译研究著作和教材。

1.2 社会学研究视角切入

翻译是什么？翻译的本质是什么？这个看似简单的问题却在翻译界探讨了几千年。翻译学者从不同层面、不同角度对此进行了大量的阐述和论证，但是由于各自研究的角度不同，得出的结论也各不相同：有人认为翻译是复制，要求译作与原文无甚差别，强调忠实于原文；有人认为，翻译是一种跨文化交流活动，要求翻译时传递出原文的文化含义；亦有人认为翻译是一种跨语际的信息传播活动，要重视信息传播的规律，继而达到传播的目的；翻译的语言学派认为翻译是语言之间的转换活动，要求以"等值"与"对等"为其终极目标；文艺学派则认为翻译是一种再创造，要求翻译再现原作的"艺术现实"；文化学派认为翻译是一种"重写"，一种"操纵"；解释学派则认为翻译是一种解释；解构学派认为翻译是意义的一种延异与播撒；后殖民学派认为翻译是一种政治行为；也有学者认为翻译是一种"叙事"，译者的翻译行为参与了社会叙述的构建，任何个体叙事都不是孤立存在的（Baker, 2006）。由此看出，研究视角与研究结论之间有着必然的联系。那么，我们在展开本课题研究之前，势必要先确定自己的研究视角，并保证这个视角的可靠性。我们认为翻译活动具有两个与生俱来的特征，即语言性和社会性。长期以来，译界学者对翻译的语言性关注过多，对其社会性重视不够，导致翻译研究中的很多问题无法得到解决。本节将首先阐述翻译活动的语言性特征和社会性特征，并对社会学视角的翻译研究现状进行描述，以此作为本课题研究的基础。

1.2.1 翻译活动的语言性特征

毋庸置疑，在翻译研究中，无论我们从哪个角度切入，都可以达成一个共识：翻译是两种语言之间的转换。这一共识里包含了两个关键词。第一个关键词是"转换"，即如果在特定的两种语言之间发生了"转换"行为，那么也就发生了翻译。也就是说，如果两种语言之间没有发生任何的互动或者转换行为，翻译是不可能发生的。因此，我们可以说语言之间的转换构成了翻译最基本的"绝对"条件。英语单词"translate"（翻译）的词源意义即"转换""转变"，也说明了这个道理。根据这一道理，我们可以断定，如果一个目标文本是由另一个特定源语文本转换而来，即使是两个文本之间相似度少之又

翻译研究的社会学途径——以布迪厄的社会学理论为指导

少，我们仍然可以认为这个目标文本是源文本的翻译，比如常常在我们生活中发生的节译、编译等都应该算是翻译。如果目标文本并不是从源语文本中转换而来，而是目标语言中的原创文本，那么即使这两个文本之间存在很高的相似度，也不能将目标文本认定为源语文本的翻译，只能说二者之间相似，或者说它们构成了一种"双文本"现象（谭载喜，2007）。第二个关键词是"语言"，即翻译是两种语言之间的转换，离开了语言的转换也不能称其为翻译。因此语言性可以看作是翻译最基本的属性，因为离开了语言，翻译就无从谈起。因此在众多对翻译的定义中，总是离不开语言这个关键词。我们试看以下几个翻译的定义：

译即易，谓换易言语使相解也。

——《周礼义疏》

翻译是运用一种语言把另一种语言所表达的思维内容准确而整体地重新表达出来的语言活动。

——张培基

翻译是用其他语言来解释语言符号，并将翻译过程理解为将一种语言中的信息替换为另一种语言中的完整信息，而非替换为孤立的语码单位。

——雅各布森

翻译是把一种语言（源语）的文本材料替换为另一种语言（目标语）中对等的文本材料。

——卡特福德

翻译是从语义到文体，用贴近的自然对等于在接受语言中再现源语信息。

——奈达

翻译是一种信息的传播或交际活动，是一种跨文化跨语际的信息传播和交际活动。

——吕俊 侯向群

翻译是在特定译语背景中为了特定的译语目的和处于译语环境中的译语受众生成一个文本的过程。

——弗米尔

翻译（包括口译、笔译、同传与机译）是有文本参照的跨文化、跨语言的人类有目的的社会交际行为与活动，其对象选择与翻译过程因译者意愿与社会需求的不同而不同，同理，其翻译结果产生出无数种跟原文距离（包括内容和形式）远近不等的译文变体（translation variants），其变体在原文和译语作品之间构成了一个集合（set）。

——杨自俭

翻译本质上是一种以符号转换性为核心并兼有艺术再造性、信息传递性、审美交际性、社会交往性、文化交流性等多种性质的复杂的人类活动系统……体现为一种包含原语和译语活动等多重阶段的运作和演进过程……

——贾正传　张柏然

综上所述，翻译最基本的属性就是跨语言文字的转换。翻译一定是以一个源语为依托而展开语言转换活动的，这是翻译之为"翻译"的根本所在。因此，翻译研究上的"语言学转向"必定发生在"文化转向"之前，而所谓的"以读者/译文为中心"一定要出现在"以原文为中心"之后（周领顺，2010a），这也说明了翻译研究者们对翻译基本属性语言性的本能关注。鉴于译界学者对翻译语言性的一致认可，并长期对此有较多研究，我们不打算对此进行赘述。

当然，在上述关于翻译的定义中，除了基本的属性语言性以外，还涉及不少其他的内容，表明了翻译学者们不同的研究视角——有的涉及思维内容，有的涉及信息的传播，有的涉及跨文化交流，有的涉及翻译的目的，有的涉及审美等等。

1.2.2　翻译活动的社会性特征

如果我们对上述翻译的定义细加推究，还可以发现翻译的另一个基本属性，那就是社会性特征。在定义中所涉及的内容、信息、交流、翻译目的、审美等等，都可以说是社会性的产物，因为这些标准都是在一定的社会环境中发生的，受到社会语境的影响。首先，我们从翻译的内容来看。翻译什么、如何翻译似乎取决于译者的选择，但是译者的选择常常会受到社会和时代的制约，因为译者并不是生活在真空中的，译者是处于社会生活中的人。换句话说，翻译活动始终在一个语境中发生，文本也始终在一段历史中产生，在一定的社会中被转换。有时候译者所进行的翻译活动，并不是自己心甘情愿所为，而是不得已而为之——或为稻粱谋，或为人情累；也有的是当时社会需求所致。比如说唐代佛经翻译的兴盛源于当时唐朝政府对佛教的热衷；明末清初科技翻译、五四时期西学翻译都与当时社会的需求有直接的关系；"文革"时期文学翻译的颓势与低谷也是社会状况使然。有时候译者翻译的内容还受到版权、法规、道德以及出版发行等方面的制约。其次，我们从翻译的结果来看，译作好不好要经过读者的评价，而读者是生活在社会语境中的人，他们的阅读习惯和阅读期待自然也受到社会的影响。符合社会发展要求、被社会所接受、起到促进社会进步的译作被认为是好的译作，否则就被看作是不好的译作。而社会对译作的评价也是因时而异的，在一定历史时期被认为是好的译作，在另一历史发展阶段很可能被看作是不受欢迎的译作。

因此从某种角度来说，译作的最终形成由两个因素所决定，那就是语言性和社会性。翻译中之所以难以达到"忠实""对等""等值"等要求，除了语言方面的因素以外，社会性也是一个不可或缺的原因。因为翻译不仅仅是语言活动，而且是人的活动，而人所依存的各种社会、历史、文化环境，必然会影响到翻译活动。译者在一定的历史环境和一定的社会条件下所意欲达到的目的，包括政治的、宗教的、教育的、文化的或审美的目的，在很大程度上决定了翻译的手段和方法，而译者的态度和主观因素更是直接影响着整个活动（许钧，1999）。

正是因为如此，越来越多的学者开始注意到翻译的社会性属性并对此进行了研究，取得不少进展。早在 1972 年，霍姆斯在哥本哈根召开的第三届国际应用语言学会议上发表了《翻译学的名与实》一文。该论文被"普遍认为是翻译学学科的创建宣言"（Gentzler, 1993）。在这篇文章里，霍姆斯拟定了翻译学的研究范围，也描绘了学科的架构。他把翻译学分为三大分支：1）描写翻译研究（DTS）；2）翻译理论（TTH）；3）应用翻译研究（ATS）。描写翻译研究和翻译理论同属纯研究性质。描写翻译研究包括三种：1）产品导向（product-oriented）研究；2）过程导向（process-oriented）研究；3）功能导向（function-oriented）研究。功能导向研究者感兴趣的并非对翻译作品本身的描写，而是对它们在目的语社会文化中的功能描写。其研究的重点是语境而不是文本。研究范围包括：何种文本在何时何地被翻译？原因何在？影响翻译成品的因素是什么？霍姆斯认为，该范围的研究与社会学紧密联系，因此有可能促成社会翻译学（socio-translation studies）的产生（张美芳，2000）。纽马克在 *Paragraphs on Translation* 中评论翻译理论的未来时，曾指出翻译学的一些研究领域还有大量的工作有待完成，例如比较文化学、翻译社会学等（Newmark, 1993）。巴斯奈特和勒弗菲尔在 20 世纪 90 年代策划编写了一套翻译研究丛书，丛书包括四分册，即《翻译、重写和文学名声的操控》（*Translation, Rewriting, and the Manipulation of Literary Fame*）、《翻译、诗学和舞台》(*Translation, Poetics and the Stage*)、《翻译、历史、文化》(*Translation/History/Culture*)、《翻译是一种社会行为》(*Translation as Social Action*)，旨在介绍翻译研究领域的新发展，探讨翻译研究工作的广度，因为翻译是一项涉及语言、文学、历史、人类学、心理学和经济等众多领域的工作。其中《翻译是一种社会行为》这本书介绍了俄罗斯和保加利亚的翻译传统。此论文集指出，由于俄罗斯历来重视翻译的传统，俄罗斯的翻译研究相对来说比较稳定和成熟，有一套比西方更为系统和更有持续性的翻译研究体系，也比较注重历史的延续系研究，但是它们与西方翻译研究更为显著的不同之处是，它们认为翻译是一种社会、文化和创造性的行为。该书收录的论文不仅仅谈论了翻译中的语言问题，而且将语言和社会、历史文化语境结合起来。

国内学者吕俊也指出，对于翻译研究，要加强社会性的认识。他认为由于科学主义思想的盛行，一些人看不清人文和社会科学的某些基本特性，企图在人文科学中寻找自然科学中的那种恒常关系和普遍的规律性。其结果是人文科学研究中矛盾重重，许多现象难以解释，研究者因而丧失研究信心，以为走进了"死胡同"，或进入了"迷梦"。长期以来，人们习惯于把翻译研究建立在一些天真的假设之上：他们认为翻译活动是在真空中进行的，文本创作也是在没有任何外界因素干扰下进行的；语言是透明的、工具性的（而不是主体性的）；译者也是价值中立的、公允的；意义是预先设定的，而不是生成的；两个文化间的关系也是平等的等等。在这些假设的前提下，翻译研究很容易变成一种简单的符码转换，甚至机械性的操作。而实际上，翻译活动远不是那么纯净、那么天真、那么远离价值。社会上的各种"权力"都在其中渗透，以不同的话语形式强烈地表现自己：中心文化对边缘文化的排斥；强势文化对弱势文化的轻蔑；不同历史时期，不同国家对异文化的态度；文化转型期与文化稳定期翻译观念的变化；译者对原文文本的增删、篡改，甚至伪译本的出现；一些国家对一些翻译著作的焚烧销毁以及对译者的追杀迫害；出版部门对原文的选择，对译者的要求，对发行范围的限定等等。这些都是社会对翻译活动的介入、干预和制约。总之，翻译研究中的社会性长期被忽视了，致使翻译研究一直囿于文本之间与文字之间。这不仅限制了翻译研究的客观性视野，也掩盖了翻译活动的本质。这样一来，翻译史上的许多现象难以获得令人满意的解释，翻译研究的许多方面被完全忽视，致使翻译学也迟迟不能建立。所以只有认清翻译学的人文性与社会性，才能使翻译学的研究得到深化。（吕俊，2001b）

1.2.3 社会学研究视角现状

基于翻译活动的社会性特征，不少学者开始运用社会学成果对翻译进行研究。目前，对翻译研究比较有影响的社会学理论主要有：德国社会学家卢曼（Luhmann）的社会学系统论（Theory of Social Systems）；法国社会学家拉图尔（Latour）的行为者网络理论（Actor-Network Theory，简称为 ANT）；法国社会学家布迪厄的社会实践论。除此以外，英国学者贝克教授借用了社会学和交际理论中的叙事概念（Narrative），对翻译的社会性特征进行了论述。

德国社会学家卢曼对现代社会进行分析，构建了社会系统理论。他认为，不但可以将社会、自然和我们的行动看作一个一个的系统，而且我们的生命本身也是一个系统。任何一个系统与系统之外，包括其他各种系统在内的事物之间的关系，称为系统同它的"环境"之间的关系。每个系统具有高度自律性、独立性及其不可化约性。自我参照或自我指涉（self reference）和自我生产（self production）概念是卢曼社会系统理论的核心。决定各系统生命独立性的基础力量，就是各系统生命的自我生产；而各系统生命的自我生产又是在其自我参照的过程中实现的。因此，各系统的自我生产是各系统独立生命自律运作的根本表现。按照卢曼的新系统观，任何系统在本质上都是"自我参照"的。也就是说，系统总是依据其本身的需要去对待和处置其环境的复杂性。系统由特殊的组成因素及因素间的特殊相互关系所构成，不同的系统只根据其自身特殊的组成因素及其因素间的特殊相互关系的运作需要而自我调整和分化。为此，它们才试图尽量减少其自身和环境的复杂关系，避免系统外环境的干扰。一个系统要生存下去，就必须在面对环境的复杂影响时能够进行自我生产和自我参照。要使一个系统能够进行自我生产和自我参照，首先必须使该系统能够自我生产出它本身所必须具备的各种组成要素，其次还必须保证这些组成要素自身能够进行自我生产。对于语言，卢曼认为语言本身就构成一个复杂的自我生产符号系统。任何一种语言系统都具有自我生产的性质。但是，各种语言系统的自我生产性又有所不同。语言系统的自我生产性取决于该系统内各因素之间的相互关系和沟通状况。（高宣扬，2005）

学者赫曼斯在其著作《系统中的翻译》中，将卢曼的社会系统理论运用于翻译研究中，并在文本的第十章中详细阐述了自己的主张，他借用卢曼的理论，尤其是其自我再生产和自我指涉理论对翻译进行研究。他认为此理论在翻译研究中的应用主要有两个比较显性的切入口：一个是将系统理论的观点应用于文学翻译与翻译规范研究；另一个是连接规范概念与期待结构。这样就有可能从自我再生产和自我指涉系统角度来研究翻译。学者波尔特曼恩（Poltermann）于 1992 年发表文章《文学翻译的规范》，探讨了德国文学翻译规范的变迁和期待结构的关系。文学是一个有差异性的社会系统，与宗教、政治、教育等其他系统相比，它具有一定的自治权力。文学是有差异性的系统，有自己的功能和规则，这一点可以追溯到 18 世纪。比如说现在小说放弃了其最初的教化功能，转向其文学和审美功能。不同的文学形式将有不同的侧重，参与文学流通的人也会有不同的社会角色。因此用于不同目的的译本，语言也应该不同。波尔特曼恩认为与后面的译文相比，外国作品的第一个译本与原文本的体裁期待要更为接近一些。根据卢曼社会系统理论的观点，赫曼斯认为无论从知识的分类还是从文化实践方面，我们都可以把翻译当作一个被认可的社会现象，可以被看作一个系统。它是一个可适应的、自我调节的，自我指涉和自我再生产的社会系统。这就意味着我们要同时考虑翻译的自治和他治问题，探讨卢曼对于社会系统的描述如何适用于翻译。如果说社会系统是由沟通组成，只有以沟通相关联，一个系统才会持续存在。那么我们翻译也是因为存在着我们认可的翻译，而且当我们翻译或者谈及翻译的时候，我们习惯于考虑那些我们认为是翻译的概念和做法，因此就产生了必要的联系和足够的"期待视野"，以便产生更多的翻译或关于翻译的言论。这些期待就是卢曼系统中的"结构"。整体来说，与其他诸如现代艺术或者宗教相比，翻译的差异性和自主性都比较小，所以更容易受到干涉。只有不断适应环境变化的系统才能继续生存。翻译的本质也会随着内外干涉的不同而发生变化。我们不能把连接性视为想当然的事情。综合考虑翻译系统的自主性和他律性，自我指涉性和外部指涉性，我们可以看到翻译在历史上的塑造作用。作为一个系统，翻译有其自身的特性和相对的稳定性，因而能够持续地进行自我再生产（Hermans, 2004）。

法国社会学家拉图尔认为要理解社会，首先应该分析人类和非人类的互动关系，比如说在这个社会中流通的产品是如何生产出来的。像其他的网络一样，行为者网络更注重联系，而不是距离和空间大小等。行为者网络不能与技术网络和社会网络相混淆。拉图尔认为行为者网络包括人和非人的行为者，也就是指那些任何能引起行为的事物，无论是否有意向性。行为者网络和技术网络不同，因为它不一定是稳定的，即它也许没有必要的路径和策略性的节点。换句话说，技术网络（如电子网络、铁路网络等）表现为一定的构造，可以延伸，也可以勾勒，而行为者网络只有在激活的时候才表现出来。

翻译和行为者网络一样，都具有创造性和不可预测性，因而要具体说明产品如何生产出来有一定的困难，这就需要从内部对产品的生产过程进行分析，对结果还未知之时观察行为者如何做决定，如何相互影响。加拿大学者布兹林（Buzelin）在多篇文章中探讨了如何把拉图尔的理论应用于翻译研究中，为了叙述的方便，我们将在下文谈及布迪厄理论对翻译研究的影响中一并谈及。

布迪厄的社会实践理论对翻译研究有比较大的影响。20世纪90年代以来，部分学者开始借用其成果来进行翻译研究，并取得了一定的成果。国外有两本论文集比较集中地探讨了布迪厄社会学理论对翻译研究的影响：一本是2005年由莫利亚·安吉莱瑞（Moria Inghilleri）特约编辑的《译者》（*The Translator*）专刊《布迪厄与翻译社会学》（*Bourdieu and the Sociology of Translation and Interpreting*），另一本是2007年由麦克拉·沃尔芙（Michaela Wolf）和亚历山德拉·福卡瑞（Alexandra Fukari）合编的《构建翻译社会学》（*Constructing Sociology of Translation*）。

专刊《布迪厄与翻译社会学》共发表了7位学者的文章，探讨布迪厄的社会学理论对翻译研究的启示。英国学者安吉莱瑞撰写了《布迪厄社会学与翻译研究中的"客体"建构》（"The Sociology of Bourdieu and the Construction of the 'Object' in Translation and Interpreting Studies"）一文，介绍了布迪厄社会学与翻译的惯习，介绍了布迪厄的四个核心概念，即场域、惯习、资本和幻象，同时还探讨了这四个核心概念在社会学和哲学思辨中的理论贡献。他认为考察布迪厄社会学在翻译研究中的作用，主要取决于我们如何看待布迪厄的本体论和认识论观点。加拿大学者让-马克·古阿恩维克（Jean-Marc Gouanvic）在文章《翻译中的布迪厄理论或翻译实践中的巧合》（"A Bourdieusian Theory of Translation, or the Coincidence of Practical Instances"）中认为布迪厄的理论对翻译实践有一定的启发意义，他认为翻译实践是两种情况的巧合，一个是文学文本的外部情况，即文学体制，就是布迪厄所说的场域；另一个是内部情况，指文本的生产、产品、生产者及其惯习。他以19世纪和20世纪美国文学在法国的翻译情况为例，探讨了翻译在美国和法国文学场域之中的生存状况，强调司法审查制度对文学领域的影响。同时他还认为译者在翻译中受到两种文化惯习的影响，通过双语惯习的作用，将外国文本输入到目标语文化，从而让外国文化在新的社会中得以生存。英国学者萨迈赫·弗·汉纳（Sameh F. Hanna）借用布迪厄的场域概念，考察了莎士比亚的作品《哈姆莱特》在埃及的翻译情况，认为社会文化因素对戏剧翻译场域的形成有一定的影响作用。加拿大学者布兹林则对布迪厄的理论和拉图尔的理论进行了对比，认为拉图尔的行为者网络理论可以用于翻译研究，作为对布迪厄理论的补充。他还指出赫曼斯在 1999 年提出的多元系统理论框架的三个主要不足之处：1）缺乏对翻译过程中译者的研究；2）理论本身具有确定性；3）与其说对翻译的认知有偏见，不如说对语境有一定的偏见。而布迪厄或者拉图尔的理论和研究方法均可以提供帮助，克服上述的三个主要不足之处。比利时学者扬·布洛马赫特（Jan Blommaert）认为布迪厄的核心概念"惯习"和人种学有千丝万缕的联系，可以用来研究社会中说话的声音。英国学者厄恩斯特·杜腾户福德（Ernst Thoutenhoofd）用布迪厄的社会学理论考察了手语译员在盲人教育中的作用。西班牙学者姆·卡门·阿福瑞卡·维达·克拉尔蒙特（M. Carmen Africa Vidal Claramonte）则将视野投向法律文本的解读，用布迪厄的场域和资本概念说明意识形态的复杂性和权力的影响都会关系到对法律文本的理解和翻译。

在《构建翻译社会学》中，主编沃尔芙写了题为"翻译社会学的出现"（Introduction: The Emergence of a Sociology of Translation）的前言，他指出该论文集更为重要的目的是加强翻译研究和社会学的联系，促进翻译社会学方法论的形成。他首先探讨了翻译研究的跨学科特征，认为翻译研究应该考虑文化研究、人文学科的跨学科特征有利于质疑现有的研究范式和既定研究事实，产生新的研究领域和研究方法，进而导致学科的转向。翻译研究的"文化转向"有助于发掘翻译研究的新课题。他指出翻译的过程受到两个层面的限制，那就是文化层面和社会层面。文化层面包含了诸如权力、控制、民族兴趣、宗教和经济等影响因素，社会层面则关注翻译过程中的行为者，他们不断地内化上述因素，并在行动中表现自己的价值体系和意识形态。因此在翻译研究中，我们应该加强文化和社会关系的联系，避免二元对立，超越翻译的传统观念。对翻译的社会层面因素的关注有望形成翻译社会学。而后他详尽地探讨了翻译作为一种社会实践的事实，认为虽然人们意识到翻译过程是由社会条件所决定的，翻译的存在是由文化和社会条件所决定的，但是迄今为止还没有学者对翻译的社会性特征进行深入而全面的研究。接下来他对近几年来翻译社会学的发展进行了回顾，他认为翻译学者们对翻译社会学的研究主要借鉴和运用了社会学家布迪厄、拉易尔、拉图尔和卢曼的理论，这些社会学家的著作为翻译社会学的理论框架奠定了基础。他最后指出，在更广义的语境里，翻译社会学也许会"成为文化社会学的一个新分支，是文化的世界系统研究中一个令人充满希望的领域"。沃尔芙在翻译社会学研究领域颇有建树，除了在这本论文集里所阐述的观点以外，还写有《翻译的社会学探索》（"Towards a Sociology of Translation", 2002）以及《翻译的社会维度》（"Social Dimensions of Translation", 2006）等重要论文。

《构建翻译社会学》这本论文集围绕翻译社会学的建构过程中出现的一些主要热点问题进行讨论，共分成四大部分，收录了近年来在这一领域最有代表性的 10 篇论文。第一部分的论文主要是关于译者对翻译社会学这一新的研究领域地位的争论，一共收录了格拉兹大学翻译系的埃里克·普热恩克（Erich Prunc）教授和伦敦大学学院（UCL）的赫曼斯（Theo Hermans）教授的两篇文章。普热恩克教授对译者在社会中的地位进行了探讨，他认为翻译中对文本及意义的控制要么来自于权力阶层，要么通过民主的方式获得。这取决于社会等级权力机构，尤其是统治精英们想如何控制跨文化交际。一方面，译者在社会中处于比较边缘的地位；另一方面，译者对跨文化交际中的意义构建有至关重要的作用。如果我们将翻译视为一种社会实践，就有利于识别其中的权力协商过程。在全球化社会的今天，应该构建翻译中的职业场域。赫曼斯教授的文章从互文性的视角对"对等"这一传统概念予以批判，主张把翻译视为一种社会系统，并深入探讨德国社会学家卢曼的社会系统理论在翻译研究中的应用。

第二部分主要探讨布迪厄在翻译社会学建构过程中的影响，收录了三篇文章。加拿大学者古阿恩维克认为布迪厄理论在翻译研究中的贡献主要基于其四个核心概念：场域、惯习、幻象和象征性资本。文章对美国翻译文学在法国的传播状况进行了研究，分析了翻译行为者的惯习。幻象可以和文本的文体联系起来，每一种文体都有一定的幻象，决定了读者的口味，使读者依附于文本中所叙述的"游戏"。他还使用了"双重反思"（double reflexivity）原则对翻译进行思考。法国学者海尔布伦（Heilbron）和萨皮罗（Sapiro）合写的文章《翻译社会学大纲：目前的问题和未来的前景》（"Outline for a Sociology of Translation: Current Issues and Future Prospects"）对翻译社会学的构建进行了深入的探讨。他们觉得如果认为翻译深嵌于特定的社会语境，应该将以下三个范畴纳入考虑之中：1）作为一种跨国之间的转换，首先翻译意味着国际关系交换场域的存在；2）在更为特定的交换层面上，必须区分政治、经济和文化动态；3）翻译动态取决于接受空间结构和在此过程中相关的媒介（译者、评论者、行为者、出版商）以及社会需求。尤其提出要关注译者这个群体。沃尔芙教授的论文《翻译场域的定位》（"The Location of the 'Translation Field'"）认为布迪厄社会学理论的局限性使其不足于阐述翻译中的"调解空间"，他建议引进霍米·布哈巴哈（Homi Bhabha）的"第三空间"

（the Third Space）来进行探讨，这样有利于探讨翻译场域的运行机制，也有利于对翻译过程进行考察，而不是仅仅考察翻译产品的影响。

第三部分主要探讨方法论和翻译实践的问题，共收录三篇文章。意大利学者米瑞拉·安果尼（Mirella Agorni）的论文《翻译研究中的系统与个人定位》（"Locating Systems and Individuals in Translation Studies"）探讨了翻译研究中的新方法，以期形成一种能将翻译中的社会文化和个人联系起来的研究模式。作者认为可用一种关注翻译地域特征的方法来替代规定性和描述性研究模式，对涉及翻译的诸多因素进行考察，对翻译及社会语境进行全面考察，通过关联来进行研究，产生一种导致多种意义的模式，而不是只寻求唯一的解决方法。加拿大学者布兹林将法国社会学家拉图尔的行动者网络理论与民族学方法结合起来，通过对加拿大三家独立出版社的翻译项目的调研对翻译社会学进行了研究，认为应该关注译作产品终端的研究。在他看来，拉图尔的理论运用于翻译研究中，能帮助克服多元系统理论模式的一些局限。芬兰教授切斯特曼（Chestman）的论文《翻译社会学中的桥梁概念》（"Bridge Concepts in Translation Sociology"）认为翻译研究的社会学途径强调一些"桥梁概念"，这些概念与文本、认知和文化方面相联系，以此帮助规范翻译学科。这些概念包括因果性、翻译实践、话语和惯习、翻译规范、简要和策略等。

第四部分主要是对翻译研究的社会学构建进行回顾和展望，共收录两篇文章。加拿大学者斯莫尼（Simeoni）教授在文章中首先探讨了社会翻译研究的学科定位——跨学科性，而后探讨了莎士比亚的《凯撒大帝》1756年在意大利的第一次翻译状况，通过这一典型的案例分析，斯莫尼教授认为，翻译研究不仅要考虑社会宏观的语境因素（机构、意识形态、赞助人等），还要考虑翻译过程中所涉及的微观因素（翻译行为者的社会化过程及其特殊的惯习构成）。芬兰教授甘比尔（Gambier）对翻译社会学研究产生和发展的必要性进行了探讨。他认为要考虑三个主要的因素：一是对翻译学者的自我剖析，二是对翻译学科这一领域的历史梳理，三是对翻译制度和翻译出版的分析。

从社会学途径角度来研究翻译的还有一位值得一提的学者，她就是英国学者莫娜·贝克教授。她关注翻译在社会政治文化冲突中的作用，借用叙事理论展开对翻译与冲突的种种关系的叙述，其主要观点主要体现在《翻译与冲突——叙述性阐释》（*Translation and Conflict: A Narrative Account*）一书中。贝克教授所借用的叙事理论是指它在社会学和交际理论中的概念，而并不是在叙事学或语言学理论中的概念，目的是探索翻译参与这些叙事过程的方式，从而从社会学途径对翻译研究进行探讨。参照萨默斯（Somers）和吉布森（Gibson）的理论，即本体叙事（ontological narratives）、公共叙事（public narratives）、概念叙事（conceptual narratives）和元叙事（meta-narratives）等，作者探讨了翻译和叙事之间的关系，即翻译如何建构叙述。本体叙事是个人的故事，人们讲述自己在人世间所处的地位和个人经历。这类叙事看起来是关于个体以及当时的世界的，但本质上是人际和社会的。公共叙事是在社会机构中描述和传播的故事，比个体叙事的范围更广泛，比如家庭、宗教机构、教育机构、媒体、民族。任何社会中的个体，要么融入主流公共叙事之中，要么与之对抗。口、笔译员在国内或国际范围内抵制和质疑公共叙事的过程中扮演了重要角色。概念叙事或学科叙事指各个领域的学者对自己或向他人详细阐述相关的研究课题。元叙事也是一种公共叙事，是"我们置身于历史之中，作为同时代历史的参与者……将文明、衰退、工业化、启蒙等展现出来"（Somers & Gibson, 1994）。作者认为，译者并不仅仅是翻译任务的被动接受者，很多译者本人就是翻译活动的发起者，他们主动挑选文本，自愿担任口译以参与建构某些叙事。译者不是超然的冷眼旁观者，也不是从头到尾都在进行简单的语码转换的技术人员。像社会上的其他群体一样，口笔译员也要对自己的工作负责，对自己翻译的文本和话语负责。在翻译中，译者有意无意地参与了对社会现实的构建、协商和角逐。因此在现实生活中，翻译参与了叙述的构建。翻译对叙述的构建几乎可以运用任何语言或非语言资源：从副语言手段如语调、印刷格式到可视资源如色彩和形象，到无数语言手段如时态变换，人称指代、代码转换，讳饰语的使用等（张美芳，2007）。作者通过一些具体的实例强调说明翻译的建构功能和用于实现这种功能的各种手段。不管译者选择何种本土化策略，其累计选择总有超越当前文本或事件的效果。任何个体叙事都不是孤立存在的，都属于社会层级更大范围的叙事，属于世界元叙事的一部分。作为社会行为者，译者要对自己推动传播的叙事负责，对自己赋予这些叙事合法性所引起的实际后果负责。贝克教授在此书中除了像传统的翻译研究那样引用翻译文本的实例，诸如海明威的《永别了，武器》和雷克马的《西线无战事》等作品在法西斯统治的意大利翻译时被审查和删减外，还引述了大量的出自当今国际政治生活中的实例——从美伊海湾战争中美军飞机散发的译成阿拉伯文的传单，到与中东巴以冲突密切相关的纪录影片《杰宁啊，杰宁》的荧屏字幕翻译，甚至还有俄罗斯车臣战争中的一些翻译案例——视野相当开阔，同时也让读者非常真切地看到了翻译与当今的政治文化之间的关联，与当今国际冲突之间的密切关系（谢天振，2011）。

国内也有一批翻译学者对翻译社会学进行关注。他们呼吁需加强翻译研究中对翻译社会性的关注，认为翻译研究中的社会性一面长期被忽视了，致使翻译研究一直囿于文本之间与文字之间，这不仅限制了翻译研究的客观性视野，也掩盖了翻译活动的本质（吕俊，2001b）。翻译是一种复杂互动的社会行为，可以结合文艺社会学的相关理论，对翻译的社会机制进行探讨（俞佳乐，2004）。他们不仅对西方翻译社会学构建的状况进行了及时的介绍和梳理（张美芳，2007；李红满，2007，2008；王军，2007；武光军，2008；王悦晨，2011），还对翻译社会学建设进行学理上的探讨（杨柳，2003；杨晓华，2011；王洪涛，2011）。

通过对文献的梳理，我们发现社会学视角的翻译研究具有比较显著的理论意义和实际意义，并呈现出以下几个特点。

第一，社会学视角的翻译研究是翻译本质的必然体现，是一种历史的必然。传统的翻译研究长期以来将语言看作翻译研究的唯一要素，导致在理论上形成了"忠实"标准一统天下的局面，关注文字层面的转换活动，忽略了翻译行为中非语言因素的影响，纠结于难以企及的梦想，致使翻译研究进入死胡同。通过广大译界学者的不懈努力，翻译研究走出了语言的局限，进而开始研究翻译活动的社会性特征，从文化、政治等更广阔的社会语境对翻译进行研究，体现了翻译研究语言性与社会性的本质特征。这种本质特征决定了翻译研究从语言学转向走向文化转向、权力转向乃至最终建立翻译社会学的必然。

第二，社会学视角的翻译研究改变了翻译研究的范式，开阔了人们的研究视角。传统的翻译研究由于受到二元论思想的影响，思维模式比较单一，翻译理论上常常出现非此即彼的现象，产生不少二元对立的矛盾，诸如"内容"与"形式"的矛盾、"忠实"与"叛逆"的矛盾、"直译"与"意译"的矛盾、"归化"与"异化"的矛盾、"主体"与"客体"的矛盾等等。而社会学视角的翻译研究将单向的线性思维模式转向多维思维，不仅将原文、原作者、译语等考虑其中，也将译者、出版商、赞助者、译语读者等参与翻译活动的行为者纳入研究视野，同时还考察文化、政治、经济、权力等社会因素与翻译行为者之间的关系，以关系主义原则为指导对翻译中的各种关系进行研究，无疑为翻译研究者打开了新的研究视野，有利于研究者对翻译行为进行更为全面的研究，从而更客观地揭示翻译活动的本质和规律，更科学地指导翻译行为。

第三，社会学视角的翻译研究使翻译研究走向辩证、动态研究，符合学

41
◆

科发展的要求。传统的翻译研究是一种静态的规定性研究，为翻译工作设定了权威性的标准，要求译者循规蹈矩，不准越雷池一步，将译者置于左右为难的尴尬境地，片面追求一种所谓历史的客观状况，译者稍不注意，就将被施与"叛逆"的罪名，那些无法合乎标准的翻译也常常被指责为"不忠的美人"。从社会学视角对翻译进行研究则将研究的重点从下定义、设关卡中转移出来，关注对翻译过程和译作产品最终形成的分析和描述，把与翻译行为相关的诸多社会因素纳入考虑的范畴中，以一种辩证、动态的眼光研究翻译与社会、翻译与权力、翻译行为者与社会之间的关系，揭示其间双向的互动关系，是翻译学科逐渐走向成熟的一种标志。

第四，社会学视角的翻译研究不断深化，并逐渐形成一定的体系。从20世纪90年代开始，众多的学者开始吸收和借鉴社会学理论的研究成果进行翻译研究，不断丰富本学科的内容。从研究成果来看，研究者们一开始经历了借用某一社会学理论单纯套用的阶段，随后以批评的眼光分析比较不同社会学理论在翻译中进行研究的利弊，建议二者之间形成一种互补趋势，翻译研究不断深入。这说明研究者们在翻译社会学研究中具有问题意识和问题取向，同时也开始进行学理上的思辨，使翻译社会学的构建逐渐形成一定的体系，不断完善。

当然，作为翻译研究的一个新兴的分支，翻译社会学研究的发展也面临着不少的问题，对一些影响学科发展的重大问题的讨论还有待进一步深入。比如相关的理论形态、学科范式，学科定位等问题，还有翻译社会学的方法论问题也缺乏系统的论述，使研究者仍然无法对翻译研究的一些社会问题开展深入细致的调查和科学理性的分析，这无疑制约了翻译社会学的应用研究和学科发展（李红满，2008）。翻译社会学研究从本质上来看，是一种离心式研究，容易偏离翻译研究的本体——语言转换，也容易偏离翻译的母体——原文，因此在研究中要认清自身在翻译学中的地位，以防本末倒置。此外还要注意多种社会学理论在具体运用中的互补性和有效的整合问题，不同社会学理论中的术语在内涵和外延上都存在着概念上的重叠性或部分包含性，容易造成概念上的含混不清，如果这几种理论不进行有效的整合，就会不可避免地导致翻译社会学研究总体上的分散性，违背了理论的连贯性原则，从而削弱了其解释力（武光军，2008）。

相比而言，西方在翻译社会学研究领域的研究开展得如火如荼，并逐渐形成一定的体系。而国内译界的同类研究则显得比较薄弱。从收集的文献来看，跟着西方走的状况还比较严重，相关的研究大多以介绍性质为主，自主性探讨的研究并不多，且只有为数不多的文章散见于学术报刊，相关专著也并不多见，还没有形成系统的研究。因此结合中国的语境，借鉴社会学理论对翻译进行较为系统的探讨有较为重要的理论意义和现实意义。

1.3　本研究的主要内容

　　基于前文对我国翻译研究的回顾以及翻译研究中社会学视角切入的探讨，我们不难认识到：作为一种深深植根于社会、政治、经济和文化环境中社会文化活动，翻译是一种"社会规约化的行为"，是一种满足人类自身需要的社会行为，深嵌于社会系统的各个方面，因此从社会学途径对翻译进行研究是不可或缺的。为了便于读者对本书内容的把握，现在对本书的内容和思路进行简要的介绍。本书分为五章。

第一章　导论

　　该部分首先对我国翻译研究的现状进行了大致的回顾和梳理，作为我们研究的基础。我们认为翻译研究发展到现在，大致经历了四个阶段（语文学阶段、结构主义语言学阶段、解构主义阶段以及建构主义阶段），三个转向（翻译研究的语言学转向、翻译研究的文化转向、翻译研究的权力转向），其间伴随着对翻译中一些重大问题（翻译的忠实、翻译理论与实践、译者身份、翻译学科建设等）的激烈讨论。其次，我们对翻译活动的本质进行了探讨，认为语言性和社会性是翻译活动最为显著和重要的两个特征，进而说明对翻译的社会性进行研究的必要性，同时对社会学视角的翻译研究现状进行了描述，并指出法国社会学家布迪厄的社会实践理论对翻译研究有比较大的影响。本章的最后，我们认为从社会学视角对翻译进行研究有较为重要的理论意义和实际意义，这些都构成我们本课题的研究理据。同时还对本书的研究内容进行了介绍。

第二章　布迪厄社会学理论介绍

　　本章首先对法国社会学家布迪厄的生平及其学术影响进行了简要的回顾。接下来对布迪厄的语言观和贯穿在理论中的场域、资本、惯习等三个核心概念进行了简要的介绍。我们认为语言是布迪厄社会学理论中比较重要的内容，他在研究中注重语言分析语言和权力之间的关系。根据布迪厄对语言的研究内容，我们将他的语言观归纳为三点：语言是一种实践；语言是一种权力；语言是一种策略。布迪厄社会学中的场域是一个网络空间、一个权力空间，也是一个关系空间。这个场域空间是社会行为者实际活动的场所，是行为者力量对比和竞争的空间，是行为者不可或缺的依托。布迪厄资本概念的创造性在于他认为除了经济资本以外，还存在着非物质化的资本形式，即文化资本、社会资本、象征性资本。不同的资本是社会行为者进行竞争的工具。惯习是一种具有性情倾向的秉性系统，是行为者过去实践活动的结构性产物，对社会行为者的行动起着指挥的作用。惯习具有持久性、历史性、建构性和无意识性的特征。

本章在最后对布迪厄的语言观、核心概念与翻译三者之间的关系进行了说明。我们认为，布迪厄社会学的理论基础是实践，而语言是社会行为者进行实践活动的媒介。在实践的基础上，布迪厄提出了关系主义的方法论原则，强调从关系的角度进行思考，也就是说，布迪厄的语言观和核心概念之间的关系可以描述为：语言是一种社会实践，社会行为者之间的语言交流始终存在着权力支配关系。在场域空间中，社会行为者在惯习的作用下，通过累积和企图垄断各种不同的资本，保证或改善自己在场域中的位置，进而获取更大的利益。翻译是一种语言实践，翻译的实践性决定了其与生俱来的社会性特征，翻译行为中所涉及的原作、译作、原文作者、翻译行为者、译作读者等之间也有着千丝万缕的关系，因此，布迪厄社会学理论中的实践原则、关系主义方法论原则及其核心概念之间的关系为阐释翻译的社会性、翻译与社会的关系以及翻译行为所涉及的各种因素之间的关系提供了系统的理论支撑。

在布迪厄理论框架下，我们可以对翻译进行如下描述：在翻译过程中，翻译行为者们遵守一定的规则进行翻译活动，他们长期以来养成的文化惯习对翻译文本的选择以及译本的产出风格等有决定性的影响。通过翻译，某种语言或者文化可以累积一定的文化资本（翻译文本及其影响），从而在全球化的社会文化场域中争夺到一定的位置。随着翻译行为以及相应累积资本的发展变化，文化场域中各种力量对比也不断发生变化。

第三章 布迪厄语言观与翻译

鉴于语言与翻译的不可分割性，本章首先区分了三种不同的语言观：语言是一种神性；语言是一种存在；语言是一种工具。接着作者阐述了语言观与翻译观之间的关系，说明有什么样的语言观就会有什么样的翻译观点：神似与化境的翻译观是基于艺术的语言观，强调主观直觉判断，重视译者的天性资质；可译与不可译的语言观是对语言的个性和共性的认识导致的，德国哲学家洪堡特（Wilhelm von Humboldt）的语言理论"语言是一，又是多"是比较典型的代表；结构主义语言学观点是对等与等值翻译观的基础，这种观点认为，语言是理性的，不同语言之间具有同一性，不同语言之间具有相同的表达能力，因而它们之间可以找到一个语言的共核并进行转换。

　　本章的重点在于第三节布迪厄语言观与翻译。布迪厄认为语言不是客观中立的媒介，而是一种社会实践，哪怕在最简单的语言交流中，也始终有难以辨认的权力支配关系潜在地发挥作用。我们认为翻译是一种社会实践，是两种语言之间的交流和转换，是社会系统内部的一种操作力量，是语言争夺中心位置强有力的武器。翻译过程中文本的选择、翻译策略的使用以及行为者之间的关系均不可避免地涉及权力问题，而翻译过程中体现的各种矛盾实质上体现了各种权力关系之争。翻译中的权力矛盾主要体现在三点：第一，强势语言对翻译的操控。世界文化场域中存在着弱势语言和强势语言，在跨文化交流中，强势语言国家常常利用其文本的影响力，操控翻译流向、文本选择和翻译策略的使用等。第二，翻译是社会的重构力量，这是翻译的权力的体现。一般说来，一方面翻译延续了文化的生命空间和时间，使被翻译的文化得以继承发扬光大，并促进了译入语国家的文化发展和繁荣。另一方面在两种语言的交流或转换中，社会环境会起到一定的限制性作用，同时翻译也会对社会产生一种反作用，形成社会的一种重构力量，即翻译能促进译入语国家的文化发展和繁荣，对社会文化、政治乃至经济产生重大的影响乃至改变。第三，翻译行为者的权力操控。翻译行为者在社会场域中往往会利用自己在翻译过程的优势地位，对翻译行为进行有意操控。翻译行为者主要包括国家权力机关、翻译赞助人和译者。

第四章 文化资本与翻译

　　本章主要借用布迪厄的文化资本概念对翻译进行探讨。布迪厄认为，文化资本是一种信息资本，以身体化、客观化、制度化三种形式存在。场域的结构由各类资本的具体分配结构所决定，文化资本是一种获取保存与其他人拥有相同文化地位的手段。语言和翻译属于文化资本的一部分，二者的表现形式（文本/译本的产出和影响），即文化资本累计的多寡，是行为者（译者、译文读者、出版机构等）获取文化场域位置和利益的一种标志，换句话说，在翻译过程中，如果行为者获得的文化资本越多，在某种文化场域中所处的位置就越优越。

　　本章首先分析了翻译作为一种文化资本的身体化、客观化、制度化特征，说明翻译具有文化资本的典型性特征，具有隐蔽性。翻译是一种文化资本，是社会文化场域中不可忽视的力量。基于翻译行为者在翻译活动中的不可或缺性，本章重点讨论了翻译行为者与文化资本之间的关系，认为国家权力机关在社会场域中拥有绝对充足的各类资本，处于核心的位置，对场域的运作

翻译研究的社会学途径——以布迪厄的社会学理论为指导

起到至关重要的决定性作用，在翻译场域中也一样。国家权力机关在翻译场域中拥有最充足的文化资本，是场域中的操控力量，对翻译流向、翻译内容以及翻译的方法等都有比较直接的影响和操控。译者是翻译行为的直接操作者，译者所具有的语言能力、学识、对世界的认知、审美情趣、对本族语文化和异域文化的把握和态度等构成了译者所拥有的文化资本，这些文化资本的构成形式和资本量的多寡对译者的翻译行为有直接的影响。翻译赞助人是翻译活动一支不可忽视的力量，赞助人会借助他们所参与建立的系统，比如教育机制、学院、评审制度、评论性刊物等，来影响译者的地位、收入和取向，从而推动或阻挠某些翻译活动。翻译作为文化资本的客观化特征主要体现在译作上。译作是一种物化的文化财产，一种客观化的文化资本，进入市场流通以后，通过客观形式的物质（图书）进行传递。译作这种客观化的文化资本的多寡决定了它在文化场域中的位置。译作的文化资本主要取决于三个因素，即原作的文化资本、译作的忠实程度以及译作的社会功能。原作的文化资本主要由原作本身固有的文化资本和原作在译入语社会中的文化资本所决定。"忠实"是翻译属性的本质特征，是翻译研究中不可回避的本体性问题，是翻译作为一种独特书写形式而存在的关键。因此，译作的忠实程度对译作文化资本无疑有决定性的作用，忠实程度越高的译作，其文化资本就越多。基于翻译的复杂性，"忠实"应该是一个动态的、多维的概念，不仅涉及原文，还涉及翻译行为者、目标语读者等，主要包含了对原文的忠实、对译文读者的忠实、对译入语的忠实以及对翻译行为者的忠实。忠实这一概念的含义在这四个方面也有不同的侧重。基于翻译的社会属性，译作的社会功能是评判其义化资本多寡必须考虑的问题。如果作品对译入语社会产生了积极的作用和较大的影响，那么译作就会有较多的文化资本。这种作用和影响体现在语言、思想或者文化上。

第五章　惯习与译者

本章主要借用惯习概念对译者进行研究。布迪厄把惯习看作是植根于行为者性情倾向系统中，作为一种技艺存在的，具有某种创造性艺术的生成性能力。行为者依据这种能力，在社会场域中采用适合于自己身份的策略进行活动，并达到一定的目的。可以说社会行为者在实践中总是会依据某种自己信任的逻辑进行活动，从这个角度来说，惯习就是社会实践的一种逻辑。本章探讨了在翻译这个文化场域中，作为翻译行为的直接执行者所具有的惯习，以及惯习对他们翻译行为的影响。本章首先探讨了译者惯习的突出特征，认为译者拥有双重的文化惯习（或多重文化惯习）。双重文化惯习指的是本族语文化惯习和外语文化惯习。也就是说，与一般人不同的是，在译者惯习构成的历史实践中，他比别人多了一项实践内容——对外语的学习和认知。这项实践的经历，构成译者原初的经验之一，对译者的惯习构成也同样有建构性的影响：他是如何习得这门外语的，在什么社会背景下进行学习的，接受外语教育程度如何，谁对他施行外语教育的，他在学习的过程中都接触了什么样的人等等。这些经历都会和译者其他的社会历史实践一起，通过一定时间的积累，深入到译者深层的心态结构中，慢慢内化成译者的意识，形成译者对他所学习的语言及其相关的文化、风俗、思维等的态度和看法。译者母语环境中的实践经历和外语环境中的实践经历就构成了译者独特的双重文化惯习，形成译者独特的语言实践逻辑，并指挥和调动译者完成语言文本的转换任务。惯习对译者的影响体现在翻译思想和翻译行为上。在本章的第二节，以葛浩文这位美国著名的中国文学翻译家为例，我们探讨了葛浩文双语惯习的形成，并分析了葛浩文翻译思想、翻译实践与他文化惯习之间的关系，进而说明惯习这个实践逻辑在翻译场域中指挥译者进行翻译实践活动，而实践的结果又反过来成为译者惯习的组成部分，丰富着译者的性情秉性系统，不断积累译者的文化资本和社会资本，让译者在翻译场域中处于越来越中心的位置。

需要说明的一点是，鉴于布迪厄的关系主义方法论原则，他强调从关系的角度进行思考。因此布迪厄认为他的社会学理论中的场域、资本、惯习等概念都是相互依存、互为关系的。这些概念将符号与社会联系起来。一个场域是各种位置之间存在的客观关系的一个网络（构型）。整个社会就是一个场域，这个空间由己分化，具有相对独立性的社会场域（艺术、宗教、经济场域等）构成。改变了场域中资本形式的分布和数量大小，也就改变了场域的结构。资本是场域空间里社会行为者进行实践的工具，而惯习是场域空间里社会行为者进行实践的逻辑。为了避免重复，我们并不打算单列"场域与翻译"为一个独立章节进行探讨。但是基于布迪厄对场域空间的论述，我们不难对翻译做如下描述：作为一种跨国语言转换，翻译意味着国际文化关系场域的存在。这个场域中的社会行为者（国家权力机关、翻译赞助人、译者、读者）在社会实践中沉积了自己的体验，并形成特定的惯习，这些惯习就成为行为者在翻译活动中的实践逻辑，指挥着行为者进行各种翻译行为。结果是，翻译行为者从自己的实践活动中得到并累积了资本，获得的资本的多寡决定了翻译行为者在文化场域中的位置。从国家的角度来说，强势语言国家凭借其在文化场域中的优势地位，通过控制翻译流向、选择特定翻译题材、采取特定翻译策略等手段，不断累积翻译文化资本，巩固自己在世界文化场域中的中心位置。但是场域中的各种力量对比在一定力量作用下是可以发生变化的。弱势语言国家也可以通过翻译，不断累积文化资本，从而从边缘走向中心。

第二章　布迪厄社会学理论介绍

2.1 布迪厄简介

　　由于本书的研究主要基于法国社会学家布迪厄的理论框架，我们理所当然有必要对这位社会学家的生平及其学术影响进行简要的回顾，以便能更好地阐明他的理论给翻译研究带来的启示。

　　布迪厄（1930—2002）是近 40 年来在西方学术界中被人们引用最多的当代法国著名人类学家、社会学家和思想家。在欧洲社会学界，他与英国的吉登斯（Anthony Giddens）、德国的哈贝马斯被并称为当代三杰。

　　布迪厄于 1930 年 8 月 1 日出生在法国西南部交接于法国与西班牙两国的比利牛斯省贝阿恩地区一个叫作登桂因（Denguin）的山间小镇——贝尔纳村庄。他的父亲早年是个农民，后来成为邮局的一个公务人员。这位来自穷人家的孩子最后登上了法国社会理论的顶峰。布迪厄小学毕业后，以优异的成绩考上波市（Pau）的路易巴图中学（le lycée Louis Barthou）。1948 年进入巴黎路易大帝的大学预备班，1950 年考入文科被列为全国榜首的巴黎高等师范学院，接受系统的哲学训练。1956 年布迪厄应征入伍，在阿尔及利亚为军队服务。正是从这里开始，布迪厄开始了他的社会学研究工作。他在阿尔及利亚进行了大量人类学的田野工作，这对他此后的思想发展有着极为重要的影响。"他对实践的关注，对研究者和研究对象之间关系的强调，以及后来对结构主义的批评，都可以在人类学研究的经历中找到最初的灵感来源"（宫留记，2009）。布迪厄于 1958 年与 1963 年发表的两部著作《阿尔及利亚的社会学》和《阿尔及利亚的劳动与劳动者》引起知识界的关注，从而奠定了他在社会学界毋庸置疑的学术权威地位。

　　1985 年起，他担任法兰西学院欧洲社会学研究中心主任，并获选为法兰西学院社会学终身讲座教授。1981 年布迪厄进入著名的法兰西学院执掌社会学教席，这是他学术生涯的巅峰时期。2000 年英国皇家学院颁布给他的赫胥黎奖章代表了国际人类学界的最高荣誉。布迪厄的研究横跨众多领域，打破了学科界限，从跨学科的角度入手，对人类学、社会学、教育学、语言学、哲学、政治学、史学、美学等都有研究，提出了一系列独到的思想范畴，建构了相当新颖的学术框架。布迪厄还曾担任过出版社的主编。1975 年，他与费南·布劳岱（Fernand Braudel）成立学术刊物《社会科学的研究行动》（*Actes de la Recherche en Sciences Sociales*），由他自己担任总编辑，直至他去世。该刊物主要刊登他自己的研究以及他的学生们的研究论文。

当布迪厄于 2002 年 1 月因患癌症而不幸逝世时，人们发现：在他身后为世界文化宝库所遗留的是难以估价的丰富的创作产品。布迪厄一生撰写了大约 50 本著作和 500 余篇文章。这些作品包含了百科全书式的内容，完全不拘泥于学科的界限，涉及非常广泛的研究领域：从对农民、艺术、失业、教育、法律、科学、文学的研究到亲缘群体、阶级、宗教、政治、体育、语言、居住状况、知识分子以及国家的分析。主要著作有：《阿尔吉利亚社会学》（1958）、《阿尔吉利亚的劳动与劳动者》（1963）、《对艺术的爱》（1966）、《教育、社会和文化的再生产》（1970）、《实践理论大纲》（1972）、《实践与反思：反思社会学导引》（1992）、《艺术的规则》（1992）、《论电视》（1996）、《语言与象征权力》（2001）等。

布迪厄是站在思想巨人肩膀上的思想巨人，他的社会实践理论储存了法国自笛卡尔（Rene Descarte）以来的整个近代哲学的发展成果，又涵括了马克思主义、结构主义、现象学等现代哲学的精髓的思想库。因此布迪厄丰硕的思想成果除了自身的努力学习以外，还受到来自西方文化和哲学的深远历史传统的影响。和当代的其他法国社会学家一样，他反思存在主义与黑格尔理性主义与尼采、马克思和弗洛伊德批判精神之间可能的联系。在年轻时，布迪厄就受到现象学和马克思思想的影响。他曾经说，他以某种程度的热情阅读海德格尔的《存在与时间》，并对海德格尔的时间观和历史观很感兴趣。而胡塞尔的《论观念 II》和舒兹的著作则帮助他进一步以现象学深入分析社会现象。布迪厄汲取了韦伯的历史方法，主张从历史联系的角度去考察在各个不同结构网络中的"社会行为者"，并重构它们之间的相互关系。同时，他也接受了马克思的影响，重视社会结构，特别是经济结构和阶级结构对于行为者的客观制约功能，强调社会结构本身也是人的历史活动的产物，是富有内在生命力的。李维史陀和索绪尔的结构人类学和结构语言学推动布迪厄从新的理论视野重新观察现象学，并改造当时的语言哲学，使他走上超越客观主义和主观主义的革新道路。布迪厄认为结构主义过于强调社会结构的固定性和不变性，而忽略了行动者的心态和行为主动性。布迪厄在田野调查中发现，行动者的心态和行为结构会在社会历史环境里共时地进行内在化和外在化的双重运动，他因此就创立了自己的"建构的结构主义"或"结构的建构主义"（高宣扬，2006）。

布迪厄还受到马克思的实践观和萨特的实践观的影响，在此基础上，他形成了自己的实践观：他的社会实践观是围绕着行动者在哪里实践，如何实践，用什么实践等相互联系的社会实践观上的基本问题而展开的，具体说来，就是行动者的实践空间、实践逻辑、实践工具是什么。他用场域、惯习、资本以及三者之间的关系分别回答了这三个紧密联系的社会实践观的基本问题。布迪厄认为，人类社会是由社会结构和心态结构组成的，生活在社会空间中的行动者是由特定的社会关系网络来确定其社会位置的；行动者凭借各自拥有的特定资本和特定惯习，在一定的社会场域中生活，在一定的社会制约条件的客观环境和结构中，不断地同时创造和建构自身以及生活在其中的社会（宫留记，2009）。

随着布迪厄著作的英译本的大量出版，他的社会学理论也逐渐进入英美国家的学术思想界。布迪厄社会学理论中的场域、惯习、资本等核心概念，他的语言观、实践观以及关系主义原则等构成其独树一帜的社会理论，成为西方社会学界一道独特的风景线。布迪厄理论的独创性、关系性、反思性以及批判性超越了传统理论的二元对立，为我们认识世界提供了崭新的视角。

2.2 布迪厄的语言观

语言是布迪厄社会学理论中比较重要的内容。他深受维特根斯坦后期的语言哲学的影响，主张破开结构主义语言观的桎梏，将语言置于实践中考察其功用，注重语言和社会实践，尤其是语言和权力的亲密关系，从而将语言的社会哲学研究推到当代思想前沿，具有强烈的政治批评力度（李红满，2007）。在对语言进行深入研究之后，他提出了一套独特的语言交换市场理论。他认为，在人们的语言交往中，人们所完成的并不是语言文字符号及其意义方面的交换，而是不同的个人、团体、阶级和群体之间的社会地位和社会势力的交流、调整、比较和竞争，也是他们所握有的权力、资源、能力及社会影响的权衡过程。同时，布迪厄强调语言交换活动的象征性权力结构及其特殊的运作逻辑，并特别揭示了语言论述、说话方式以及各种语言运用的策略，尤其是官方语言和委婉表达策略在现代社会中所具有的特殊意义，并在当代社会的权力斗争、正当化程序、区分化以及社会结构重构中发挥着特殊的社会功能（宫留记，2009）。布迪厄关于语言论述的专门论著主要有《言语意味着什么——语言交换的经济》和《语言和符号权力》等，除此以外，他关于语言的探讨还散见于其他的学术著作中。我们试将布迪厄的语言观归纳为三点：语言是一种实践；语言是一种权力；语言是一种策略。在本节中我们将对此进行说明。

2.2.1 语言是一种实践

布迪厄把整个社会活动和社会生活当作是一种象征性的交换活动，一种通过语言作为中介而进行的社会互动。社会中的任何一个事件、任何一次活动，不管在其准备过程中还是在其贯彻过程中，也不管是正在实现的、已经实现的还是无法实现的，都离不开语言的使用。由此看来，语言的实践性特征不言而喻。正因为如此，布迪厄认为索绪尔语言观是一种"不偏不倚的旁观者"，因为索绪尔将语言（langue）和言语（parole）区分开来，认为语言是一种语法系统，是一种社会资源，是由在不同层次上结合起来的单位和规则所组成的可继承性稳定系统，而言语是在特定场合被人采用的具体化的语言，具有具体性和变化性的特征。在索绪尔看来，语言是一个自足的整体，是一套分类原则，是一种规约，是一种社会制度，是一个表达概念的符号系统（索绪尔，2007）。在索绪尔的语言学理论模式中，语言是一个内在封闭的、自我调节的自足系统，抛弃了对外部世界和价值判断的关注。布迪厄认为索绪尔强调语言系统的封闭性，使意义局限于作为终极所指的结构，从而使逻辑压倒了实践，最终陷入了逻各斯主义（Logosism）的泥潭。他认为"纯粹"语言学家采取的是语法学家的态度，而语法学家的目的是研究并编纂语言，这与言说者的态度迥然不同，后者力图通过言辞用以行事的能力在世界中完成各种行为，并影响这个世界。如果把语言当作分析的对象，而不是用来进行思考和交流，就会容易把语言看作一种"逻各斯"，看作一种与实践相对的事物，把语言当作"僵词死字"，没有实践用途，这就是一种"学究式谬论"。布迪厄认为，语言只有放到实践之中才能理解到它的丰富意义，索绪尔等语言学家脱离实际，脱离历史条件论述语言的结构，以为理解了语言的语法结构，不仅能抓住语言的实质，而且能使语言规则更有效地转变为实践行为。布迪厄指出，根据索绪尔的讲法，或者在解释学的传统看来，语言是智力活动的工具，是分析的对象，在这些人眼里是一种僵死的语言（正如巴赫金所提出的，这是一种书面语和外来语），是一个自足的系统，完全斩断了与它的实际运用之间的任何关联，并剥夺了它的所有实践功能和政治功用。他认为结构主义将言语行为简化为执行（规则模式）的单纯问题，并一直龟缩在最初的这一做法所限定的狭隘范围内，结构主义区分了语言（langue）和言语（parole），正是这种基本的区别使结构主义否定了语言的实践性（布迪厄，1998）。

2.2.2 语言是一种权力

布迪厄认为语言关系总是符号权力的关系，通过这种关系，言说者和他们分别所属的各种群体之间的力量关系转而以一种变相的形式（transfigured form）表现出来。因此，只在语言学分析的范围内兜圈子，是不可能阐明什么沟通行为的。哪怕是最简单的语言交流，也涉及被授予特定社会权威的言说者在与不同程度上认可这一权威的听众（以及他们分别所属的群体）之间结构复杂、枝节蔓生的历史性权力关系网（布迪厄，1998）。布迪厄进一步指出：

> One must not forget that the relations of communication par excellence—linguistic exchanges—are also relations of symbolic power in which the power relations between speakers or their respective groups are actualized. （Bourdieu, 1991）
>
> 人们不能忘记，最好的沟通关系，即语言交换活动，其本身同样也是象征性权力的关系。说话者之间的权力关系或者跟他们相关的群体之间的权力关系，就是在这种语言交换活动中实现的。

因此社会中人与人之间、群体与群体之间的语言交换，并不只是他们之间的对话关系，并不仅仅是某种沟通和交换意见的活动，而是他们之间权力关系的相互比较、调整和竞争；不同人之间的对话和语言运用，就是不同说话者的社会地位、权能、力量、才能、资本和知识等各种显示权力的因素的语言表露和语言游戏（高宣扬，2006）。某人说什么话，并不仅仅是由于其自身的语言能力所决定的，而是由某些"恰当性条件"所规定的，当某人希望恰当地进行为船舶命名或为人洗礼的仪式时，他必须是有资格这样做的，这与发布命令时必须具有为命令接受者所认可的权威是相同的（这种条件和资格就是一种社会权力。任何人都可以在公共场所大声喊叫，"我命令全民总动员"，但是由于缺少必要的权威，这不能成为一种"行动"。这样一种言说仅仅是语词而已，它将自身降格为无用的吵闹，孩子气，或者疯狂。如果一个人在不具备恰当条件的情况下梦想发布命令，将是一种疯狂的行为。原则上来说，任何一个士兵都有语言能力说出让他的上尉去"清扫厕所"这样的话语，但是从社会学的角度上看，并不是任何人可以宣布任何事，否则他这样做就会冒风险或触犯他人。只有一个无望的战士（或者一个"纯粹的"语言者）才会想到要给他的长官下达命令（布尔迪厄，2005）。

总之，布迪厄在语言实践中，在场域结构及其各种因素的差异性中，揭示了语言交流中的不平等关系、支配关系亦即权力关系。这些权力关系说明语言不是单纯的意义象征和符号形式，语言是现实的能动过程，其中包含着具体的、现实的支配力和作用力。并且语言中的力量不是来自语言本身，而是来自语言的外部，来自语言交流中的各种社会关系。符号权力通过陈述某个被给予之物来构成它，通过影响世界的表象来影响世界。这种权力并不处于"以言行事的力量"为表现形式的符号系统中，而是在一种确定的关系中被这种关系所确定。这种关系创造了人们对言辞合法性以及说出这些言辞的人的合法性的信念。而且它正常运作的条件就是那些承受这种权力的人要认可那些施展权力的人（布迪厄，1998）。在社会语言交换中，确认"合法性语言"或"正当化语言"的过程就是官方语言的形成过程，而任何官方语言的出现和普遍化都是一种权力的体现，因为官方语言是要靠一定的政治制度和国家权力的力量来支持的。在官方语言的合法化、正当化过程中，学校组成的教育系统成了最好、最有效的手段和工具。官方的意识形态和精神力量则通过学校的教育得到了充分的灌输。因此，在社会上我们可以看到居于统治地位的人或者阶级一般会使用一种合法化的标准的语言，而被支配者常常说的是一种蹩脚的或者不符合规范的语言。

2.2.3 语言是一种策略

在布迪厄看来，既然语言是一种权力，哪怕是最简单的语言交流，也蕴含着言说者与听众之间的权力关系，那么谁在说话，在什么时候说话，在怎样的场合说话，和谁说话，说什么样的话，怎样说话，以什么样的方式和策略说话等等，就会产生完全不同的效果。这就说明：人类创造语言并不是为了进行语言学分析，而是用来说话，用来得体地说话。正因为如此，原来智者总是说，在习得一门语言的时候，重要的是要学会在适当的时候说适当的话（布迪厄，1998）。

因此，在语言交流中，为了达到最佳的说话效果，言说者还应该遵循一定的语言策略。而使用何种语言策略则是由言说者之间不同的权力关系来决定的，也就是说，说话的策略是由言说者所拥有的资本和利益来决定的，而这些资本和利益则是言说者借助其在一个看不见的关系所构成的场域中的位置来决定的。这些关系决定了谁可以提问，谁可以打断别人说话，谁可以长篇大论地发言而不被打断，谁可以否定他人的策略，谁注定要采取拒绝的回答，谁又必须循规蹈矩地讲话等等。在布迪厄看来，语言交流过程中，说话者常常采用委婉表达和屈尊策略（strategy of condescension）这两种语言使用策略来推销说话者自身的思想，巩固其在交流过程中的地位。

委婉表达是语言象征性交换活动中语言交流的典范，主要通过对语言的巧妙使用，通过没有说出的话而说出自己心中的意图。"所谓的策略或者技巧，就在于考虑到发出者与接收者在不同种类资本的等级制度中的相对位置，以及性别和年龄，还有这种关系中所固有的限制，并且当有必要时，通过委婉的手法仪式性地超越它们"（布尔迪厄，2005）。例如，当你要求别人"来"的时候，如果说"请你赏光来"，则命令的口吻可以变得更加缓和，也可以使用一个简单的疑问句"你来了吗？"来避免前面"不礼貌"的形式，或者使用更加微妙的否定问句"你不愿意来吗？"表达自己对被拒绝的担心等等。人们也可能会采用"有几分""严格地说""随便地说"等一些"含糊其辞"的表达方式委婉地表达自己的思想。这种委婉的表达方式是语言交流中比较常见的一种说话技巧，是一种用说出来的话在语言交换市场中成功地推销语言商品的行销策略，它本身就是一种典型的象征性实践。所以在语言交换活动中，最有本事和能力的言说者，就是以不说话或者少说话而说出最多事情的人（宫留记，2009）。

屈尊策略主要指言说者通过使用听众熟悉的语言，掩盖语言所象征的支配关系，使听众产生"误识"，从而达到言说者的说话目的的策略（宫留记，2009）。在《实践与反思》中，布迪厄用殖民者和土著居民之间的语言使用来进行阐释，如果殖民者采用被支配者的语言，那么他们就是通过一种屈尊俯就的策略，即通过一种暂时的、但却大肆渲染的方式放弃他们的支配地位，通过拒绝这种支配关系而维持其统治，并从中渔利。这种策略通过对权力的虚假悬搁，造成放弃支配关系的表面假象而巩固其支配权力。在《言语意味着什么——语言交换的经济》一书当中，布迪厄以波市市长在贝阿恩省诗人庆典会上的讲话为例，阐释这种策略使用的有效性。波市市长对与会的群众用贝阿恩语发表了讲话，而听众被这种体贴的举动深深地打动了。大家默认法语是正式场合发表正式讲话的唯一可接受的语言，而市长通过使用当地语言，象征性地排除法语和贝阿恩语之间的等级制度和与讲这些语言的人们之间的等级制度而获得利益。只要在场的人们充分理解和认同说话人和听众之间的地位差异，那么采用这种平易近人的说话方式，就能够象征性地排除这种等级制度而使说话人获得更多的利益。事实上，作为贝阿恩人的市长，能够取得这种屈尊的效果仅仅是因为，作为一个大城市的市长，除了他所表现出的从容自信之外，他还具有所需的头衔（他具有教授资格）以确保他是理所当然的"高级"语言的"高级"使用者，即他能说一口标准流利的法语，没有人会想到这样一个"高级"语言的使用者会说一口"标准流利的贝阿恩语"。如果当地的农民能说出一口标准的贝阿恩语，在别人看来也是个毫无意义的事情。因此，言说者的屈尊策略仅仅是为了巩固说话者既有的高人一等的地位，进而获取更大的权力。

2.3 布迪厄的三个核心概念

在布迪厄社会学理论研究中，场域（field）、资本（capital）和惯习（habitus）是三个贯穿始终的核心概念，它们相互依存、互为关系：在社会场域空间中，社会行为者在惯习的作用下，通过累积和企图垄断各种不同的资本，保证或改善自己在场域中的位置，进而获取更大的利益。由于这三个概念也是我们本课题中使用的重要概念，在本小节中，我们将对这三个核心概念逐一进行简要介绍。

2.3.1 场域

布迪厄在其学术著作中研究了形形色色的场域，包括艺术家和知识分子、阶级生活方式、名牌高校、科学、宗教，也论及了权力场域、法律场域、居民住宅建设的场域等等（布迪厄，1998）。布迪厄将场域定义为在各种位置之间存在的客观关系的一个网络（构型）。整个社会就是一个场域空间，这个空间由已分化，具有相对独立性的社会场域（艺术、宗教、经济场域等）构成。改变了场域中资本形式的分布和数量大小，也就改变了场域的结构。

The social field can be described as a multi-dimensional space of positions such that each actual position can be defined in terms of a multi-dimensional system of co-ordinates whose values correspond to the values of the different pertinent variables. Agents are thus distributed, in the first dimension, according to the overall volume of the capital they possess and, in the second dimension, according to the composition of their capital—in other word, according to the relative

weight of the different kinds of capital in the total set of their assets.
（Bourdieu, 1991）

可以把社会场域描述成一种由各种社会地位所构成的多维度空间；每个实际的社会位置又是根据相互调整的多维度系统来进行定义的。上述相互协调的多维度系统所包含的价值，是与不同的适当变项的价值相对应的。因此，在第一个层面上，行动者的不同社会地位是根据他们所掌握的资本总量来决定的，而在第二个层面上，则是根据他们的资本的组成成分决定的，也就是说，是根据在他们的整个资本总量中不同资本的相对比例来决定的。

根据布迪厄对场域的论述，我们可以把场域的特点归纳为三点：第一，场域是一个网络空间；第二，场域是一个权力空间；第三，场域是一个关系空间。

第一，场域是一个网络空间。

布迪厄用场域这一空间概念代替了传统实践观中的实践场所概念，因为在他看来，场域概念本身包含着一种对社会世界理解的关系性原则，避免了实体论倾向（宫留记，2009）。场域概念最基本的因素，是一种多元的社会关系网络。而这些多元的社会关系网络并不是固定不变的架构或形式，而是历史的和现实的、实际的和可能的（潜在的）、有形的和无形的、固定下来的和正在发生的（进行中的），以及物质性的和精神性的各种因素的结合。所有这一切，决定着场域本身是具有生命力的，而且始终处于各种力量关系中的紧张状态。场域这个具有象征性的社会关系网络主要由行动者的不同社会地位，他们所拥有的资本和权力，行动者所赋有的各种精神状态和精神力量，各种象征性符号系统所表现出来的文化因素，以及行动者在实践中所接受的历史条件及其未来发展趋势的因素所组成。因此，场域概念所要表达的，是在某一个社会空间中，由特定的行动者相互关系网络所表现的各种社会力量和因素的综合体。场域靠维系社会关系网络所表现出来的社会力量来维持，同时也靠这种社会性力量的不同性质而互相区别。例如，政治场域是靠场域空间中人与人之间的权力关系网络来维系的；经济场域是靠人与人之间的经济利益关系来维系的；教育场域则是靠人与人之间的教与施教的关系来维系的（高宣扬，2006）。这些行动者之间构成的社会网络空间和实体空间有一定的区分，是一种看不见的社会关系网络空间，具有很强的象征性。

第二，场域是一个权力空间。

在布迪厄看来，场域并不是某种固定的社会结构，也不是某种现成的社

57

会关系，同样也不等于不同的社会地位所构成的框架。场域的灵魂是贯穿于社会关系中的力量对比及其实际的紧张状态。在布迪厄看来，贯穿于社会场域和行动者的动力学原则，就是行动者个人和群体之间的权力关系。而这种权力关系始终是通过不同场域中客观存在的资本力量的相互关系和这些场域中各个群体间的象征性权力关系表现出来的。因此，我们理解场域概念的时候，要以它的象征性实践概念为中心，全面探讨实际生活中的各个场域的运作逻辑，并对各个场域中处于不同社会地位的行动者和群体进行静态和动态的分析，注意到这些行动者及其群体在社会场域中所呈现的物质力量和精神力量的结构，特别是贯穿于其中的权力关系及其变化（高宣扬，2006）。场域空间在进行运作的过程中，就像市场运作一样，表现为各种行动者之间的交换和游戏活动，行动者在这些交换和游戏中，遵循某种隐蔽的和默认的协议，进行互相关系之间位置的调整和竞争，这种调整和竞争就是一种权力争夺。布迪厄采用的这种经济市场模式只不过是各种场域运作的象征性模式。在场域空间中，持较多资本的行动者占据场域的中心位置，拥有较多的权力，反之，则处于场域的边缘位置，拥有较少的权力。拥有更多权力的一方尽可能采用多种策略巩固和维护其所拥有的权力，而拥有较少权力的一方也可能会使用一些温和或极端的方式累计自己的资本，夺取更多的权力。

第三，场域是一个关系空间。

布迪厄的场域理论强调场域空间行动者之间的位置和他们之间的关系，认为场域的实质是一个关系空间。这种思想受到了马克思主义、结构主义关系主义思想的影响。马克思的关系主义思想在《1857—1858年经济学手稿》一书中有所体现——"社会并不只由个人组成；它还体现着个人在其中发现自己的各种联结和关系的总和"（布迪厄，1998）。马克思的关系主义思维方式还表现在他对人本质的概括上：人的本质并不是单个人所固有的抽象物。在其现实性上，它是一切社会关系的总和。事实上，马克思总是从关系性的角度来理解社会的。结构主义把关系性的思维方式引入社会科学，引导人们在分析事物的时候，将各个要素与其他要素组合起来纳入某个系统。要素通过系统获得其意义和功能，要素的特性由要素之间及要素与结构之间双向互动的关系而定（宫留记，2009）。布迪厄用关系主义的思维方式来分析社会，他认为根据场域概念进行思考就是从关系的角度进行思考，他把黑格尔的著名命题"现实的就是合理的"稍加改动，指出"现实的就是关系的"，强调在现实世界中存在着各种各样的关系，这种关系不是行动者之间的互动或者个人之间交互主体性的纽带，而是各种马克思所谓的"独立于个人意识和个人意志"而存在的客观关系。因此一个场域就是各种位置之间存在的客观关系的一个网络或者一个构型。场域中行动者之间存在的不同的客观关系，比如支配关系、屈从关系、对应关系等等决定了行动者在场域中所占有的权力。场域中的每个行动者都处在一个或者多个场域之中，都占据着一个位置，而这些位置又都对应着相当的资本形式。这些位置与资本形式都与其他的位置与资本形式处于竞争之中，都企图获得更好的位置以及更多的资本（刘拥华，2009）。

在高度分化的社会里，可以把整个社会看作一个巨大的场域空间，这个空间由大量的具有相对独立性的社会小场域构成，这些小场域都遵循着自身特有的逻辑和必然性：艺术场域正是通过拒绝或者否定物质利益的法则而构成自己的场域；而经济场域的构成则是通过创造一个我们平常所说的"生意就是生意"的世界才得以实现的，在经济场域中，友谊和爱情这种令人心醉神迷的关系在原则上是被摒弃的（布迪厄，1998）。

2.3.2　资本

布迪厄将马克思的政治经济学中的资本概念引入自己的学术体系，但是这个概念的内涵和外延经过改造后都发生了很大的变化。马克思时代的资本主要指对劳动者进行剥夺的畸形的劳动关系，资本运动的逻辑就是无限制地增值自己、膨胀自己，这一逻辑来自资本家追求财富的无限欲望。马克思的资本概念是生产要素资本和社会关系资本的融合体，它的内在本质是社会关系，其外在的表现则是生产要素；它是市场中追求自身增值的社会关系力量，生产要素只有纳入到这种特定的社会关系中才成为资本。资本家只有在市场上买到一种特殊的商品（雇佣工人），货币才变成资本。而布迪厄的资本概念则是行动者的社会实践工具，在场域空间中行动者通过对资本拥有的多寡来进行竞争，决定自己在场域中的位置。这种工具是行动者积累起来的劳动，可以是物质化的（经济资本），也可以是身体化的（社会资本、文化资本），也可以是符号化的。每种资本类型都具有可传递性，不同资本类型之间还具有可转换性（宫留记，2009）。布迪厄把在社会场域中竞争的资本一共分为四大类：第一，经济资本；第二，文化资本；第三，社会资本；第四，象征性资本。

第一，经济资本。

经济资本是由生产的不同因素（诸如土地、工厂、劳动、货币等）、经济财产、各种收入及各种经济利益所组成。不同社会的经济资本具有不同的特征：农业经济中的经济资本，服从于与往年收获相关的特殊规律；资本主义经济中的经济资本，则要求严格的合理化的估算（高宣扬，2006）。

第二，文化资本。

文化资本同经济资本一起，构成一切社会区分的两大基本区分原则。现代社会的特点，就是文化资本同经济资本一样，在进行社会区分的过程中，扮演了非常重要的作用。现代社会中的个人或群体，其社会地位和势力不能单靠其手中握有的经济资本，而是必须同时掌握大量的文化资本。只有将二者结合起来，并使二者的质量和数量达到显著的程度，才能在现代社会中占据重要的社会地位，并获得相当高的社会声誉。文化资本可以采取三种形式：身体化的形式、客观化的形式和制度化的形式。身体化的形式，指的是在人体内长期的和稳定的内在化，成为一种禀性和才能，构成为"惯习"的一个重要组成部分。客观化的形式，指的是物化或对象化为文化财产，例如有一定价值的油画、各种古董或历史文物等。制度化的形式，指的是由合法化和正当化的制度所确认的各种学衔、学位及名校毕业文凭等等（高宣扬，2006）。

第三，社会资本。

社会资本指某个个人或群体，凭借拥有一个比较稳定的、又在一定程度上制度化的相互交往的、彼此熟识的关系网，从而积累起来的资源的总和（布迪厄，1998）。它既包括实际存在的资源，又包括潜在的资源。社会资本是借助于所占有的持续性社会关系网而把握的社会资源或财富。一个特殊的社会行动者所掌握的社会资本的容量，取决于他实际上能动员起来的那个社会联络网的幅度，也取决于他所联系的那个社会网络中的每个成员所持有的各种资本（经济、文化或象征性资本）的总容量。社会资本并非一种自然的赋予物，不是天然地产生的，而是要求经过一个劳动过程，某种创建和维持性的劳动过程，特别是经过行动者长期经营、有意识的笼络、交往及反复协调，才能形成（高宣扬，2006）。

第四，象征性资本。

象征性资本（符号资本）是用以表示礼仪活动、声誉或威信资本的积累策略等象征性现象的重要概念。各种类型的资本均可以某种形式转化为象征性资本。各种类型的资本转化为象征性资本的过程，就是以更加曲折和更为精致的形式掩饰地进行资本"正当化"和权力分配的过程，也是各种资本汇集到社会精英和统治阶级手中的过程，同时又是各类资本在社会各场域周转之后实现资本再分配的过程。因此权力就是通过使某种资本向象征性资本的转换而获得的那种剩余价值的综合（高宣扬，2006）。

在布迪厄的思想整体中，最关键的是他对当代社会文化性质的深刻分析，也就是他所说的"当代社会文化结构及性质的象征性"。布迪厄认为，维护统治阶级政权的重要途径就是使自身位置正当化，设法让别人看不到其自身的任意性，而场域中的行动者就是通过把握和调动他们的各种资本，进行竞争并获取权力。这样一来，在布迪厄的社会学理论中，资本就成为社会实践的工具。布迪厄对资本概念的阐述使行动者的实践工具从经济领域扩展到符号和非物质领域，深化了人们对实践工具概念的认识（宫留记，2009）。

2.3.3　惯习

布迪厄社会学理论中的另一个核心概念是惯习。布迪厄自己解释说引进惯习这个概念的宗旨主要在于摆脱唯智主义的行动哲学；在于确定一种立场，即一种明确地建构和理解具有其特定"逻辑"的实践活动的方法；在于克服实证主义唯物论和唯智主义唯心论的对立（布迪厄，1998）。在布迪厄看来，惯习是一套秉性系统，是一种性情倾向性，对行动者行为与反应的方式起着决定作用，规定了人们实践、感知与态度的规则，行为者却察觉不到这些规则对自己行为的引导性。

> The habitus is a set of dispositions which incline agents to act and react in certain ways. The dispositions generate practices, perceptions and attitudes which are "regular" without being consciously co-ordinated or governed by any "rule". (Bourdieu, 1991).

这里我们首先要强调，布迪厄使用的术语"惯习"和我们所熟知的"习惯"是两个不同的概念。布迪厄自己也对这两个概念进行了区分："我说的是惯习（habitus），而不是习惯（habit）。就是说，是深刻地存在于性情倾向系统中的，作为一种技艺（art）存在的生成性（即使不说是创造性的）能力，是完完全全从实践操持的意义上来讲的，尤其是把它看作某种创造性艺术。"（布迪厄，1998）而"习惯"多指行动的反复性、机械性、被动性和再生产性。布迪厄想要表达的则是某种存在于行动者性情倾向系统中的一种生成能力——技艺（art）。习惯是积久养成的一种生活方式，是传统传袭而来的，不具备能动性和创造性，惯习虽然同先验的前反思模式相关，也是历史积淀的结果，但它具有生成性，能把周围场域中的新事物吸收到自身之中，呈现出一种创造性。总之惯习不同于习惯，既是行动者内在的心理状态，又是外化的客观活动，既是行动者的主观精神外化为客观的过程，又是历史及社会的客观环境内化的主观过程。

为了便于大家对惯习概念的理解，根据布迪厄的阐述，我们认为可以把惯习的特征归纳为四点：第一，惯习具有持久性；第二，惯习具有历史性；第三，惯习具有建构性；第四，惯习是一种无意识的运作。

第一，惯习具有持久性。

惯习是一套秉性系统，是一种性情倾向性，具有持久性的特征。这种秉性的获得基于生活中长期的各种各样的学习、训练和教育，在我们的身体内部具有惯性作用。惯习一旦获得，就会深深地扎根于我们身上，并且具有惰性，很难发生变化。比如一个人的童年经历可能会烙印于他的内心深处，并无意识地支配他以后的思考模式和行为方式。因此一个人的原初经验对他未来的发展道路具有重要影响。一个人生活于哪个阶层，家庭在社会上的地位如何，父母具有怎样的文化水平，他从小受到什么样的教育等等，都是一个人所具有的原初经验，都是影响一个人惯习形成的根基性因素，并具有恒定性和抗拒外界变化的免疫能力。因此，一个人的惯习一旦获得，将是持久的、稳定的。来自相同时代、相同社会阶层并受到相同教育的人往往在观念和行为上会趋向一致。

第二，惯习具有历史性。

惯习是在历史的过程中形成的，是历史经验积淀下来内在化的秉性系统，是个人和集体在社会实践中形成的一种能力。惯习来源于社会结构，是社会化的历史在个人身体上的体现，而社会结构本身则来源于一代代人的历史努力。因此，"惯习是指在特定历史条件下，在个人意识中内化了的社会行为的影响的总结果，特别是特定社会中的教育制度在个人意识的内在化和象征性结构化的结果"（高宣扬，2006）。历史渗透在行动者的惯习中，行动者对原有的历史经验进行适当的改革，以在新的社会现实中唤起历史经验。一个人的阅历越广、越丰富，他在世界中的实践能力就越强。因此，同一时代的知识分子之间具有相似的惯习，他们的惯习与农民、工人等的惯习显然是不同的。

第三，惯习具有建构性。

虽然惯习具有历史性，但是同时它还具有建构性，因为惯习是一个开放的性情倾向系统，一方面继承了历史，另一方面又建构了历史，在历史与现实中双重结构化。基于原初经验形成的惯习会随着行为者在场域中的位置变化而发生变化，使原来的惯习适应现时的社会环境，构建新的惯习，对历史有继承内化的作用。同时惯习又表现出对历史的改造和构建，也就是说，惯习一方面可以把客观的社会结构内在化，建构成我们的认知、感知和行动的图式，另一方面还能构建出社会世界的结构。正因为如此，布迪厄的惯习理论被称为"建构主义的结构主义"或者"结构主义的建构主义"。也就是说，一方面，社会世界存在着客观的结构，并且独立于行动者的意志，却影响和限制行动者的行动方向和思想观念；另一方面，社会行为者也能通过行动影响社会结构，行为者惯习的各种因素，如感知模式、思想行动在生成社会结构中也起到很大的作用。

第四，惯习是一种无意识的运作。

惯习这套秉性系统，并不是行为者可以用意识来进行控制的，而是呈现出一种无意识的运作方式。这套系统是行为者通过实践的方式，将历史的经验进行积累而激发出来的自然呈现，并不是行为者主观意志的产物。一切都是在不知不觉中自然而然地形成的。布迪厄把惯习的这种无意识运作概括为"交响乐式演出"的象征性模式（高宣扬，2006）。与正式音乐大厅中的交响乐演奏一样，现实中的象征性实践的交响乐演奏具有和谐性和整体性，但却看不见、摸不着。与真实的交响乐演奏的不同在于没有作为总指挥的人进行操纵，不以乐队中任何一个演奏者的主观意志为转移，始终无意识地运作，像历史的无意识运作那样，并且个人的有目的、有意识的活动在整个乐队中是无力的，丝毫显现不出来。每个演奏者处于不同的阶级地位，具有各自的独特性，为整体增添了差异，但这并不会影响整体的演奏效果，相反却是演奏完美的基础。

综上所述，我们认为惯习表现为各种既持久存在又可变更的、开放的性情倾向的一套系统，它通过将过去的各种经验结合在一起的方式，每时每刻都作为各种知觉、评判和行动的母体发挥其作用，从而有可能完成无限复杂多样的任务。惯习概念侧重于刻画行动者的心理和身体方面，是一种社会化了的主观性，是经由社会化而获得的生物性个人的"集体化"，同时也是一种"体现在人身上的历史"，具有历史性。因此，一方面惯习是指在特定历史条件下，在个人意识中内化了的社会行为的影响的总结果，特别是特定社会中的教育制度在个人意识中的内在化和象征性结构化的结果，是构成思维和行为模式的、具有持久效用的秉性系统。但另一方面，这种来自于长期实践的经验因素，经过一定的历史时期的沉淀，并内在化于特定历史阶段的人群和个人的意识内部之后，便能够自然去指挥和调动个人和群体的行为方向，赋予各种社会行为以特定的意义。同时，惯习还以一种无意识的方式释放积累在身体中的行为习惯和生活方式，体现在我们的日常生活中，比如吃饭、走路、说话或者一个细微的小动作。

2.4 语言观、核心概念与翻译

布迪厄社会学的理论基础是实践，而语言是社会行为者进行实践活动的媒介。在实践的基础上，布迪厄提出了关系主义的方法论原则，强调从关系的角度进行思考。

布迪厄深受马克思的实践哲学的影响，但是他与马克思的实践观有所不同，因为马克思观察社会现象往往采用的是哲学的宏观视角，而布迪厄则更看重社会学的微观层面。布迪厄的社会实践理论涉及人类学、社会学、哲学、教育学、历史学、语言学、政治学、美学、文学等广泛领域的研究，探讨了人类所从事的生产劳动、经济交换、政治革命、文化教育、艺术创作、科学技术、知识传播和日常生活等具体的活动形式，并用其赋予崭新意义的"场域""资本""惯习""权力""实践"等概念阐述了他的社会实践理论。布迪厄的社会实践理论是布迪厄哲学思想的集中体现，他在青年时期所接受的哲学训练在他创立社会理论的过程中起到了"工具箱"的作用。"实践""场域""资本"和"惯习"等基本概念构成了布迪厄社会实践理论的基本框架，这些基本概念是相互联系，不可分割的有机统一体（宫留记，2009）。

在布迪厄实践理论体系中，场域提供了社会实践的空间，资本是进行社会实践的工具，而惯习是社会实践的逻辑，语言则是一种象征性的权力，是整个社会进行活动的中介。

为了尽可能真实地反映社会结构的动力关系及生命运作状况，布迪厄使用了"场域"这个概念，他认为可以把整个社会看作一个场域空间，这个场域空间由各种分化的不同的小场域构成，而行动者在不同的场域空间里进行着象征性的实践。他认为要注意区分"场域"和传统的"社会结构"。传统的"社会结构"常常是一个描述各种社会地位和社会空间的静态结构，而"场域"尽管也与行动者的社会地位相关，但这些不同的社会地位又可以构成一个阶层化的社会关系网络，因此，区分化原则应该是观察社会空间的基础。另外，作为场域的社会空间是一个斗争的场域，行动者在这个斗争的场域中活动，并且根据他们在场域中所占的位置和拥有资本的多寡，遵循一定的"游戏规则"为保持或者改造场域的结构而不停地斗争，因而场域又具有动态的特征，场域的灵魂是贯穿于社会关系中的力量对比及其实际的紧张状态。也就是说，场域始终都是行动者实际活动的场所，是行动者力量对比和竞争的空间，是行动者不可或缺的依托。

在形形色色的场域空间中，行动者进行实践的工具就是资本。布迪厄资本概念的创造性在于他认为除了经济资本以外，还存在着非物质化的资本形式，即文化资本、社会资本、象征性资本。这四种资本可以依据一定的兑换率进行形式转换，而这种转换就是资本在场域中发生作用的先决条件。经济资本可以直接转换成金钱，它是以财产权的形式被制度化的；文化资本在某种条件下可以转化为经济资本，它是以教育资格的形式被制度化的，或者以某种高贵头衔的形式被制度化的；社会资本是以社会联系组成的，这种资本在一定条件下也可以转换成经济资本；象征性资本是以被符号化的某种高贵头衔而存在的（宫留记，2009）。资本既是现代社会中进行权力斗争的工具，也是争夺的对象。所有不同类型的资本都是在特定的场域中被确认的斗争力量单位，谁拥有的资本数量越多，谁就越有可能在斗争中占据比较有利的位置。经过一定的权力斗争之后，大多数资本将兑换成能呈现人们的社会地位和社会力量的象征性资本，而现代社会法律能保证各种资本所有者的合法性和正当性。

作为一种具有性情倾向的秉性系统，惯习是行动者过去实践活动的结构性产物。行动者幼年时期积累起来的各种经验，包括他对各种社会制度和各种奖惩机制的理解，都会在他的心智中留下痕迹，从而构成行动者的行为倾向。而这种倾向性又会内化为行为者的意识，去指挥和调动他的行为，成为他在社会行为、生存方式、生活模式、行为策略等行动和精神的强有力的生成机制。例如，一个典型的中产阶级人士会比一个工人更容易和权威人士（如教授、律师等）相处，因为他们共享了某些价值观念、生活体验和教育背景。而这种实践的逻辑确定了行为者与世界的联系。因此行为者通常并不是随意行事，而是做了"唯一要做的事"，遵循了"实践的逻辑"。（宫留记，2009）

布迪厄把整个社会活动和社会生活当作是一种象征性的交换活动，一种通过语言作为中介而进行的社会互动。从这个意义上来说，整个社会也就是一种通过语言而进行象征性交换的市场。更简单地说，社会就是一种"语言交换市场"（linguistic exchange market）。社会中的任何一个事件、任何一次活动，不管在其准备过程中还是在其贯彻过程中，也不管是正在实现的、已经实现的还是无法实现的，都离不开语言的使用。社会生活中的任何语言运用是说话者的不同权力通过对话和语言交换而进行的权力较量。说话者通过说话时所使用的语句内容以及与之相配的语气、句型、修辞、表情、各种肢体动作和各种说话策略等，实际上就是同时地表达意义、显示权力和施展其现实的和可能的社会力量。因此，虽然语言本身仅仅是各种经由共识而建构的沟通符号体系，语言作为语言是对所有社会成员客观而公平的沟通工具，但是，语言一旦被使用，一旦同特定的目的、社会情势、特定的社会关系、社会力量对比、各种具有特定背景的历史事件和各种处于特定脉络的社会活动相结合，不同的语言运用者依据上述语言使用的背景和条件所发出的语言讯号和进行的实际对话，就变成了这些语言使用者及其背后的整个社会势力和社会关系的力量对比和权力竞争过程（高宣扬，2006）。

布迪厄在其理论中主张关系的首要地位，摒弃了方法论中的个体主义和整体主义，反对把社会看作实体性的有形结构，也反对把社会当成同自然界一样的外在于人们的纯客观对象。因此，他反对将人们同社会的关系简单地归结为"主体"与"客体"的单纯二元对立。布迪厄进行社会研究的基本出发点，就是把社会看成是社会中的行动者及其文化的复杂交错所构成的有机生命体，一个以文化再生产为主轴的新型生命共同体。一方面，社会是人与人之间、人与其所创造的文化之间相互关系的产物，这个相互关系是以各种象征性的权力网络为基础构成的相互竞争的紧张关系网络；另一方面，社会又是人与人之间的相互关系及所创造的文化不断地进行更新和再生产的基本条件（宫留记，2009）。因此布迪厄的几个核心概念本身也可看作一种关系的集合，一个场域由附着某种权力（或资本）形式的各种位置间的一系列客观历史关系所构成，是某种被赋予了特定引力的关系构型；而惯习则由"积淀"于个人身体内的一系列历史的关系所构成，其形式是直觉、评判和行动的各种身心图式(布迪厄，1998)。我们在解读布迪厄理论中任何一个概念的时候，也必须把它放在整个社会实践理论的关系性网络中加以考察和分析，因为布迪厄理论中的任何一个概念并不是孤立存在的，而是在同其他概念的相互关系中呈现出实际意义的。

场域是一个客观关系的空间，是一个包含着潜在的和活跃的力量的空间，是一个充满着维护或改变场域中力量格局的斗争的场所。这个场所通过行为者之间资本的比较、转换和竞争而体现出其实际意义。也就是说，场域为各种资本提供了相互竞争、比较和转换的场所。而另一方面，场域的存在和运作只能靠其中各种资本的反复交换及竞争才能够维持。也就是说，场域是各种资本竞争的结果，也是这种竞争状态的生动表现形式。在行为者不同地位所展现的各种力量对比显现出来之前，这些关系架构和形式只能作为一种空洞的和抽象的框架而存在，并没有场域的实际意义（宫留记，2009）。场域中行为者的地位和资本是他的关系与所处场域中的位置之间相互作用的结果。在场域中，占有相似或临近位置的行为者，会被分配在相似的状况与限制条件下，可能产生相似的惯习和利益，从而产生相似的实践活动。行动者在场域中的位置是由资本的质量和数量的分布来界定的，依其资本的类型和总量，存在着支配和服从之分。行为者采用何种策略，取决于他们在场域中不同的位置。一般说来，处于支配地位的行为者往往采取保守型的策略来维护现有的场域中的力量格局；新进入者则希望逐步接近支配地位，往往采取继承策略，扩大资本的数量和提高资本的质量；处于被支配地位的行动者一般采取颠覆性策略来改变场域中的力量格局（宫留记，2009）。

资本对场域也有某种制约作用。布迪厄理论中的四种资本（经济资本、文化资本、社会资本、象征性资本）根据一定的兑换率进行转换，并生成权力，以此达到控制场域的目的。资本生产的权力控制了界定场域普通功能的规律性和规则，并因此控制了在场域中产生的利润，因为从行为者所拥有的资本量，人们可以推断他们的社会轨迹，也就是说，资本界定了行为者生活的可能性和机遇，从而对行为者在场域中的位置起到一种决定性的作用。另外，不同的资本类型也形成了不同的场域，并使不同的场域具有其特殊的运作逻辑。例如，在经济领域中，主要是经济资本的流通和交换；在教育场域中，占主导地位的是文化资本的流通和交换。但是由于不同的资本之间是可以进行转换的，那么场域之间尽管互有区别，仍然会相互渗透、相互转换（宫留记，2009）。

惯习的习得是行为者在场域中历史实践活动的产物，因此行为者在场域中的不同位置以及所掌握资本的多寡都对惯习的形成有决定性的影响。作为一种创造性的动力因素，惯习又指导着人们的行为方式，通过行为而表现出来。它具有一种双重结构：一方面是表现在内心情感结构中的主观精神状态，另一方面表现为行为者在场域中的客观实践活动。由于行为者的主观能动性，惯习还具有生成性，能够帮助行为者应付各种不能预见的情境，是一套既持久存在又可变更的性情倾向性系统。惯习作为行为者生活经验和社会历史内在化的生存心态，属于身体化的文化资本，内在于行为者的精神心态和秉性系统之中，外化在行为者的各种行为方式和行为能力之中。因此我们可以说场域中的行为者历史实践所获得的资本决定了行为者惯习的形成，进而影响其在场域中进行竞争的能力。因此，我们要分析某位行为者在特定场域中的行为表现时，我们应该要分析他在这个场域中处于什么位置，还要了解他是从场域的哪个原点（家庭出身）出发的，又是怎样获取目前在场域中的位置的，因为获取在场域中这个位置的方式已经深深地铭刻在他的惯习之中。

综上所述，我们认为布迪厄社会学的理论基础是实践，而语言是社会行为者进行实践活动的媒介。在实践的基础上，布迪厄提出了关系主义的方法论原则，强调从关系的角度进行思考，也就是说，布迪厄的语言观和核心概念之间的关系可以描述为：语言是一种社会实践，社会行为者之间的语言交流始终存在着权力支配关系。在场域空间中，社会行为者在惯习的作用下，通过累积和企图垄断各种不同的资本，保证或改善自己在场域中的位置，进而获取更大的利益。

基于我们在前文中对翻译活动语言性特征和社会性特征的梳理，我们认为，翻译是一种语言实践，翻译的实践性决定了其与生俱来的社会性特征，翻译行为中所涉及的原作、译作、原文作者、翻译行为者、译作读者等之间也有着千丝万缕的关系，因此，布迪厄社会学理论中的实践原则、关系主义方法论原则及其核心概念之间的关系为阐释翻译的社会性、翻译与社会的关系以及翻译行为所涉及的各种因素之间的关系提供了系统的理论支撑。因此本书无意对翻译中所涉及的语言转换正误进行主观判断和评价，主要关注翻译的社会功能，属于描写翻译研究，拟在布迪厄社会学理论的指导下，对中国语境下的翻译行为以及中西方社会文化交流活动中的翻译行为进行梳理，以典型翻译事例或事件来客观描述语言与权力的关系、翻译与社会的关系以及翻译所涉及的各种因素在社会环境中的相互关系。

在布迪厄理论框架下，我们可以对翻译进行如下描述：在翻译过程中，翻译行为者们遵守一定的规则进行翻译活动，他们长期以来养成的文化惯习对翻译文本的选择以及译本的产出风格等有决定性的影响。通过翻译，某种语言或者文化可以累积一定的文化资本（翻译文本及其影响），从而在全球化的社会文化场域中争夺到一定的位置。随着翻译行为以及相应累积资本的发展变化，文化场域中各种力量对比也不断发生变化。

第三章　布迪厄语言观与翻译

3.1 语言是什么？

借用翻译理论家雅各布森对翻译的分类，我们知道，翻译毫无疑问是关乎语言的，因为翻译要么在同一种语言之间发生，即语内翻译（intralingual translation），指在同一语言中用一些语言符号解释另一些语言符号，就是人们通常所说的"改变说法"（rewording）；要么在不同的语言之间发生，即语际翻译（interlingual translation），即两种语言之间的翻译，也就是用一种语言的符号去解释另一种语言的符号，这是人们通常所指的严格意义上的翻译。即便是第三种类别的翻译——符际翻译（intersemiotic translation），也是指通过非语言的符号系统解释语言符号，或者用语言符号解释非语言符号，比如把旗语、手势变成言语表达（谭载喜，2004）。基于语言与翻译之间不可分割的关系，我们有理由在谈论翻译以前明确对语言的认识。在此，我们抛出一个看似简单却似乎不太好回答的问题：语言是什么？对于这个问题的回答是五彩缤纷的。常人对这个问题的问答也许是：语言是什么？这还用说吗？我们每天说的话不就是语言吗？语言是用来表情达意的工具。语言学家眼里的语言则是：语言是用于人类交际的一种任意的、口语的符号系统。首先，语言包括语音系统和意义系统。语言的任意性是说词汇与它们所代表的客观实体或抽象概念之间没有内在的、必然的联系。语言是口语的是因为语言的根本渠道是口语，文字是辅助手段。语言是符号是说语音或文字只是一种象征，本身没有实际价值，这是从另一个角度指出语言的任意性（刘润清，2002）。对于哲学家来说，语言是神赐予希腊人的礼物，代表和体现着神的至善至美；语言是一种理性，因为"理性的东西只是作为语言而存在的"（黑格尔，1960）；语言是存在的家，人便居住在这个家中（海德格尔）；语言是一种世界观（洪堡特）；语言是理解的普遍媒介，是一种基本的先见（伽达默尔）；

语言是一种权力（布迪厄）……在本书的这一部分，我们试挑选以下三种不同视角的语言观加以陈述：第一，语言是一种神性；第二，语言是一种存在；第三，语言是一种工具，旨在为本章的"语言观和翻译观"做铺垫，进而阐述布迪厄的语言观给翻译研究带来的启示。

3.1.1 语言是一种神性

我们通常对语言的理解是：语言是人类特有的宝贵财富，是人类区别于动物交际系统的一种最抽象的概念，是人类劳动的结果。但是如果我们翻开《圣经·创世纪》，似乎可以得出一条结论：语言是一种神性，因为世界是神说出来的。

> In the beginning God created the heavens and the earth. Now the earth was formless and empty. Darkness was over the surface of the deep, and the Spirit of God was hovering over the waters. And God said, "Let there be light," and there was light… And God said, "Let there be an expanse between the waters to separate water from water."… And it was so… And God said, "Let the water under the sky be gathered to one place, and let dry ground appear." And it was so…Then God said, "Let the land produce vegetation…" And it was so… And God said, "Let there be lights in the expanse of the sky to separate the day from the night…" And it was so…And God said, "Let the land produce living creatures according to their kinds…" And it was so… By the seventh day God had finished the work he had been doing…on it he rested from all the work of creating that he had done.

> 起初，神创造了天地。大地空虚混沌，渊面黑暗，神的灵运行于水面之上。神说："要有光，"就有了光……神说："诸水之间要有空气……"事就这样成了……神说："天下的水要聚在一处，使旱地露出来。"事就这样成了……神说："地要发生青草和结种子的菜蔬"……事就这样成了……神说："天上要有光体，可以分昼夜……"事就这样成了……神说："地要生出活物来，各从其类……"事就这样成了……到第七日，神造物的工已经完毕……神歇了他一切创造的工，就安息了。

——（《圣经》，1997）

从上面的描述中，我们注意到：神说什么就有什么（事就这样成了），神以"说"的语言形象出现，物在神说中出现；从第一日到第六日，世界万物在每日的神说中依次出现，并日渐完整，这里显示出神说决定了物质世界的内在逻辑与外在的秩序性；在第七日没有出现神说，那是因为"神歇了他一切创造的工，就安息了"。由此可见，神说就是神做的工，语言与神、神意、神工同为一体，具有至高无上的权力、威力、魔力。在《圣经》中，我们随处可见"神说""耶和华说""先知说"等字眼，所有的呼唤、昭示、预言、告诫、条律、咒罚、嘉许等等无不以语言之说来显示并实施。正是因为语言的这种神性和威力，耶和华才变乱了人们的语言，使人们语言不通，导致巴别塔的建造半途而废。

在《圣经·约翰福音》中我们可以读到"道成肉身"的描述。

> In the beginning was the Word, and the Word was with God, and the Word was God. He was with God in the beginning... The Word became flesh and made his dwelling among us.

> 太初有道，道与神同在，道就是神。这道太初与神同在……道成了肉身，住在我们中间。

> ——（《圣经》，1997）

很显然，"Word"在这里并不是"词语、言语"的意思，这里特指基督教里的福音。在古希腊语里，大写的"Word"指"逻各斯"（logos），表示言语的能力和理性的能力（卡西尔，1988）。由此，我们能很好地理解上文了：万物因神说而存在，神即是 Word，神通过说而拥有 Word，道便成了肉身。语言也就是一种超自然的神力，因此语言并不是人所创造的，语言的本性就是思维的逻辑性，人因为拥有了语言才拥有了思维的逻辑性和系统性。因此，"语言在某种意义上构成人类所有理智活动的基础。它向人类展示了一种新颖的方式，借此可逐渐导致对客观世界做崭新的概念把握……语言使我们有幸第一次跨入客观性的大门。它仿佛是开启概念世界理解之门的钥匙"（卡西尔，1988）。人们正是借助语言这种能量，才能够成功地建构和组织起一个知觉、概念、直观的世界。在这个意义上，语言所具有的就不仅仅是再现性特征，还具有创造性和建构性特征和价值。

这种对语言的认识应该算是古代西方人的共识，正是因为如此，柏拉图（Plato）以神本思想为出发点，提出了诗人神性说，把诗人看作是神的代言人，即灵感神授者。他提出了"迷狂""灵魂回忆""灵感神授"等概念，总结了诗人神性说，道出了浪漫主义的先声。古希腊人处在一个他们自己认为是人神共处的社会。在他们的心中，一切奇迹的发生都是因为神的意志或神

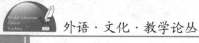

的参与，因此人类早期的诗人几乎都相信诗的灵感来源于神明的启示。伟大的荷马（Homer）在他的史诗"序曲"中就呼唤诗神缪斯，请求神授予诗人灵感。另一位伟大诗人赫西奥德（Hesiod）在《神谱》的"序曲"中说他在赫里岗（Helicon）山上牧羊时诗神教他歌唱。在希腊文中，"灵感"一词原意为"神来附体""神灵感发"，"灵感"一词就含有"神助""神启"等意义。柏拉图发挥了希腊文化中的"灵感说"，阐明了灵感的来源及其在诗人创作中的作用和表现状态。柏拉图认为灵感的动力是诗神。所谓灵感，就是诗神凭附后的神力驱遣。灵感的源泉是神，诗人只是接受赐予，传达神的启示。"这类优美的诗歌本质上不是人的而是神的，不是人的制作而是神的诏语；诗人只是神的代言人，由神凭附着。最平庸的诗人有时也会唱出最美妙的诗歌。"（柏拉图，1963）在柏拉图（1963）看来，"诗人是一种轻飘的长着羽翼的神明的东西，不得到灵感，不失去平常理智而陷入迷狂，就没有能力创造，就不能作诗或代神说话"。因为有了神附，古希腊时期的诗人是神的代言人，像神一样，有着全知全能的视角，是真理的见证者，担负着为芸芸众生寻求归宿的使命（刁克利，2006）。神借着诗人之口，说出了真理、理性和逻辑。诗人的诗歌传递的仍然是"神说"。

　　"语言神性说"发展到 19 世纪，在本雅明（Benjamin）这里演变成了"纯语言"理论。本雅明强调语言是最高的知识模式，它集本体和认识、知识和信仰、科学和艺术于一体。他"从语言同犹太教的关系角度，根据《创世纪》前几章来探讨语言的性质"，在其语言观中预设了三种语言：上帝的语言、人的语言和物的语言。纯语言就是上帝的语言，是伊甸园里的语言，这种原初的语言是完美的、尚未分化的知识，由于亚当夏娃的原罪，伊甸园的语言堕落成多种语言（人的语言和物的语言），语言因此也失去了其纯洁性，人类步入世俗历史，语言就失去其神圣的光环和无限性，堕落为任意的符号语言。随着伊甸园的失去，"以后所有知识再次在语言的多样性中被无限地区分开来，事实上作为在名称中的创造已经在一个较低的层次上被迫将自身区分出去"（陈永国，1999）。也就是说，从失乐园开始，诗意的纯语言就消失了，语言成为传达他物的媒介，这在本雅明看来是语言的堕落。另一学者埃柯（Eco）在《完美语言的追寻》（*The Search for the Perfect Language*）中也描述了一种类似于纯语言的完美语言："存在一种完美语言，能毫无歧义地表达所有可能事物和所有可能概念的本质，这种理念占据于哲学家、神学家、神秘主义者的思想已有两千余年。从黑暗世界到文艺复兴，人们普遍认为伊甸园中所讲的语言是完美语言，如果这种本真的语言能够再度复活，人类将能理解存在

的真义。"（Eco, 1997）

这种完美语言概念在语言学家乔姆斯基（Chomsky）的转换生成语法中也有一定的体现。乔氏在研究中发现，尽管一个五六岁的儿童智力还不是很发达，但是他可以完全掌握母语；尽管儿童在五六年内接触的话语是有限的，但是他本人学到的句子却是无限的；尽管每个孩子的生活环境是千差万别的，但是物质和精神上经验的差别都不会影响孩子对母语的习得。因此乔姆斯基认为儿童天生有·种学习语言的能力，语言经验与语言能力二者之间存在不对等状态，后者在人的语言习得过程中的作用远远大于前者。而人之所以拥有这样的能力，是因为在人脑中存在着一种语言的初始状态，一个共同的形式，即普遍语法。这是一个超越时空和个体的语言系统，是它决定了人类语言的基本形式，人们通过遗传基因而获得它，从而拥有与生俱来的语言能力与语言知识，因此，人的语言行为不能不受它的控制与支配（乔姆斯基，1992）。乔姆斯基的转换生成语法强调语言的普遍性（linguistic universals）。他认为尽管各种语言在表层结构（surface structure）上有各种不同的表现形式，但是它们的深层结构（deep structure）都是非常相似的，而相似的语言深层结构是语言的本质和普遍规律，乔氏所要追求的语言本质，就是那个永远存在的先在。

3.1.2 语言是一种存在

德国哲学家海德格尔"语言是存在的家园"的著名论断是广为人知的。他关注的语言是哲学层面上的语言，有关存在论的语言、自然的语言，被他称之为"道说"的语言。海德格尔对"逻各斯"一词的词源进行考察。他认为"逻各斯"的本义应是"言谈"或者"言说"，是"把言谈时话题所涉及的东西公开出来，是让人看某种东西，让人看言谈所涉及的东西。在言谈中，言谈之所谈就当取自言谈之所涉"（海德格尔，1987）。海德格尔（2004）多次重复这样的观点："人之所以能够说话，只因为他从属于说而听从说，以便能够照着说而说一个词。"海德格尔试图告诉我们，"人说"是为了应和于"道说"。因此，他把人与自然的主客体关系进行了翻盘，人的言说唯有遵从"道说"才是本真的。也就是说，并非语言属于人，而是人归属语言。海德格尔反对传统哲学中主客体的观点，把"语言"与"人"分离，"栖居在语言所筑之家中"，同时任命"诗人与思者"担负起"这一家园的看家人"的重任。海德格尔否定了我们长期持有的观点：人具有语言能力。他说："有一种陈旧的看法认为，人本身就是会说话的动物，从而是具有语言的动物。而且，语言

73

翻译研究的社会学途径——以布迪厄的社会学理论为指导

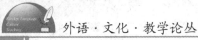

能力远不是人的其他能力可以与之比肩的一种能力。说话能力标志着人之为人的特性。"在海德格尔看来，语言是使艺术作品获得生命的原初东西，是一种"道说"，是存在着进入敞开领域的先验条件："唯语言才使存在者作为存在者进入敞开领域之中。在没有语言的地方，比如，在石头、植物和动物的存在中，便没有存在者的任何敞开性，因而也没有非存在者和虚空的任何敞开性"（Heidegger, 1993）。艺术作品是诗，诗是筹划着的道说，"在这样一种道说中，一个历史性民族的本质的概念，也即它对世界历史的归属性的概念，先行被赋形了"（Heidegger, 1993）。所以，诗也叫作原初语言。不管是中国的《诗经》还是古希腊的《荷马史诗》，整个民族在诗歌中拥有自己的"灵魂"和"存在"。诗人回应这种存在的召唤，语言通过诗人命名存在，因而诗人是"真理"的创造者。"存在作为存在本身穿越它自己的区域，此区域被标划，是由于存在是在词语中成其本质的。语言是存在的区域——存在的圣殿；也即是说，语言是存在之家。语言的本质既非以为能穷尽，语言也绝不是某种符号和密码。因为语言是存在之家，所以我们是通过不断地穿行于这个家中而通达存在者的。"（Heidegger, 1975）

蔡新乐教授在《翻译与汉语》一书中对翻译中的汉语使用状况进行了分析，他指出：近代以来的中西方文化交流，一开始就显示出一边倒的"大倾斜"趋势。一百多年来，中国接受西方的文化多，而中国文化流到西方则少得可怜。这个时代是西方文化当令的时代，人们皆一切以西方为标准，翻译中的体现则是对汉语的"政治化与丑化""低俗化与野蛮化"。他认为这种状况在翻译教材表现得最为明显的是教材中的"文本对汉语的任何意义上的规则、程序或格式的无所顾忌"。如果教材编写者的语感不断丧失，学习教材的学生的语感就会发生重大的变化，直至最终不再能保持这种语感的特有的检验错误、发现问题的能力。这一"发现"是会让人震惊的。原因是，假若学习英语的人，已经不再对自己的母语具备基本的语言感受力，这是不是在暗示，这种语言正在消亡的途中呢？对此，蔡教授发出质问：既然"语言是人的家园"，那么汉语还能称得上是这样的"家园"，这样的精神寄托之地，这样的安身立命之所吗？或许，我们离民族文化的资源距离越远，对汉语的破坏也就越深。这些不合格的、不能加以模仿的译文如果被当作范本让学生进行学习，那么，这些学生究竟是在学习，还是在进一步做民族语言的"掘墓人"？他指出，在一味学习西方的过程中，我们一直在埋葬我们几千年的文化，这种慢性文化自杀在一个世纪后显出它的恶果，在 21 世纪更将暴露出它带给我们的灾难，我们逐渐遗忘了自己的文化，也难以在 21 世纪找出一个有代表性的中国大诗人。中文的衰落还体现在一些悲剧性的历史进程中，比如文字拉丁化的努力，汉字简化以及拼音文化背后隐含的拉丁化甚或"消灭"汉字的倾向等等，这些都体现了我们中华民族在文字之中的文化寄托的消亡，也失去了让人流连忘返的美学情趣。"换言之，文字之中那个文化家园被改变成了一个不再是可以容纳（文化）回归的所在。在文字几乎纯粹变成一种书写工具的情况下，这种恶性循环使人对自己的家园越来越无法'留恋'。"（蔡新乐，2006）

语言是一种存在的观点在 18 世纪德国哲学家洪堡特的思想中可以窥见其类似表现，洪堡特认为每一种语言都包含着一种独特的世界观。正如个别的音处在事物和人之间，整个语言也处在人与那一从内部和外部向人施加影响的自然之间。甚至可以说，人们完全是按照语言的引导在生活。人从自身中造出语言，而通过同一种行为，他也把自己束缚在语言之中；每一种语言都在它所隶属的民族周围设下一道藩篱，一个人只有跨过另一种语言的藩篱进入其中，才有可能摆脱母语藩篱的约束。所以，我们或许可以说，学会一种外语就意味着在业已形成的世界观的领域里赢得一个新的立足点。从某种程度上说，这确是事实，因为每一种语言都包含着属于某个人类群体的概念和想象方式的完整体系。掌握外语的成就之所以没有被清楚地意识到，完全是因为人们或多或少总是把自己原有的世界观，甚至语言观带进了一种陌生的语言（姚小平，1995）。从这一经典论述中可以看出，语言是处在人与自然之间的一个独特的世界，人在很大程度上必须通过语言的世界才能认识自然的世界，语言作为认知手段制约着人的认识活动。

国内学者潘文国教授认为语言是一种世界观主要体现在以下三个方面：1）语言反映不同民族的概念和意义体系。现实世界是客观存在的，但是人类所认识的世界并不与之完全相符。这种不同通过对事物的命名而体现出来。例如天上的被中国人称为"北斗星"的星座，被西方人称为"大熊星座"。从某种角度来看，世界只存在于人们用语言创造的概念体系里。正如洪堡特所说的：没有语言，就不会有任何概念；同样，没有语言，我们的心灵就不会有任何对象，因为对心灵来说，每一个外在的对象只有通过概念才会获得真实的存在。也就是说，个人更多的是通过语言而达到世界观。2）语言反映出不同民族的价值体系。在价值体系上，语言同样反映着不同民族的世界观。这些在词语的象征意义上表现得尤为明显。所谓好坏、善恶等都是人们按照自己的世界观对事物进行人为的分类。比如我们把鸟类分为"益鸟"和"害鸟"；把植物分为"香花"和"毒草"；把老虎、狮子说成是"凶猛"的，把兔子和绵羊说成是"温顺"的。词义的引申和习惯搭配也表现了不同民族的世界观。像"高、低、深、浅"等这样的形容词，中文的词义引申具有强烈的主观评价色彩，而英文的引申多为物理方面的，是一种客观的描述，因为在中文中这些词都可以和人的品质、属性等互相搭配，如"高"风亮节、人品"低"下、城府很"深"、为人"浅"薄等，而英文的搭配则是：high spirit, low spirit, deep feeling, shallow argument。3）语言反映不同民族的思维方式。从语法上来说，内蕴语言形式的一部分是人类所共同的，一部分却是各民族所特有的。每种语言的语词都是按照一个系统的整体进行组织的，因此语言上的种种不同就表现为思维方式的不同。以"性"为例，英语民族在思维上重视"性"，在英语中缺乏最一般概念的"人"的表达，而是用"man, woman, boy, girl, lady, gentleman"等不同表示特指的词汇来表达。在法语、德语、俄语中，"性"对名词来说更是不可缺少的属性，一个名词出现而不表示任何"性"是不可想象的。这些语言的语法形成了说这种语言的人的思维定式：世上所有的事物（包括抽象事物）都分成两类（或三类），不是阴性就是阳性（或中性）。而汉语的单音节性及节律性的特点也体现了中国人的思维定式（潘文国，2001）。

语言是一种存在的思想同样体现在哲学家伽达默尔的理论中，他认为不是语言内含着我们生活于其中的共同世界；不是人使用语言去认识存在、描述世界，而是世界已经体现在语言中，"谁拥有语言，谁就拥有世界"，存在通过语言而呈现，"能被理解的存在就是语言"。语言首先作为人的存在状态和遭际世界的方式，然后才能成为表达存在的手段、描述世界的符号，"人类对世界的一切认识都是靠语言媒介的"，人永远以语言的方式拥有世界，语言给予人一种对于世界特有的态度或世界观。伽达默尔借用并重新解释德国古典学者洪堡特提出的著名命题"语言观就是世界观"，并对人进行重新定义："人是拥有语言的存在物"（伽达默尔，1991）。人在语言中存在，同时就是他在历史和传统中的存在。因此语言本身就是一种基本的先见，这是人永远无法摆脱的历史性存在，它规定了解释者特定的理解"视界"，成为理解的真正起点。

3.1.3 语言是一种工具

在中国文化中，语言作为工具的思想是我们根深蒂固的观念。与西方创世纪说法不同的是，在中国创世纪的神话传说"盘古开天辟地""女娲抟土造人"中所展现的并不是西方的"神说"，而是中国式的"化身"。这种"化身"是一种"做"的行为，而非"言"的行为：

　　天地混沌如鸡子，盘古生其中。万八千岁，天地开辟，阳清为天，阴浊为地，盘古在其中，一日九变，神于天，圣于地。天日高一丈，地日厚一丈，盘古日长一丈。如此万八千岁，天数极高，地数极深，盘古极长。

　　俗说天地开辟，未有人民，女娲抟黄土作人。剧务，力不暇供，乃引绳于泥中，举以为人。故富贵者，黄土人也；贫贱凡庸者，绳人也。（段宝林，2010）

在创造世界的过程中，没有看到一点语言的痕迹，在创世纪这么重大的叙述中，没有给语言留下任何位置。这本身就反映了中国古人对语言的态度。这种语言缺席的中国创世纪神话和西方以语言为本的创世纪神话，暗示着从一开始中西方就存在着两种不同的语言观。除此以外，中国人的语言观可以在被奉为儒家经典的《论语》中窥见一二。孔子曰："志有之，言以忠志，文以足言。不言谁知其志？言之无文，行而不远。"无论是说还是写，语言在这里都是为表达"志"并传扬"志"而服务的。很显然，孔子把语言当作"宣传"的工具，因此，孔子周游列国，进行游说，向上至王公贵族，下至平民学子传播自己的思想。中国这种"文以载道"，语言是工具，文章为目的服务的思想传到近现代汉语变革之中，更有过之而无不及。在五四运动时期，文化精英们认为文言文已经成为传播革命思想的障碍，便推行白话文，以满足革命的需要。在后来的国内战争、民族战争、阶级斗争等一系列重大历史进程中，语言也是作为宣传思想与政治主张的工具而加以运用的（林丹娅，2006）。

　　中国人民的领袖毛泽东终身都保持着对语言的浓厚兴趣，他"言之为贵""有的放矢"的语言观是不折不扣的语言工具论思想。毛泽东在一系列的重要文献中，多次表述了语言是最重要的社会宣传工具或表现形式的观点。他指出：一个人只要他对别人讲话，就是在做宣传鼓动工作，而这一工作的工具必然是负载思想内容的语言。他批评主观主义和宗派主义正是拿党八股做宣传工具和表现形式的。1958 年毛泽东在《工作方法六十条（草案）》里提出了著名的"文章三性"（准确性、鲜明性、生动性）。准确性是语言表达的基本要求，要求通过反复考察，反复研究，能比较接近实际存在的真理。鲜明性是无产阶级宣传语言的特色，他指出："我们党所办的报纸，我们党所进行的一切宣传工作，都应当是生动的，鲜明的，尖锐的，毫不吞吞吐吐。这是我们革命无产阶级应有的战斗风格。"生动性的标准，是语言获得生气的艺术境界，是语言作品赢得读者、占有群众的最有力的保证。毛泽东还要求大家要下功夫学习语言，要"有的放矢"地运用语言，在《反对党八股》中，他指出：我们事业的一切工作同志都是宣传家，要做宣传工作，就非学语言不可；语言这东西又不是随便可以学好的，因此非下苦功夫不可。他还对语言宣传的对象——群众给予多次的强调和申明，要求"做宣传，要看对象"，因此写文章要做到"简明化"和"通俗化"，因为现实斗争生活的主体是人民群众，宣传工作者必须用群众喜闻乐见的语言讲话、写文章，才能实现言说者和听众、作者和读者之间真正的情感沟通，才能达到最有效的宣传目的，充分发挥语言的工具性特征。（崔应贤，1998）

3.2 语言观与翻译

语言是翻译的载体，是翻译中不可或缺的基本要素，不管翻译研究发展到什么阶段，有什么样的转向，有什么新的热点，唯一不能丢掉的就是语言，没有语言，翻译就失去了存在的依托。因此语言问题一直是翻译中的重要问题，在翻译中存在的不同观点归根结底是由于不同的语言观所决定的，在本节中，我们拟通过分析翻译中几种观点与语言观之间的关系，说明有什么样的语言观就会有什么样的翻译观，进而为下一节说明布迪厄的语言观给翻译研究带来的启示做必要的铺垫。

3.2.1 神似与化境的语言观

在《翻译论集》中，罗新璋教授将我国的传统翻译理论归纳为"案本—求信—神似—化境"，他认为这四个概念，既各自独立，又相互联系，渐次发展，构成一个整体，而这个整体就是我国翻译理论体系中的重要组成部分。刘靖之则认为，我国的翻译理论自从严复以来虽然经历了几个成长期，也有不少的争论，但是大方向却是一致的，那就是"重神似不重形似"，以便达到翻译上的"化境"（罗新璋，1994）。由此可见"神似"与"化境"在我国翻译研究上的地位和价值。

"神似论"是傅雷先生的翻译主张。他是我国 20 世纪最著名的法国文学翻译家，以翻译法国文学名著闻名于世，他翻译的作品中尤以巴尔扎克、罗曼·罗兰的作品为主。他在近 40 年的翻译生涯中为中国的文化事业贡献了15 卷、500 多万字的《傅雷译文集》和 50 多万字的《傅雷文集书信卷》等，被称为"中国当代的翻译专业户"（王宏印，2003b）。傅雷先生很少谈及翻译理论，因为在他看来，谈浅了是浪费笔墨，谈深了又恐由于见仁见智而引起不休的争论，而且他认为"翻译重在实践，我就一向以眼高手低为苦"。在1951 年的《〈高老头〉重译本序》里，他提出"以效果而论，翻译应当像临画一样，所求的不在形似而在神似"。在 1963 年致罗新璋的信中，他又直接说："愚对译事看法实甚简单：重神似不重形似"（傅敏，2006）。事实上，在中国译论研究中主张"神似说"的并不只有傅雷一人，提出类似说法的还有茅盾、王以铸、朱生豪、陈西滢等人。早在 1921 年，茅盾就在《小说月报》上发表的《新文学研究者的责任与努力》一文中提出："文学作品最重要的艺术色就是该作品的神韵……不朽的译本一定是具备这些条件的，也唯是这种样的译本有文学的价值。"同年，茅盾又在《译文学书写方法的讨论》中说："就我的私见下个判断，觉得与其失'神韵'而留'形貌'，还不如'形貌'上有些差异而保留了'神韵'。"其理由是文学作品以神韵感人者甚于形貌。王以铸在 1951 年也发表了《论神韵》一文来表明自己的观点。我国著名的莎士比亚戏剧翻译家朱生豪在其 1944 年 4 月写的《〈莎士比亚戏剧全集〉译者自序》中也说："余译此书之宗旨，第一在求于最大可能之范围内，保持原作之神韵；必不得已而求其次，亦必以明白晓畅之字句，忠实传达原文之意趣；而于逐字逐句对照式之硬译，则未敢赞同。"（陈秀，2007）陈西滢把翻译比作塑像或画像，认为翻译有三个层次，即第一个层次的"形似"，超乎形似之上的"意似"以及最高层次的"神似"。注重形似的人，太想保存原有的种种特殊之处，结果因风俗、习惯、思想的不同，往往得到相反的效果。意似的翻译便是要超过形似的直译，而要把轻灵的归于轻灵,活泼的归还它的活泼，滑稽的归还它的滑稽，伟大的归还它的伟大。译者有了这样的认识，便应该像个透明的玻璃似的。但是因为人不能像玻璃那样缺乏个性，所以译文终免不了多少的折光，多少的歪曲。因此这样的模拟无论有怎样的技巧，也断得不到作者的神韵，因为神韵是诗人内心里渗漏出来的香味，是个性的结晶，没有诗人原来的情感，是无法捕捉到他的神韵的。只有一个译者与原作者有同样的心智，才有可能得到原著的精髓，产生神似的译本。这也是古今中外精品难获的原因（罗新璋，1994）。

　　钱锺书先生提倡的"化境说"是我国传统译论的另一代表性言论，他在《林纾的翻译》一文中说道："文学翻译的最高标准是'化'。把作品从一国文字转变成另一国文字，既能不因语文习惯的差异而露出生硬牵强的痕迹，又能完全保存原有的风味，那就算得入于'化境'。17 世纪有人赞美这种造诣的翻译，比为原作的'投胎转世'（transmigration of souls），躯壳换了一个，而精神姿致故我。换句话说，译本对原作应该忠实得以至于读起来不像译本，因为作品在原文里绝不会读起来像经过翻译似的。"（罗新璋，1994）长期以来，"神似论"与"化境论"主张一直深刻地影响着我国的文学翻译，成为译者在翻译中的追求和评判文学译本优劣的最高标准。

如果我们仔细考察"神似"与"化境"这两种被看作中国传统译论代表的学说,不难发现二者的相似之处,那就是它们都强调一种主观的直觉判断,并不是一种具有可操作性的标准,都要求译者和作者在心灵和精神上有一种共通的默契,即译者能够像原作者一样参透原文的思想内容,并用几乎和原作者相同的语言风格产出译文。这种译论的要求其实是一种无法达到的境界,因为这样做无疑要求译者和作者不仅拥有相同的语言把握能力,更要求他们有共同的心智和世界观。因此傅雷和钱锺书先生都坦言这是一种无法达到的境界。傅雷在给儿子傅聪的信中谈及翻译时感慨:"无论译哪一本书,总觉得不能从头至尾都好;可见任何艺术最难的是'完整'。"因此,这种翻译的完美是一种理想,是我们终身追求的目标,因为"人的理想、幻想,永无止境,所以 perfection(完美)像水中月、镜中花,始终可望而不可即。但能在某一个阶段求得总体的'完整'或是比较的'完整',已经很不差了"(傅敏,2006)。钱锺书也认为由于翻译涉及的两种语言文字的不同以及译者理解、文风等因素的影响,从"一种文字出发……一路上颠顿风尘,遭遇风险,不免有所遗失或受些损伤。因此,译文总有失真和走样的地方,在意义或口吻上违背或不尽贴合原文"(罗新璋,1994)。

虽然持类似翻译观点的学者并没有旗帜鲜明地陈述过自己的语言观,但是通过分析,我们认为这种翻译观的语言观基础是:语言是一种艺术。这种艺术语言观指导下的翻译理论,常常强调主观直觉判断,重视译者的天性资质,强调译者要有悟性与灵感,欣赏神来之笔,讲求神似,其评论也只重个人感受。这种观点重视个性差异和创造性,忽视理论性和系统性,使翻译成为一种神秘的东西,并没有具体可操作的标准,是一种完美的、难以企及的标准。

这种语言观的形成一方面是因为受到我国传统古代哲学"形""神"之辩的影响,另一方面也与学者本人的艺术修养有关。下面,我们以傅雷、钱锺书两位先生为例进行简要说明。

我国古代哲学上的"形""神"之辩源于早期的"道""器"关系论。"道"是中国古代哲学中一个最高的哲学范畴,是包罗万象的统一性,是先天地之生的万物之"神"。"形而上者谓之道,形而下者谓之器。"与"道"相对的是"器",指各种派生的、有形的或具体的事物。在老子关于"道"和"器"的论述中我们发现万事万物都始终处于一个"神"与"形"的范畴中。中国先哲的形神理论进入艺术领域,在音乐、绘画领域都有所体现。老子在《道德经》中提出的"大音希声""至乐无乐"和不假人工的"天籁""天乐"等思想，是中国音乐形神论的开端，认为"神"是主导灵魂，它依托与音乐的"形"的同时，更依赖于人的心灵去感悟、参透，因此，"大音"可以"希声"，"至乐"而致"无乐"。在绘画领域，形神论则体现在西晋学者的"存形莫善于画"，东晋顾恺之的"形神兼备""以形写神"，以及齐白石的"妙在似与不似之间"等阐述。而傅雷先生兴趣广泛，学识渊博，对于音乐、雕塑、戏剧、绘画等都有独到的见解（沈家会，2008）。傅雷是学艺术史出身的，在巴黎修读的也是欧洲艺术史，在音乐方面的修养也是极高的。傅雷先生也同样看重音乐的"神"，他认为艺术是人类共通的语言，"真有艺术家心灵的人总是一拍即合"，因为不同民族的艺术其实都潜藏着或多或少，或浓郁或淡薄的共通气息。傅雷神似论的影子在其对黄宾虹的评价中可以窥见一二："宾虹则是广收博取，不宗一家一派，浸淫唐宋，集历代各家精华之大成，而构成自己面目。尤可贵者，他对以前的大师，都只传其神而不袭其貌。"（金圣华，1996）因为傅雷先生在音乐美术上的造诣，难怪他时时将翻译与绘画、音乐相比，并提出"神似"的翻译主张。他的学识背景让他将语言与艺术等同起来。在他看来语言也是一种艺术，他认为"文字问题基本也是个艺术眼光的问题"（傅敏，2006）。因此在翻译中要贯彻"神似"原则也是很自然的事情。傅雷先生以自己深厚的文艺素养和长期的译事经验，将中国古典美学运用于翻译理论，借助绘画和诗文领域的"形神论"来探讨文学翻译的艺术问题，把文学翻译纳入文艺美学的范畴，把翻译活动提高到审美的高度来认识。

作为我国文学领域的全才，钱锺书先生学贯东西，精熟于英、法、拉丁、德、意、西等国的文字与艺术，在中国古典诗词、西方语言文化等方面都有着卓越的建树，是中国数千年文化传统在一个风气开通、历史转型时期的特殊结晶。钱先生所提倡的"化境"的翻译是在没有改变原文精神前提下的一种语言形式不露痕迹的变化，要求译者在完全领会了原文的内容及风格，并完全掌握了翻译的普遍转换规律和译文的语言规律时，将译者的表现能力、表现技巧和表现的对象（原文）融为一体，没有距离，达到尽善尽美、不露痕迹的结果，是译者匠心独运的结果，又是浑然天成的艺术极品，是传统美学中的"天人合一"。在《论不隔》中，钱锺书就打通了翻译和艺术，既讨论翻译化的艺术，又讨论艺术化的翻译。在他看来，翻译是有本可据、有源可考的艺术创作，而艺术是以读者自己的观察经验、情绪体验等为"原文"的翻译。作为艺术的一种，翻译天生就具有艺术创作的品格。而作为特殊的翻译，艺术也要与读者心目中的经验和情绪相仿佛，正如翻译需要和原文相颉

颜。可见,"不隔"是"化境"的最好注脚。而"化境"也预设了文学翻译的性质,即艺术的本质。(赵巍,2009)

3.2.2 可译与不可译的语言观

可译与不可译是翻译研究中经常讨论的一个重要话题,二者也是古老的二律背反的命题。几千年的世界文明史不容置疑地证明了翻译在促进世界各民族交往,推动民族文化的交流和丰富中所起的无法估量和不可替代的作用。但是另一方面,古往今来不少学者又对翻译的真实性表示怀疑或困惑,提出不可译的论断。

可译论者认为,尽管不同民族不同地域的语言文化有着差异性,但是由于文化具有跨民族、跨地域的趋同性和可融性的特点,各民族之间总是存在着文化认同,他们注重同一物种赖以生存和生活的普遍性原则。因此,虽然存在局部的不可译,不同语言之间存在不必计量既成事实的交流,足以证明可译论是正确的,所谓"我译,故我在"(蔡龙权,2008)。可译论者关注的是宏观认同。他们认为,人们的生存环境、身体结构、生理需要等方面的相同之处大于不同之处,因而思维上产生了很多的共性,使任何语言都具有可理解性,这是不同语言之间进行交流和翻译的基础。同时由于语言不仅具有对已知事物和环境的表达能力,对陌生的环境和事物也具有表达和认知的能力,因此一种语言既可以认知和表达本土环境中所出现的各种事物,也能去表达另一种语言环境中所出现的各种事物和活动,所以从原则上来说,某种语言是可以翻译为另一种语言的(王捷,2008)。斯坦纳(Steiner)关于可译的观点比较带有普遍性:

All human thoughts are identical for the cognitive worlds and the way of thinking is universal. A common humanity made translation possible. (Steiner, 1975)

对于可认知的世界,人类的思想有着共同性,他们的思维方式也具有普世性;正是这种普遍的人性,使得翻译成为可能。

相对于可译论者比较一致的论调,自古以来不可译者的内容却是五花八门的。古代意大利先哲们的"翻译者即叛逆者"是不可译的先声。文艺复兴时期的诗人但丁认为任何富有音韵和谐的作品都不可能译成另一种语言而不破坏其原有的全部优美和和谐。西班牙作家塞万提斯把翻译比喻为从反面观赏佛拉芒毯,图案轮廓固然可见,但是正面那清晰、平整与斑斓的色彩则全然不见了,从而道出了作家对翻译的真实性的明显怀疑。启蒙运动先驱伏尔泰认为翻译就是增加一部作品的错误并损害它的光彩。狄德罗表示，各种语言结构上的差异使翻译原则上不可能，因为某种语言独有的境界本身即语言的精髓，总是要失掉的。意大利哲学家一语惊人地说："翻译好比女人，忠实的不漂亮，漂亮的不忠实。"周煦良先生在《翻译三论》一文中坚持认为"风格是无法转译的"，因为"翻译的媒介是语言，这等于用铅笔或钢笔临摹水墨画，怎样能反映出原作的风格呢？"（杨衍松，2000）

在诗歌的翻译方面，不可译论调尤为突出，罗伯特·弗罗斯特（Robert Frost）说："Poetry is what gets lost in translation."（诗歌是在翻译中丢失的东西。）因为在诗歌创作中需要运用"全语言"，即既注重语义信息，又关注语言形式。而实用语言一般说来更为注重语义信息的传递，其翻译也就是注重信息等值的"有限翻译"，诗歌之所以为诗，与它的审美形式分不开，因此诗歌语言的翻译就是一种既注重语义又关注形式的等值、等效的"完全翻译"，在语言的审美形式方面有着不同于实用语言的特殊要求。既然一种语言中的审美因素（语音的、节奏的、象征的、形态的）是不能和任何别的语言全部共有的，那么从理论上来说诗是不可译的，至少可以说，诗歌的不可译性大于可译性，可译性是相对的，只能是某种近似性，而不可译性是绝对的。认为诗歌可译的人往往着眼于诗歌的内容，他们认为诗歌的一些意蕴要素如情感、意象、情景、人物、事件是可译的……诗歌意蕴的可产实行就是诗歌的可译性。而认为诗歌不可译的人除考虑语言文化因素外，往往集中在语言的审美形式方面，他们认为诗歌翻译只能是创造，译诗的过程就如同一个写诗的过程。"翻译受语言的制约，因此，不可译性从某种意义上来说是无可争辩的。每种人类语言都有其特殊的结构、语音和词汇，因此要做到完整的翻译是不可能的。这里的困难之所在是'完整'。如果不能做到'完整'的翻译，那至少也应做到'令人满意'的翻译——即把大部分翻译出来，并且翻译得要好。语言上绝对的对等本质上是不存在的。所谓的直译显然也是不可能的。"（郭建中，2000）

英国翻译理论家卡特福德认为不可译有两类：一是语言不可译，二是文化不可译。巴斯奈特则进一步认为，语言不可译是直接的，而文化不可译却要复杂、困难得多，且文化的不可译往往是反映在语言层面上的不可译。我们认为，语言文化间的可译与不可译是同时存在的一对矛盾，所谓的可译与不可译实际上是个"度"的问题，是一个相对的概念，这就是可译的相对性。可译的相对性有两层含义：其一，译者本身是个文化人，必定带有自己的文化烙印，加之自身经历和知识结构有限，并不总是能够准确无误地理解并译出原语所蕴含的全部文化信息。其二，译语读者也会由于自身文化框架的限制，并受到认知度以及对文化敏感度的局限，不太可能获得与原语读者相同的文化信息，并产生相似的心理反应。无论从词汇、句子还是语篇层面来说，文化的可译都是具有相对性的，也就是说都存在着不可译的现象。从词汇层面来说，造成可译相对性的原因主要有三个。一是文化词汇的空缺，即在译语中缺乏表达源语某些反映特有文化事物的词语。比如 2008 年北京奥运会的吉祥物"福娃"最终的译文采用了音译的方式，翻译为"Fuwa"。面对这样的翻译，西方人能理解多少其中的内涵。可以肯定的是，西方人对"Fuwa"的理解和感受与中国人对"福娃"的理解和感受肯定是不相同的。二是在两种文化中，有些词汇的概念意义相同，但是联想意义却大不相同。比如说"月亮"一词在中国的联想意义往往与"游子""故乡""亲人""团聚""中秋"等有关，而美国人看见月亮，可能会想到"火箭""登月""外层空间"等。三是某些词汇在使用过程中被赋予了新的意义，使原来的所指意义消失而发生转义。如英语中的"Trojan horse"，如果翻译成"特洛伊木马"，不了解古希腊人与特洛伊人长达十年的特洛伊战争的读者是无法从译文中得到源语的"颠覆阴谋"的转义的。这类词汇的可译度会随着两种文化的交融而不断提高（杨才元，2009）。

对于可译性问题，目前人们基本达成以下共识：由于语言和文化之间的诸多差异，语言中确有不可译者，但不可译又是相对的，这主要表现在此时不可译者，彼时或许可译；于甲不可译者，于乙可译。在一定的条件下，不可译是可以经过变通而转化为可译的。（杨全红，2001）

至于与可译性与不可译性相联系的语言观，我们可以从德国哲学家洪堡特关于语言和翻译较为系统的论证来进行说明。洪堡特对于翻译有一种似乎矛盾的说法，他一方面认为：

> All translation seems to me simply an attempt to solve an impossible task. Every translator is doomed to be done in by one of two stumbling blocks: He will either stay too close to the original, at the cost of taste and the language of his nation, or he will adhere too closely to characteristics peculiar to his nation, at the cost of the original. The medium (i. e. a middle course; author's note) between the two is not only difficult, but downright impossible.（Wolfram, 2002）

我认为所有的翻译只是在尝试解决一个无法解决的问题。每个译者都会陷入以下两个困境之一：要么以牺牲本族语的语言特点为

翻译研究的社会学途径——以布迪厄的社会学理论为指导

代价去接近源语;要么以牺牲源语的语言特点为代价去靠近本族语。介于二者之间的道路不仅困难重重,而且根本就走不通。

语言的特性决定了翻译的困难,乃至成为不可译的理由。没有任何的翻译是理想的,没有任何的翻译可以达到等值的效果。另一方面他又认为:

It is not being too bold to assert that in any language, even the languages of very primitive peoples insufficiently known to us, everything—what is highest and what is lowest, what is strongest and what is most tender—can be expressed.（Wolfram, 2002）

可以放心大胆地说,在任何一种语言中,所有的事物都是可以表达的,即便是非常原始不为人所知的语言,也可以表达什么是最高的,什么是最低的,什么是最强大的,什么是最柔软的。

洪堡特在此是想说明:尽管不同语言之间存在着结构上的种种不同,翻译还是可能的,因为翻译是一种解释的过程,而且说到底,所有的语言,包括所谓最原始的语言都具有差不多类似的进行表达的潜在能力,这种潜在能力可以进行多维发展,并且具有很强的"生成性",足以使言语集团用自己的语言充分表达外界的事物,包括那些超出自己社会文化经验的事物。换句话说,由于不同语言之间结构的差异和言语集团之间思维方式的不同,翻译显然是不可能的,而这种不可译性却被潜在的可译性消解了。这种翻译观的悖论其实是其辩证语言观的体现和延伸。洪堡特是最早提出语言世界观的语言学家,他认为,"每一种语言都包含着一种独特的世界观","人从自身中造出语言,而通过同一种行为他也把自己束缚在语言之中;每一种语言都在它所隶属的民族周围设下一个圈子,人只有同时跨进另一种语言的圈子,才有可能从原先的圈子里走出来。所以,学会一种外语或许意味着在迄今为止的世界观领域里赢得一个新的出发点"。

洪堡特的语言世界观是其语言理论"语言是一,又是多"的基础。语言是各个民族看待世界的方式,客观事物的一致性决定了不同民族看待世界时的共性认识,而每一种语言都是使用这种语言的人民的个性的表现,是一个民族的心理的特征。因此,一方面,洪堡特认为,每种语言,甚至最为人看不起的方言,都是使用这种语言或方言的人民的个性的表现,都是一个民族的心理的特征。尽管语言能力是普遍共有的,但不同语言的个性却是本民族或操这种语言的群体的特有财富。另一方面,洪堡特又认为语言能力是普遍共有的,"不可否认,只要我们不是停留在表面,而是深入到内部结构去研究,就可以看出,在语法平面上,所有的语言都显示出深刻的类似性"(潘文国,

2001）。由以上分析可看出，在洪堡特看来，语言的共性是可译性的基础，语言的个性是不可译性的理由。

3.2.3 对等与等值的语言观

在翻译研究的结构主义阶段，"科学""对等""等值"是译界出现频率最高的关键词。持这一观点的核心人物是美国的奈达和卡特福德。一般认为，西方语言学派开始对翻译进行"科学"研究的标志是美国著名学者奈达于1947年出版的《论〈圣经〉翻译的原则和程序》（*Bible Translating: An Analysis of Principle and Procedures, with Special Reference to Aboriginal Languages*）。奈达提出了"翻译的科学"这一概念，是"翻译科学说"的倡导者；他在语言学研究的基础上，把信息论应用于翻译研究，认为翻译即交际，创立了翻译研究的交际学派；他提出了"动态对等"的翻译原则，并进而从社会语言学和语言交际功能的观点出发提出"功能对等"的翻译原则；他还就翻译过程提出"分析""转换""重组"和"检验"的四步模式。这些观点都在西方翻译理论发展上占据了重要的地位。《论对等原则》（"Principles of Correspondence"）一文集中而完整地阐发了奈达的动态对等思想。他认为语言之间不存在绝对的对等，因此必须要辨别翻译的不同类型，以确立不同的对等原则。他分析了翻译中译语文化和源语文化关系的三种类型，这三种关系类型是由语言和文化之间的距离决定的。在此基础上，他总结出翻译的两种基本导向。他认为等值有两种不同的基本类型：形式对等（formal equivalence）和动态对等（dynamic equivalence）。形式对等关注信息本身的形式和内容两个方面。在这样的翻译当中，人们关注诸如从诗歌到诗歌、从句子到句子、从概念到概念这样的对应。从这种形式导向来看，接受语的信息应该尽可能和源语当中的不同元素对应。动态对等以"等效原则"为基础，其翻译的标准是"接受者和信息之间的关系应该和源语接受者和原文信息之间存在的关系相同"。奈达强调，动态对等的翻译以完全自然的表达方式为目标，译者并不坚持读者理解源语语境中的文化模式，而是尝试将接受者与他自己文化语境中的行为方式联系起来。动态对等这种翻译以表达方式的完全自然为目标，更关注动态的关系，即接受者和信息之间的关系应该和源语接受者和原文信息之间存在的关系相同。英国翻译理论家卡特福德出版于1965年的《翻译的语言学理论》（*A Linguistic Theory of Translation*）用现代语言学视角诠释翻译问题，引起很大反响。在该书中，他将翻译界定为"用一种等值的语言（译语）的文本材料去替换另一种语言（源语）的文本材料"，并指出"对等"是关键词，将寻求对等视作翻译研究和实践的中心问题。他运用语言学家韩礼德（Halliday）的理论对翻译的不同语言层次进行描写研究，采用统计方法对所观察到的对等现象进行归纳，相当细致周密。《论翻译转换》（"Translation Shift"）一文就是这种研究方法的典型表现。卡特福德认为转换是"在从源语到目的语的过程中偏离了形式上的对等"。他将转换分为层次转换（level shift）和类型转换（category shift）。他所说的层次转换是指源语中处于某一语言层次的成分，在目的语中的对等物却处于另一个不同的层次上。例如原文中用语法层次表现的意义，由于在译文中缺乏确切的对应语法形式，就必须转向词汇层次，用词汇手段来表现应该表达的意义。他认为类型转换是翻译对形式对等的偏离。他将类型转换分为：结构转换（structure shift）、类别转换（class shift）、单元转换（unit shift）和系统内转换（intra-system shift）。他对法语文本中的冠词在英语中的对等翻译进行了统计，给出 6958 例法语冠词的英语翻译在系统内转换的百分比，并绘制成表格。这个表格说明，尽管法语冠词系统和英语冠词系统各自拥有的四种冠词在形式上一一对应，但在翻译中，并不完全存在形式对等，源语中的一种冠词往往被译语中的另一种冠词所取代。（谢天振，2008）

　　这种"等值"与"对等"的翻译原则是结构主义语言学的产物，抑或说是由于翻译学者们采用了结构主义的方法对翻译进行研究的结果，这种翻译理论映射的语言观就是：语言是理性的，不同语言之间具有同一性，不同语言之间具有相同的表达能力，因而它们之间可以找到一个语言的共核并进行转换。因此一种语言所能表达的事情，必然能用另一种语言来表达（郭建中，2000）。由于受到了法国哲学家笛卡尔哲学思想的影响，人们认为哲学是一种理性的代表，一切的知识都来自于理性。这种哲学思想为后来的结构主义思潮奠定了基石。结构主义关注的就是事物的普遍性和规律性，以及追求确定性。所以，它不重视个别现象或具体经验，寻求抽象性、规律性、稳定性、同一性、普遍性成了这种思潮的特点。它认为在任何纷繁复杂的表面现象的下面，都有一种普遍性。所以在语言学研究中，语言的系统得到了重视，他们对语言系统做理性的分析，找到内部的规律性，而认为言语现象只是这种语言系统的衍生物，不必去重视。这样一来，语言研究变成了一种纯理性的研究，人的因素被排除在外，意义是语言规律设定的，是明晰的，是确定的。语言系统也因此变成一种自足的封闭性系统。人们甚至认为只要掌握语言规律就可以表达一切，描摹一切，即语言具有普遍的表达力，用一种语言所能表达的东西，用另一种语言也可以完全表达出来，这种思想逐渐演变成一种

工具理性。（吕俊，2002）

3.3 布迪厄语言观与翻译

在前文对布迪厄的总体介绍中，我们已经对他的语言观进行了归纳，在本节我们不再进行赘述。布迪厄的语言观主要体现在三点，即语言的实践性、语言的权力性以及如何达到言说者目的所需要的语言的适当性。如果我们进一步挖掘布迪厄语言观中的核心词，可以得到语言即权力这样的结论。在布迪厄看来，语言是整个社会互动的中介，因而语言实践性的特征是不言而喻的。而在整个社会实践的过程中，什么人在什么场合说什么话，并不是由说话人本人的语言能力决定的，而是由他所具有的某种资格，也就是"恰当性条件"所规定的。因此，即便是最简单的语言交流，也暗含着一定的权力关系。语言的适当性原则，比如说委婉或者屈尊策略主要是指说话者通过使用听众所熟悉、认可的语言，掩盖语言所象征的某种支配关系，使听众产生"误识"，进而达到说话人的目的，也就是实施其对听众的一种权力影响，其最终的目的是为了获取一定的利益，取得一定的权力，或者巩固自己在社会场域中的位置。因此，如果我们借用布迪厄语言是一种权力这样的语言观来对翻译行为进行考察，势必有理由得出这样的结论：翻译是一种社会实践，是两种语言之间的交流。翻译过程中文本的选择、翻译策略的使用以及行为者之间的关系均不可避免地涉及权力问题。我们拟从三个方面来探讨基于布迪厄语言观之上的翻译研究，力图挖掘翻译与权力之间错综复杂的关系：第一，强势语言对翻译的操控；第二，翻译是社会的重构力量；第三，翻译行为者的权力操控。

3.3.1 强势语言对翻译的操控

布迪厄认为每一次语言交流都包含了成为权力行为的潜在可能性（potentiality），因为交流双方是在特定场域结构中的不同位置上开展交流的，位置的资源在交流中可以转化为交流双方相互制约的资本。具体位置上的资源和资本都是不平衡的，所以具有较大资本的一方就有支配较小资本一方的力量，权力关系不可避免地发生了（布迪厄，1998）。翻译是一种跨文化的双语交流，由于历史因素，所涉及的两种语言的地位很可能是不均等的。实际上，世界范围内的语言可分为强势语言（dominating language）和弱势语言（dominated language），由于历史原因，强势语言有着特殊的强大的影响力，用这种语言写成的文本常常被认为是世界性的（比如说英文），有较高的文化资本，在文化场域中处于中心位置；相反，弱势语言文本拥有的文化资本少，在文化场域中很少被认知（比如中文、日文、阿拉伯语），处于边缘位置。在跨文化交流中，强势语言国家（主要指英美国家）常常利用其文本的影响力，操控翻译流向，即通过翻译向弱势语言国家（中国、印度、阿拉伯等国家）大量输入其文化，累积更多的文化资本，巩固其在世界文化场域的中心位置。在这种情况下，翻译就是一种累积资本的行为。强势语言在翻译中的操控主要体现为：第一，控制翻译流向；第二，控制文本选择；第三，控制翻译策略。

1. 控制翻译流向

在跨文化交流中，强势语言国家（主要指英美国家）常常利用其文本的影响力，操控翻译流向，即通过翻译向弱势语言国家（中国、印度、阿拉伯等国家）大量输入其文化，累积更多的文化资本，巩固其在世界文化场域的中心位置。在这种情况下，翻译就是一种累积资本的行为，而弱势语言国家大多考虑译入和引进，较少考虑译出和传播自己的语言文化。这就导致了世界文化场域中交流的不平等状态。韦努蒂在《译者的隐身》的第一章中用丰富的统计数字说明了当前世界上文化发展不平衡的状态。20世纪50年代以来，英国和美国的图书出版增长了 4 倍之多，但是译著占图书出版总数的比例一直保持在 2%~4%，尽管 20 世纪 60 年代早期曾经有所增长，但是也只占到 4%~7%。如 1990 年，英国图书出版总量达到 63 980 本，译著有 1625 本，占总出版物的 2.54%；而美国的图书出版总量为 46 743 本，译著有 1380 本，占总数的 2.95%。然而其他国家的出版情况却与英国和美国不一样。在过去的几十年间，西欧出版业取得了一定的发展，而译著的出版始终占据一个较高的比例，大多数译著都来自于英语。以法国为例，法国的译著出版占整个图书出版的 8%~12%。1985 年，法国图书出版总量为 29 068 本，其中译著为 2867 本，占总数的 9.9%，其中有 2051 本（占译著的 71.5%）均译自英语。意大利的译著总量更高一些，1989 年，意大利出版图书总量为 33 893 本，其中译著达到 8602 本，占总量的 25.4%，而其中多于一半的译著均来自英语。1990 年，德国的译著占总数的 14.4%，其中将近 70%译自英语。这些数据都显示，从第二次世界大战以来，英语已经成为世界上被翻译得最多的语言。英美国家的出版商四处推销英文书籍的翻译版权，却很少购买版权，其他语言译入英语的书籍占很小的比例。在世界译著出版中，从 1982 年到 1984 年三年间，译自英语的作品数量占所有译著图书的 43%左右，其次为法语、德语、俄语、意大利语，排在最后三位的分别是阿拉伯语、日语和中文，译自中文的图书数量最少，仅占到 0.3%（Venuti, 2004）。纵观中国翻译历史，无论是东汉至唐宋时期的佛经翻译、明末清初的科技翻译、鸦片战争至五四时期的西学翻译，还是 20 世纪以来的第四次翻译高潮，都体现出严重的文化逆差现象。以近年来的数据统计为证：多年来中国图书进口贸易大约是 10∶1以上，而对欧美的逆差大约是 100∶1 以上。从美国引进的图书版权有 4068种，输出 14 种；从英国引进图书版权 2030 种，输出 16 种；从日本引进图书版权 694 种，输出 22 种。据中国版本图书馆资料室统计，1978 年至 1990 年，全国共出版翻译类作品 28 500 种，年均出版翻译作品 2192 种；而 1995 年至 2003 年，翻译类新书（不包括重译和多版本译著）的数量高速增长，达到 94400 种，年均出版翻译作品 10489 种。中国已经成为当之无愧的"翻译大国"。但汉译外图书的出版少得可怜（郭建中，2010）。

2. 控制文本选择

强势语言在翻译中往往控制对翻译文本的选择。他们总是带着对弱势语言国家固有的"偏见"，为了达到"预期效果"，他们总是选择符合自己对弱势语言国家的文化期待的文本。例如：被翻译为欧美文字的阿拉伯文学往往是那些表现野蛮、荒诞、偷盗、恐怖、色情等社会阴暗面的作品。如在美国翻译出版的阿拉伯作家赛利姆·巴拉卡特的小说《黑暗中的圣人》。故事讲述的是，一个突厥伊斯兰学者的新生儿在出生的当天就提出了结婚要求，在他傻大爹的安排下，这个"婴儿"与他的痴呆堂妹成亲，于是，他有了多次怪诞的性经历。这类令阿拉伯读者大倒胃口、深恶痛绝的作品，很快被选中，并被"忠实地"译成英语，在欧美流传（蒋骁华，2003）。更愿意被强势语言国家接受的中国电影（其中涉及电影字幕翻译）是张艺谋早期电影中的《红高粱》《大红灯笼高高挂》等体现中国落后、封闭、荒谬的作品，而在中国人看来，这些影片中有很多画面是不光彩的。当强势语国家选择向弱势语国家输入的时候，他们总是选择有利于达到自己目的的文本。从 16 世纪开始，西方列强就以宗教为统治手段，向中国大量输入宗教等文本。当然在文本选择的时候，也有一些例外，如果强势语国家急于推行自己国家的文化，而当弱势语国家守旧势力比较顽固，或者说很难接受外来文化之时，强势语国家也会采用一些变通的方式。比如说 16 世纪，意大利传教士利玛窦（Matteo Ricci）带着自鸣钟、天象仪器以及威尼斯制造的三棱镜来到了广东肇庆。他很快发现，在中国的僧侣既没有像他们在欧洲那样高的威望，也没有那么大的权威。敲开中国大门的，不可能是乔装佛教僧侣模样的基督教徒，而只能是具有士大夫气味的"西儒"；首先在中国刊印的，也不是利玛窦的《天主实义》，而是只有三千五百字的《交友论》。《交友论》是一本因为南昌府的建安王向利玛窦询问西方人士交友之道而特别撰译的小册子，书中收录了柏拉图的《律息斯篇》、亚里士多德的《伦理学》、蒙田文集以及普鲁塔克《道德沦》中有关友谊的论述，也有来自西塞罗的《论友谊》、赉桑代的《格言与典型》等内容，还有一部分是利玛窦自己撰写的（邹振环，2008）。

与强势语言国家对文本的控制和特别挑选不一样的是，弱势语言国家对强势语言国家译入文本的选择并没有那么多的讲究，一般说来选材的范围都比较广泛，文学、科技、军事、地理等各方面可以说是无所不包。据统计，明末清初的外来译著有400余种，其中科学译述有186种左右（含人文科学55种，自然科学131种），内容涉及数学、天文、物理、地质、生物、医学、军事、哲学、心理学、伦理、教育、语言等学科领域（魏瑾，2009）。

3. 控制翻译策略

在翻译文本时，强势语言译者总是带着自己语言特有的优越感和对"他者"的偏见——他们笃信一元进化论，认为自己的文化是人类文明发展的最高阶段，语言自然也是最完备的，即使一些著名学者也没有能够摆脱这种偏见。例如黑格尔曾断言："一种语言，假如它具有丰富的逻辑词汇，即对思维规定本身有专门的词汇，那就是它的优点；……中国语言的成就，据说还简直没有，或很少达到这种地步。"赫尔德在比较德语与东方语言时说："东方人的感觉是混沌一片的，他们的概念是含糊不清的。"温迪尼（Windney）在比较英语和他统称为"蒙古语言"的东方语言（包括汉语）时说："英语覆盖面更广、更深刻、更丰富，更适合表达一个成熟的民族各种细微的思想。……蒙古语言对于蒙古人头脑的作用，就像裹足带对于他们脚的作用一样。"（高一虹，2000）因此，为了追求译文的流畅性，强势语言译者在翻译中常常不遵从弱势语言的规范，大多采用归化译法，对弱势语言"削鼻挖眼"，甚至对原文语言方面的特性采用一笔抹杀的做法。对翻译的内容，他们也根据自我需要任意取舍。例如，美国译者埃文·金（Evan King）在翻译老舍作品《骆驼祥子》《离婚》时就暴力地将《骆驼祥子》的悲剧结尾改为夫妻大团圆的结尾；在《离婚》中，则进行了富有创造性的重写，甚至是歪曲：他将原作品中对民族软弱性、苟且与庸儒的深刻讽刺与批判这一严肃主题改写成轻浮的小闹剧（李霞，2003）。但是在特定的历史语境中，强势语言国家在向弱势语言国家输入自己国家文化的时候，为了达到输入文化的目的，也会迁就弱势语言国家读者的期待视野，采用一些变通的手段。如利玛窦在翻译《坤舆万国全图》时，他知道中国人认为天是圆的，但地是平而方的，而且他认为中国人深信他们的国家就在它的中央。他们不喜欢人们把中国推到东方一角的地理概念，也不能理解那种证实大地是球形、由陆地和海洋所构成的说法，而且球体的本性就是无头无尾的。于是利玛窦不再企图以一种理性去论证世界与中国的关系，而是巧妙地做了变通，把福岛本初子午线从世界全图的中央向左移动一百七十度，在地图两边各留下一道边，使中国正好出现在《坤舆万国全图》的中央。同时为了减轻中国人心理上因欧洲人到来而产生的恐惧感，故意把中国与欧洲的距离从"六万里"扩大到"八万里"（邹振环，2008）。

弱势语言国家在翻译策略的选择上则体现为两个明显的倾向：一是在将强势语言译入弱势语言时，大多采用异化翻译策略，强调翻译要引入的异质因素，强调异国情调，比如鲁迅坚持"宁信而勿顺"，主张"尽量保存洋气"：所谓"洋气"，就是"必须有异国情调"。钱锺书认为应该"保存原作的风味"。孙致礼认为，采取异化译法，不仅可以充分地传达原作的"异国风味"，而且可以引进一些源语的表达方式，来丰富我国的语言。他甚至还提出：我国21世纪文学翻译真正成熟的主要标志之一，就是注重异化译法，其核心是尽量传译原文的异质因素（孙致礼，2002）。二是在将弱势语言译入强势语言时，则强调归化翻译策略，理由是如果采用异化翻译，外国人不了解你到底在说什么，也就失去了翻译的价值。这样就导致了弱势语言文化的很多意象在译出过程中受到不同程度的歪曲。比如说中国习语"说曹操，曹操到"被翻译成"Talk of the devil, and he appears"——中国历史上著名的人物"曹操"在译文中变成了"魔鬼"；"雨后春笋"被译成"grow like mushrooms"（像蘑菇一样生长）等。清末民初，辜鸿铭（1857—1928）精心构制的《论语》英译本出版，为了让西方人能"看懂这本给了中国人智力和道德两方面素质的中文小册子"，辜氏采取了解释性翻译法和类比翻译法。辜译《论语》的标题是"The Discourses and Sayings of Confucius"，但副标题是"A Special Translation with Quotations from Goethe and Other Writers"（一部引用歌德和其他作家的言论参证注解的特别译文）。他是想通过引用西方一些著名作家的语录来阐释这些儒家经典，以"吸引那些了解这些作家的读者"。他改变原文的形式，添加脚注，进行类比的阐释。比如他将"兴于诗"翻译为"In education sentiment is called out by the study of poetry"。但在脚注中他引用了华兹华斯论诗的一段话来解释："Wordsworth says of poetry that it tends to: 'Nourish the imagination in her growth, and give the mind that apprehensive power, whereby she is made quick to recognise the moral properties and scope of things.'"（葛校琴，2006：167）由此看来，弱势语言国家在翻译中的被操控现象常常是隐形的、自觉的，往往带有被殖民的特征。

3.3.2 翻译是社会的重构力量

布迪厄论述了"语言市场"（linguistic market）的权力关系。所谓语言市场，"即作为一个特定的约束和监督系统强加自身的力量关系系统，这一系统通过决定语言产品的'价格'来推动语言生产方式的更新"（布迪厄，1998）。这就是说，语言交流是在特定的社会环境和社会制度中发生的，各种习惯、纪律和制度限制着语言交流，并且文字形式的语言产品的价格也要受到社会环境和社会制度的认可或限制才能形成，其价值才能兑现。这说明语言交流中还有来自社会环境的权力关系的制约，同时也会对社会环境等产生反作用。发生在两种语言之间的翻译自然存在着与社会环境紧密相连的权力。一般说来，翻译的权力主要表现在翻译对文化的影响、控制上，体现在两个方面。一方面翻译延续了文化的生命空间和时间，使被翻译的文化得以继承发扬光大，并促进了译入语国家的文化发展和繁荣。比如说《圣经》文本正是通过翻译才得以经历了多种语言的洗礼，从希伯来语转化为希腊语、拉丁语、阿拉伯语、英语，乃至今天异彩纷呈的各种语言。古希腊文化同样也是通过翻译经历了多种语言的转化，得以保存和继承。文艺复兴的成果也因翻译的存在而得到了极大的推广和发展。从另一方面来说，在两种语言的交流或转换中，社会环境会起到一定的限制性作用，同时翻译也会对社会产生一种反作用，形成社会的一种重构力量，即翻译能促进译入语国家的文化发展和繁荣，对社会文化、政治乃至经济产生重大的影响乃至改变。没有古希腊文学作品的翻译，就不会有罗马文学的诞生和发展；文艺复兴时期英国《钦定圣经译本》（Authorized Version/King James Version of the Bible）的出版以其英语风格的地道、通俗和优美对现代英语的发展产生了深远的影响；德国人马丁·路德（Martin Luther）对《圣经》的翻译改良了德语，创立了新词，促进了文学语言形式的形成，为德国语言的统一和发展做出了巨大的贡献，开创了现代德语发展的新纪元。现在我们采用一种宏观的视角，以中国历史上出现的三次翻译高潮，即东汉至唐宋的佛经翻译时期、明末清初的科技翻译时期、清末民初的西学翻译时期为例，简要说明翻译是一种社会的重构力量，对社会生活产生重大的影响和改变。

翻译研究的社会学途径——以布迪厄的社会学理论为指导

1. 东汉至唐宋的佛经翻译时期

佛经翻译在中国延续了千年以上，从东汉桓帝末年安世高译经开始，魏晋南北朝时有了进一步的发展，到唐代臻于极盛，北宋时已经式微，元朝以后则是尾声了。佛经翻译在历史上经过了外国人主译期，中外人士共译期以及中国人主译期，表现出对外域文化的由被动到主动吸取的心态。翻译的工程也比较巨大，有些译经行为由大译场组织，分工细密，计有译主、笔受、度语、证梵、润文、证义、总勘七道程序，比诸阿拉伯人的巴格达翻译院和欧洲的托莱多翻译院也绝不逊色。涌现了众多的佛经翻译家和翻译论述，比如支谦的《法句经序》里关于信、达、雅的雏形，还有道安的"五失本三不易"，鸠摩罗什的"以信为本"的思想，彦琮的"八备"，玄奘的"既须求真，又须求俗"等，奠定了中国传统翻译理论的初步基础。佛经的翻译对于中国的哲学思想、语言文字、文学艺术等各个方面产生了比较重大的影响，构成对中国社会的一种重构力量。一个比较显性的影响就是在全国各地随处可见的寺庙，还形成了中国的四大佛教圣地（山西的五台山、四川的峨眉山、安徽的九华山和浙江的普陀山），而佛教也随着岁月的流逝，连同儒教以及道家一起，成为中国人思想最主要的组成部分。佛经的翻译，引入了"真如""无明""法界""众生""因缘""涅槃""般若""瑜伽""刹那"等宗教词汇，"增加了三万五千语，即增加三万五千个观念也"（王克非，1998），大大地扩大了中文的词汇量。而且"佛经的翻译是中国第一次用自己的'最简单的言语'去翻译印度日耳曼语族之中最复杂的一种言语——梵文。……佛经的翻译事实上开始了白话的运用——宋儒以来的语录其实是模仿佛经而来的"。而佛经翻译对于我国文学的影响主要表现为：第一，佛经翻译家们主张用朴实平易的白话文体来翻译佛经，但求易晓，不加藻饰，形成一种新的写作文体，提高了白话文体的地位；第二，佛教的文学富于想象力，这对于那最缺乏想象力的中国古文学有很大的解放作用；第三，有些佛经往往就带着小说或戏曲的形式，具有印度小说注重形式上的布局与结构的特点，这种文学体裁的输入，与后代弹词、评话、小说、戏剧的发达都有着直接或者间接的关系（王秉钦，2009）。

2. 明末清初的科技翻译时期

当明王朝为宦官内乱、饥荒所困扰之际，葡萄牙人已经在澳门建立了自己的据点。随之而来的欧洲天主教耶稣会传教士开始了他们进入中国内陆的艰难行程。利玛窦等传教士在为中国人带来西方宗教思想的同时，也引进了西方的科学理性，打开了中国知识阶层的"世界意识"。中国先进的知识分子也积极拥抱西方带来的科学技术，形成了我国历史上第二个翻译高潮。这一期间杰出的代表人物有中国的"科学译祖"徐光启、"中华才士"李之藻，以及施行"科学传教"的一批西方传教士，如意大利的传教士利玛窦、罗明坚、高一志，西班牙的传教士庞迪我，法国的传教士冯秉正、贺清泰等。徐光启1606年和意大利传教士利玛窦合译的欧几里得的《几何原本》拉开了中国第一次科技翻译高潮的序幕。徐光启认为，此书能使钻研理论者"祛其浮气，练其精心"，让从事实践者"资其定法，发其巧思"。张文虎在为新版的《几何原本》写的序言中写道："中国算书以九章分目，皆因事立名，各为一法。学者泥其迹而求之，往往毕生习算，知其然不知其所以然。"而《几何原本》以一种非常简洁的演绎方法，道出了自然的和谐和合理的法则之所然（邹振环，2008）。清末以后，几何学成为新式学堂的必修课，至今也仍然是初等几何教科书中必须学习的公理、定理以及推导方法。除此以外，中外学者还翻译了《泰西水法》《测量法义》《同文算指》《名理探》等书籍，内容涉及天文、地理、数学、物理、医学等十几个自然科学学科领域，为推动我国科学技术发展做出了巨大的贡献。

3. 清末民初的西学翻译时期

1840年西方的坚船利炮打开中国的大门之后，在中国积弱积贫的状态下，一大批先进的中国人历经千辛万苦，向西方国家寻求真理，面对民族危亡，图自强、谋复兴，共赴救亡图存大业，积极推动翻译和传播西方自然科学和哲学、社会科学知识，培养早期科学翻译人才，开启了另一段翻译高潮时期。在这一时期，洋务派主张"中学为体，西学为用"，认为学到西方坚船利炮之技艺，就能做到"师夷长技以制夷"。他们兴办新式学堂，官派留学生，培养了大批学者型翻译家，同时开设书局，翻译西方著作，设立的京师同文馆、天津水师学堂、上海江南制造局等翻译了西方大量的书籍。据史料记载，江南制造总局从第二次鸦片战争到辛亥革命近60年间，翻译西方科学著作达468种，其中：总论及杂著类44种，天文气象类12种，数学类164种，理化类98种，博物类92种，地理类58种，达到了西方科学翻译的高峰（王秉钦，2009）。这一时期的主要代表人物有李善兰、华蘅芳、徐寿、博兰雅、伟烈亚力、马建忠、梁启超、严复、林纾等。李善兰与汉学家伟烈亚力合作，翻译了古希腊数学名著《几何原本》的后九卷、英国数学家棣么甘的《代数学》13卷、美国数学家罗密士的《代微积拾级》18卷，使西方近代符号代数学、解析几何学、微积分等第一次传入中国。他还翻译了英国著名的天文学家赫歇尔的名著《天文学纲要》，其内容包括哥白尼学说、开普勒定律、万有引力定律等，翻译了英国物理学家胡威立的《重学》等著作。李善兰在墨海书馆工作了十四年，先后翻译了数学、物理、天文学等西方科学著作七八种，共约七八十万字，对促进中国近代科学发展做出了杰出的贡献。在这些译著中，既有他擅长的数学和天文学，也有他不太熟悉的力学和很不熟悉的植物学，可以想象，他为了将西方科学引进中国并使其早日在中国传播开来克服了多大的困难，做出了多少艰辛的努力（陈秀，2007）。另外还有华蘅芳、徐寿、博兰雅、伟烈亚力等均翻译了大量的科学著作。1894—1895 年的中日战争爆发后，马建忠目睹国难时艰，中国面临亡国灭种的危险，他认为要使中国富强，必须学习西方资本主义国家的自然科学技术和社会政治经济制度，提倡变法自强，必须全力发展翻译事业。他上书朝廷，申请建议翻译书院，开办外语和科学知识兼学的新式学校，培养翻译人才。他所希望培养的译才，绝非指一般外交、外贸等洋务“通事”“舌人”之才，而是早就担当翻译西学书籍，传播西方社会政治思想文化，肩负改造社会重任的“国家栋梁之材”（王秉钦，2009）。马建忠的《马氏文通》是我国具有划时代意义的语法学经典著作，开启了中文现代意义上的语法研究，使中国的语言研究西方化，距离中国语言研究的传统越来越远（潘文国，2001）。维新派人士梁启超将兴西学与译西籍作为维新变法之重、救国之道。他在《论译书》中写道：“居近日之天下，而欲参西法以救中国，又必非徒通西文肆西籍遂可以从事也。”他起草了《京师大学堂章程》，促使创立了中国第一所国立高等学府，引进了当时西方先进的教育学制。京师大学堂（14 年后更名为北京大学）令在中国相传了上千年的封建教育体系终于被近代科学的教育方式所取代，开启了中国的现代教育模式（王秉钦，2009）。梁启超还主张“小说界革命”，把借鉴、翻译西方小说看作是推动中国政治变革的重要步骤，提出“政治小说”主张，批判旧小说，创立新小说。梁氏的小说翻译理论改变了社会上对翻译小说的歧视，很多人因此而知道“小说为改良社会之不二法门”，社会上出现了一批热衷于西洋文学的翻译家和一批西方文学翻译名著。这些文学翻译家包括林纾、周桂笙、徐念慈、曾孟朴、伍广建、包天笑、陈鸿璧等。尤其是林纾，他认为只有发展翻译事业，才能“开民智”，才有可能抵抗欧洲列强，将翻译工作视为爱国的“实业”，他不懂外文，通过与他人合作的方式，一生翻译介绍了英、美、法、日、俄、西班牙、比利时、挪威、希腊等国的 180 多种西洋小说，共一千余万字，这不仅在我国翻译史上是罕见的，就是在世界上恐怕也是少有的。他的译作在当时影响了一大批中国的知识分子。阿英在《晚清小说史》中认为，林纾使中国知识阶级接近了外国文学，认识不少第一流的作家，使他们从外国文学里去学习，以便促进本国文学的发展。不少从事新文学运动的先驱人物也因为阅读了林纾的小说而深受启发。朱自清曾说："读聊斋志异和林译小说，都曾给我影响。"又说："中学时代曾写过一篇聊斋志异式的山大山的故事，辞藻和组织大约还模仿林译小说。"郭沫若承认林译小说对于他后来在文学上的倾向有一个决定性的影响（马祖毅，1998）。钱锺书在《林纾的翻译》一文中也说"自己就读了他的翻译而增加学习外国语文的兴趣的"。他说《林译小说丛书》在他十一二岁的时候，"带领我进了一个新天地，一个在《水浒》《西游记》《聊斋志异》以外另辟的世界"（罗新璋，1994）。严复也是这个时期不能不提的重要人物，他从 1895 年到 1914 年长达近 20 年的时间里，共完成了 11 部西方著作的翻译，内容涵盖哲学、政治学、经济学、社会学、法学、逻辑学等社会科学，这些译著合在一起，可以构成一个相对完整的治国的思想体系。正如费孝通先生所说，严复的这一套著作奠定了人类历史的一个时代——资本主义时代的理论基础（王秉钦，2009）。而他在自己的丰富实践中所提出来的"信、达、雅"三字经不仅成为我国译界长期遵循的翻译原则和标准，从某种程度上说，还成为中国传统翻译的理论核心，是中国传统翻译思想的纲领。

3.3.3 翻译行为者的权力操控

布迪厄认为言说技能、语言能力和运用它们而产生的社会能力，也是语言交流中发生权力关系的根据之一。"语言技能并非一种简单的技术能力，而是一种规范能力（statutory ability）。"（布迪厄，1998）做出这个判断的根据是交流者在这些方面的不平衡性或差别性。由于存在这些方面的差别，语言交流中就不可能保持平等关系和平衡状态，处于优势的一方就必须会对处于劣势的一方产生权力制约关系（刘少杰，2006）。在翻译场域中，行为者往往会利用自己在翻译过程中的优越位置，对翻译行为进行有意操控。翻译行为者主要包括国家权力机关、赞助人、译者等。

1. 国家权力机关的权力操控

国家权力机关在特定历史时期为了让翻译服务于政治，会对翻译进行操控。这种例子在中外翻译史上都是随处可见的。中世纪的欧洲笼罩在宗教神权之下。作为神权象征的《圣经》是绝对不容亵渎的，所有《圣经》的翻译都受到最严厉的神权监视：有胆私自译经的，不是成了流亡路上的野鬼，便是做了火刑柱上的冤魂，少有脱得干系的（朱湘军，2008）。比如在意大利，杰克·伦敦（Jack London）的作品《铁蹄》（*The Iron Heel*）于 1925 年出版了意大利版本后，被专门挑出来进行审查，因为此书中描述了社会主义革命运动，企图推翻法西斯主义的寡头政治。也正是因为如此，1931 年 2 月，意大利警方还没收了 160 本书。意大利于 1934 年 4 月开始实施图书审核制度。他们对那些可能造成"颠覆"效果的一切印刷品——报纸、杂志或图书等都进行审查。那些自诩为反法西斯的作品，包括意大利小说家埃米利奥·卢素（Emilio Lussu）、伊尼亚齐奥·西洛内（Ignazio Silone）和美国作家海明威的作品，都被特别审查。这些被审查的作品通常的结局都是被意大利政府移除流通系统，有的作家还遭到流放（Dunnett，2009）。

我国 20 世纪 50 年代的翻译也表现为俄文著作一边倒地在中国被大量译介。仅 1950 年译介的俄语作品就达 1162 种，占总数（2147 种）的 54.1%；相比之下，英语作品仅有 382 种，占 18%（王克非，1998）。

2. 翻译赞助人的权力操控

在翻译过程中，出版商等赞助人对翻译活动的操控主要表现在对译者的操控上。这种操控是显而易见的，因为他们是翻译的委托人、赞助者。译者从他们那里领取翻译报酬，所以不得不按照他们的要求进行翻译活动。有时候他们对于翻译活动的走向、翻译文学的兴衰、译者的地位乃至生命，都起着至关重要的作用。比如，在翻译莎士比亚的作品时，梁实秋和朱生豪采取了不同的翻译策略，梁实秋译本以原语义化为取向，而朱生豪译本以中国文化为依归，这种差异部分地归因于赞助者影响的不同。从现有的史料记载来看，朱生豪的赞助者曾经是他的同事，对其翻译工作没有进行太多的干预，这使得他能够按照自己推崇的中国传统采用归化的翻译策略进行翻译，以目的语文化为视点，更多地用佛教概念来对译基督教的概念，对一部分没有多少文化内涵的原语词汇赋予了浓厚的中国文化气息，有时还用典型的儒家思想来代替。胡适及其所代表的编译委员会是梁实秋的翻译活动的赞助者，为他支付各种费用，安排出版有关事宜，他们不仅是翻译任务的委派者，还是翻译的发起者和委托人。胡适等对梁实秋的翻译提出了具体的要求：采用有节奏的散文，翻译不能采用解释的方法（paraphrase），文中难译之处，须详加注释。实际上，胡适就是要求他以原语文化为视点，更注重保留原语的语言文化形象。梁实秋说他在翻译莎剧时未做任何删节，试图采用异化的翻译策略将原文忠实地予以再现，这显然与赞助者的影响密切相关（贺显斌，2005）。

3. 译者的权力操控

在翻译活动中，译者是一个不容忽视的因素，对翻译产品的产出起着至关重要的作用。由于译者的主观性，译者所处年代的限制，译者自身对所译作品的态度，以及译者人生阅历、判断标准、价值观点的客观存在，加上译者在翻译时，必须面对现时的目标读者，更多地考虑现时读者的需求和接受水平，译者在翻译过程中的主观能动性是无法避免的（陈秀，2002）。正因为如此，翻译不再是简单的忠实再现原文的行为，而是一个审慎的和有意识的选择和制造的行为，在某些情况下，甚至是篡改和造假的行为。从这个角度看，译者就与作家和政客一样，参与到了创造知识和打造社会这种权力行为中来了。早在两千多年前，西塞罗在罗马征服希腊后不久，就曾扬言，"我认为根本没有必要亦步亦趋地跟着原文逐字翻译"，"翻译要唯我独尊"。贺拉斯将被征服希腊文化视为人皆可取的"公共产业"（common ground），"你可以从这些公共产业中获取私人的财产"（to treat what is common in a way of your own）。尼采认为"翻译即征服"（translation means conquering）（Robinson, 2002：262）。施莱格尔坦言，"现在我们不动干戈（peaceful raid）洗劫了外国，从那里掠得诗歌无数（poetic spoils），满载而归"（Douglas, 2002）。我国林纾、严复等翻译家将翻译作为一种工具，目的是为了介绍西方社会反映出来的思想、文化、风俗等，以此来推动中国社会的进步，因而在翻译中采用他们认为合适的方式，对原文大加发挥。辜鸿铭在将《论语》《中庸》《大学》等中国经典古籍翻译成外文时，为了求得西方人对中国传统文明的理解和尊重，不得已而采取了归化的策略。五四时期文化激进派和守旧派对于严复"信、达、雅"的争论等都是译者在权力斗争中将翻译作为工具的明证。

布迪厄认为，语言不是客观中立的媒介，而是一种社会实践。哪怕是最简单的语言交流也不是纯粹的沟通行为。在言语交流中，始终有难以辨认的权力支配关系潜在地发挥作用。翻译是两种语言之间的转换，是社会系统内部的一种操作力量，是语言争夺中心位置强有力的武器。翻译过程中体现的各种矛盾实质上体现了各种权力关系之争。在国际文化场域中，由于各自语言所处的不同位置，强势语言国家与弱势语言国家之间常常处于一种支配与被支配的关系；两种语言之间的翻译常常成为一个社会的重构力量，对译入语社会的文化生活产生重大的影响；在国家内的各个利益集团则为了争夺文化场域的中心位置，也将翻译作为一种武器进行斗争，国家与个人、赞助人与译者、译者与翻译作品之间也常常表现为一种操控与被操控的关系。但是我们应该看到其间的控制与被控制的关系是互动的。被操控一方尤其是弱势语言国家更应该看到二者之间的互动性，充分利用翻译这个争夺中心位置的武器，通过翻译，不断累积文化资本，从而从边缘走向中心。

第四章　文化资本与翻译

4.1 翻译是一种文化资本

前文我们谈及了布迪厄的资本概念,从阐述中我们知道资本概念是布迪厄社会学理论中一个重要的概念,是行动者的社会实践工具。社会行动者主要通过对资本控制的多寡来竞争,并决定自己在场域中的位置。布迪厄继承和发展了马克思的资本理论,认为资本除了物质性的表现形式(经济资本),还有非物质性的表现形式(文化资本、社会资本、象征性资本),由于文化在现代社会生活中的决定性作用,文化资本的重要性日益凸显,成为行为者在社会场域进行竞争活动的重要工具。在本节中,我们首先介绍布迪厄谈及的文化资本的身体化、客观化、制度化、可转换性以及可传递性特征,接着重点分析翻译作为一种文化资本的身体化、客观化、制度化特征,说明翻译具有文化资本的典型性特征,具有隐蔽性。翻译是一种文化资本,是社会文化场域中不可忽视的力量。

4.1.1 文化资本的特征

布迪厄受到马克思主义哲学的影响,他在社会学理论中所使用的资本概念就来源于马克思的资本理论,同时他又发展和改造马克思的思想,赋予资本概念新的思想内涵。

资本理论是马克思解读现代社会的一把钥匙,他关于资本理论的阐述见于其倾其毕生心血写成的鸿篇巨制——《资本论》。在这部巨作中,马克思通过阐述资本与财富的运动和发展,全方位地揭示了人与人之间的变化和发展,揭示了现代社会的运动发展规律。在马克思看来,资本不是物,而是人与人之间的关系,是对劳动及其产品的支配权,正是这种权力决定了资本在生产与竞争中的主体地位。随着商品经济的发展,商品流通和货币流通发展到一定程度，货币在市场上购买到一种特殊的商品（雇佣工人）时，货币就转化为资本，原来单纯的货币所有者就转化为资本家，货币转化为资本的关键是劳动力成为商品。资本的生产过程，不仅是剩余价值的生产过程，而且是资本自身的生产过程，即剩余价值资本化的过程。在马克思之后100多年的历史发展过程中，资本概念不停地受到改造，但是无论社会如何发展，资本追求利润最大化的秉性、资本与资本的"他者"之间的对立和资本永不停止追求扩张的本能，并没有因为时代的变化而发生变化。当今的经济学界常常把资本分为三种主要类型：

第一，物质资本，指像工厂、机器、建筑之类能够产生新的产品的具体物品的集合；

第二，人力资本，指人所具有的技术和经验的逐渐具体化，并在经济生产中逐渐变得和物质资本一样；

第三，自然资本，指那些自然界所拥有的可再生和不可再生的资源，以及对这些资源的保护和开发进行生态化管理的过程。（宫留记，2009）

布迪厄的资本理论并不仅仅将视野放在经济资本之上，除此以外，他还将资本分为文化资本、社会资本和象征性资本。经济资本以财产权的形式被制度化，可以立即并直接转换成为金钱；文化资本以教育资格的形式被制度化，或者以一种高贵头衔的形式被制度化，这种资本在一定的条件下可以转换成为经济资本；社会资本则以社会声望、社会头衔的形式被制度化，与社会相联系；象征性资本是以被符号化的某种高贵头衔而存在的。各种资本分别存在于不同的领域，都体现出一种支配与被支配的权力关系。这些资本在一定的条件下可以进行相互转化，而各种类型的资本均可以某种形式转化为象征性资本。各种类型的资本转化为象征性资本的过程，就是以更加曲折和更为精致的形式掩饰地进行资本"正当化"和权力分配的过程，也是各种资本汇集到社会精英和统治阶级手中的过程，同时又是各类资本在社会各场域周转之后实现资本再分配的过程。因此权力就是通过使某种资本向象征性资本的转换而获得的那种剩余价值的综合。（高宣扬，2006）

也就是说，在经过一定的权力斗争之后，大多数资本将兑换成能够体现社会行为者社会地位和社会力量的象征性资本。而现代社会的法律不但保证各种资本所有者的合法性和正当性，而且也规定、保障和维持各种资本之间的斗争和兑换的程序，进而使权力的累计或者获取更具有隐蔽性特征。

需要强调的一点是，布迪厄认为，当代发达社会不同于早期资本主义社会的地方，就是文化因素已经深深地渗透到社会生活的各个领域，从某种程度上来说，文化在当代社会生活中已经具有优先性和决定性意义，因为在当代社会中，文化资本和经济资本一起构成了一切社会区分化的两大基本区分原则。社会行为者在场域的竞争中想要取得比较显著的位置，并不能单单依靠手中所获得的经济资本，而必须同时掌握大量的文化资本，将二者结合起来，并且使二者的质量和数量达到比较显著的程度，才能在现代社会的场域竞争中获胜，文化资本的重要性就不言而喻了。正因为如此，布迪厄对文化资本进行了进一步的阐述，他认为文化资本具有身体化、客观化、制度化、可转换性和可传递性的特征。

第一，文化资本的身体化特征。

这种特征表现为行为者心智和身体的相对稳定的性情倾向，是在行动者身体内长期地和稳定地内在化的结果，成为一种具体的个性化的秉性和才能，并成了惯习的重要组成部分。比如，社会行为者所具有的流利的言辞、审美趣味、教养、气质等文化资本的获得往往是在耳濡目染中完成的，因而这种资本的传递要比经济资本的传递更为隐蔽和难以察觉。由于这种资本的内化过程必须经过一定的时间，同时又必须在这一时间内耗费一定数量的经济资本才能转化成为文化资本，因此，身体化的文化资本还具有历史性、时间性和空间性。比如，经历长时间文化熏陶和良好教育所养成的个人气质，就是具有较高价值的身体化文化资本。

第二，文化资本的客观化特征。

客观化的文化资本指的是物化或者对象化的文化财产，表现为文化商品（诸如图书、电脑之类）、有一定价值的油画、各种古董或历史文物等，它们是理论的印迹或实现，可以通过客观物质媒介来传递。对于客观化的文化资本来说，其价值和意义的大小，并不取决于它本身，而是取决于文化财产中所包含的那些旨在鉴赏、审美和消费的支配性能力。

第三，文化资本的制度化特征。

制度化的文化资本指的是由合法化和正当化的制度所确认的、认可的各种资格，特别是高等教育机构所颁发的各种头衔、学位和教师资格文凭等。这种制度化的文化资本表现出特有的、相对独立于其持有者的自律性，因为社会制度具有相对独立的制度化魔力。

第四，文化资本的可转换性特征。

文化资本的可转换性主要表现在，其他资本形式（主要指经济资本）可以在一定的条件下转换为文化资本，文化资本和其他资本一样，在某种条件下能够转换为其他资本形式。如果某人拥有雄厚的经济资本，并能够以此来

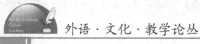

购买他人的劳动时间，比如请家庭教师，或者到某个学校去接受教育并获得相关的文凭或者证书，这个时候，他所拥有的经济资本就可以通过一定时间的积累转换成为文化资本。比如说社会场域中规定，拥有某种文凭和证书的行为者可以获得某个职位，那么拥有的相应文凭和证书就是行为者拥有的文化资本。当他获得这个职位，通过工作获取一定的经济报酬，文化资本就转换成了经济资本。一般说来，在劳动力市场中，拥有较高文化资本的行为者比拥有较低文化资本的行为者更容易获得就职的机会，那么拥有较高文化资本的行为者就能够通过转换而获得更多的经济资本。再比如某个领域的著名学者或者权威人士在自己所涉猎的领域比其他人拥有更多的文化资本，他就比别人有更多的机会被邀请到某个团体担任顾问或者指导工作，一般说来，某个团体会支付给他一定的经济报酬，这个时候他所拥有的文化资本就转化成了可支配的经济资本。随着他被团体邀请次数的增多，他所获得的经济资本和文化资本也与日俱增，结果是这些累积的经济资本和文化资本逐渐转换成社会资本和象征性资本，他在该领域的声誉和威望也逐渐得到积累。这样，随着他在这个学科场域中不断累加的资本数量，无形中他在学科场域中就处于中心的位置，在场域的竞争中取得了胜利。

第五，文化资本的可传递性特征。

这种特征主要指身体化的资本可以通过家庭这个机构进行传递，即通过家庭教育来传递和积累，因为文化资本一般说来无法通过馈赠、买卖和交易的方式进行传递。文化资本的传递和积累主要取决于三个因素，即家庭所拥有的文化资本、家庭能提供的自由时间长度以及文化能力。社会行为者文化资本的习得总是与社会出身和家庭教养密切相关，文化资本总是被烙上最初获得状态的烙印，比如人的口音、饮食习惯、生活起居的日常方式等等都透露出他的家庭出身。无论怎样竭力掩饰，个体行为者都无法彻底抹去最初的社会身份，也无法逃避这个社会位置潜移默化给予他的一切。对于那些家庭拥有大量文化资本和社会资本的个体行为者来说，他们无疑比别人拥有更为便利的条件获取文化资本，因此社会出身不同的孩子，由于家庭文化资本的不同，所能够受到的教育和累积的文化资本也是不相同的，那么他们今后生活的轨迹也可能迥然相异。文化资本比较富有的人绝大多数来自于社会的中上层阶级，因为文化资本的占有本身就预设了对技能与能力的占有，他们主要集中在非体力劳动者阶级。一般来说，经济资本雄厚的家庭能够给父母教育子女、子女积累文化资本提供更多的自由时间，他们总是希望延长孩子在家庭和学校接受教育的时间，推迟他们参加工作的年龄。不同阶级出身的行为者获得文化资本的数量是不一样的，这些都直接影响到他们的学业成绩以及他们后来在社会场域中的位置。文化资本作为一种资本，具有进行自身再生产的潜能，因此在家庭教育中，培养个体行为者的文化能力比传授知识更为重要。文化能力可以分解为三个部分：关于合法文化资本储备的知识，掌握与文化资本的消费和使用相关的知识技能和社会技能，以及有效地利用这些知识和技能以获取有利社会地位的能力（宫留记，2009）。还可以进行传递的文化资本是客观化的文化资本，比如文学、绘画、纪念碑等，这些客观化的文化资本在物质性方面是可以传递的。比如，绘画收藏可以如同经济资本一样代代相传,但是这种客观化的文化资本的传递是以客体的存在为前提的，而传递的仅仅是一种所有权，并不是消费手段。比如说某人对绘画的收藏只是说明他拥有了对一幅画的所有权，而他只有真正懂得欣赏这幅画时才能使用消费这幅画，从真正意义上拥有这幅画。

根据布迪厄的社会学理论，场域是一个在各种位置之间存在的客观的关系网络。整个社会可以被看作一个场域空间，这个场域空间由一些已经分化的，具有相对独立性的社会场域所构成，这些场域包括文化、宗教、经济场域等。无论在哪一种场域中，资本和场域都是相互依存的。一方面，资本的价值取决于它所在的位置，行为者使用资本的策略也取决于行为者在场域中的位置。另一方面，场域也离不开资本，如果没有资本，场域只是一个空洞的网络结构空间，因而也没有任何的意义。我们认为，在整个社会文化场域中，可以把翻译看成一种文化资本，因为它是社会场域竞争中不同社会行为者争夺的目标，对某类翻译作品的累积，会导致某个社会场域结构的重大变革或者重构，而翻译涉及的诸多因素，如语言、原作、原作家、译作、翻译行为者、社会语境等也体现出文化资本的特征。在下文中，我们将重点探讨翻译作为一种文化资本的身体化、客观化以及制度化特征的表现。

4.1.2 翻译的身体化特征

布迪厄所说的身体化资本主要是就行为者的品位、气质等性情而言的。这种资本的获取是一个积累的过程，需要行为者在长期的生活中对文化、教育和修养进行有意识或无意识的积累。这一过程包含了行为者的内化和外化的行为，这种资本具体化和实体化的过程非常漫长，而且必须由行为者亲力亲为才能获取。对这种身体化资本的投资主要包括两个方面：一是时间的投入；二是社会建构性的投入。社会行为者需要投入大量的时间去获取他在社会场域中所必需的技能、知识、文凭、证书、文化经历、礼仪、气质、性情等。因此富裕家庭的父母总是想方设法让孩子在家庭和学校多接受教育，他们并不急于将孩子推向社会参加工作，而且尽可能提供机会让孩子接受最好的教育，进入师资力量雄厚、教学质量良好的中小学，以便能考取国内乃至世界有名的高校。另外他们也尽可能创造机会让子女能够有更多的机会到世界各地进行文化考察，增加孩子的游历，扩展他们的知识面，加深他们对世界的了解。所有这些行为都需要家庭为行为者提供充足的时间，这样子女才能更好地对自己所积累的资本进行内化或者外化的行为，最终获取较高的身体化资本，形成行为者特有的性情倾向性系统——惯习。社会建构性投入的内容包括社会认可的各种技能、文凭、气质、性情等，要想拥有这些品质，有条件的家庭会为孩子提供品质优良的中小学教育和游历等。需要说明的是，在社会建构性的投入过程中，行为者需要忍受某种匮乏、痛苦和牺牲。

翻译作为文化资本的身体化特征主要体现在译者身上。作为翻译行为的主要执行者，译者所具有的语言能力、学识、对世界的认知、审美情趣等文化资本也具有身体化特征，这些身体化的特征对译者特有惯习的形成有至关重要的影响。一般说来，在翻译界著名的、有重大影响译作产出的翻译家比不知名的译者拥有更多的身体化文化资本，除了这些知名翻译家本身所具有的不容置疑的"语言天分"以外，他们身体化文化资本的获取一定经历了一个长期的积累和艰苦的社会性建构过程。因此从某种角度来说，我们并不能一味认定不知名的译者不具有和知名译者同样的语言能力，在"语言天分"大致相同的情况下，无名译者所缺乏的是知名译者所拥有的家庭背景、教育背景、社会背景以及个人对于文化资本的累计状况。下面，我们以我国著名翻译家鸠摩罗什、玄奘、徐志摩、巴金为例进行简要说明。

我们先来看佛经的两位翻译家鸠摩罗什和玄奘。鸠摩罗什（350—409）的父亲鸠摩罗炎是天竺人（印度人），家世显赫，世代为相，他的母亲是龟兹王白纯的妹妹，聪明才高。鸠摩罗什在九岁的时候随母亲出家，学习佛经。他在修行期间每天背诵千偈，共三万二千字。随后他又随母亲到各地（包括天竺）参学。这些都使他佛法更上一层楼，而且名满天下。他于公元401年回到长安，开始了译经生涯。玄奘（600—664）俗姓陈，名祎，世家出身，高曾祖父四代都做过官，大至将军、国公，小至县令。他15岁在洛阳出家，遍访名师，去过长安、成都、荆州、相州（河南）、越南等地，向名学者十三人学习了《涅槃》《摄论》《毗昙》《成实》《俱舍》等经论（马祖毅，1998）。公元629年，也就是贞观三年，他从长安出发，历尽艰辛，四年后到达天竺，游学于天竺各地。贞观十九年（公元645年），他回到长安，在大慈恩寺等寺院进行研究和翻译佛经，直到圆寂。

我们再来看两位现代的著名翻译家徐志摩和巴金。徐志摩（1897—1931）出生于浙江海宁一个开明富商之家，由于是大户人家，他四岁就入了一家私塾开蒙，1914 年中学毕业，考入北京大学预科。1918 年夏，他的父亲说服中国当时一流的学者梁启超，收他为入门弟子。至此，徐志摩完整地接受了中国传统文化的教育。1918 年，徐志摩到美国克拉克大学攻读社会学，翌年转入哥伦比亚大学经济学系并获硕士学位，两年后又到了伦敦，结识了哲学家罗素和哈代、威尔斯、曼斯菲尔德、卡本特、威利等一批英国当时的著名作家、诗人和学者。后来在曼殊斐儿的建议下开始了翻译工作。巴金（1904—2005）出生于四川成都一个官宦家庭。祖父李镛、父亲李道河均做过清朝官员。他 5 岁的时候就进入私塾读书，16 岁时进入成都外国专门学校，19 岁时发表第一篇译文，他曾到上海南洋中学、南京东南大学附中就读，中学毕业后赴法国留学，回国后在上海、南京、北京等地工作。1934 年赴日本学习。他一生不仅进行了大量的文学创作，同时也翻译了大量的作品，译文全集多达 10 卷，而且通晓英、法、德、俄、日和世界语，先后翻译了大约 50 种文学作品和社会科学论著。

从上述四位翻译大家的生平，我们不难看到他们至少有以下三个的共同点：一是家境殷实。他们要么出生于官宦之家，要么出生于商贾之家。家庭都拥有充实的经济资本和文化资本，为他们今后身体化文化资本的获取奠定了基础。二是他们都接受了比较完整、系统、优质的多元文化教育，都有游学四方的经历。这些都是社会性建构投入中不可或缺的。三是他们的行为和取向都符合社会的主流期待，并达到了社会所认可和规定的程度，无论是佛经还是西方文学作品的译介都是当时社会所需的。他们在这些方面大量的翻译活动，使他们的文化资本得到了更多的积累，这些资本最终转化成为社会资本和象征性资本，从而确立了他们在译界乃至整个社会场域中的地位。

4.1.3　翻译的客观化特征

布迪厄所说的客观化资本主要是从美学角度而言的，指的是一种物化的文化财产，表现为一定的文化商品形式，比如图书、艺术作品、工具以及建筑物等，主要通过客观形式的物质来进行传递，或者说，客观化文化资本的传递必须以客体的存在为前提。当然这些客观化资本本身具有它固有的价值，但是其价值的体现主要取决于消费者的审美能力。我们认为这种客观化的文化资本在翻译中主要体现在文本上，包括原作与译作。除了原作和译作本身所固有的价值以外，它们的价值和意义的大小主要体现在以下两个方面：一是原作如何被挑选为翻译的对象，获得翻译的资格；二是译作采用何种表现形式，获得其生存的空间。如果一个文本被越多的目标语选中作为翻译的源文，那么这个文本就拥有越多的文化资本，反之越少。一般说来，原作具有经典性特征或者能够满足译入语社会主流期待的作品比较容易被挑选为翻译的对象，获得较高的文化资本。对于译作而言，在下列情况下，作品比较容易被译入语社会的读者所接受，拥有较高的客观化资本：1）作品是对经典作品的翻译；2）作品由著名翻译家所翻译；3）作品再现了原文的内容和风格；4）作品对译入语社会产生较大的影响。

换句话说，无论原作还是译作，其客观化资本的大小是由它们在译入语社会中被消费的情况所决定的。在译入语社会中越受到欢迎，其所拥有的客观化资本就越多。这种资本的大小最终靠读者的阅读和认可才得以体现。因此我们说，译作不仅仅是译者的产品，而是译者和译文读者共同作用的结果。书本或者其他的物质形式只是译作的物质存在方式，并不能代表译作本身，书本只是一种固定译作的方式。译作意义的真正实现必须要有译文读者的参与，取决于译文读者的意向性重构。如果没有译文读者的存在，译作就会丢失其自身最基本的性质而变成一般的物质性存在，变成一堆废纸。因此我们可以说，没有被阅读的译作只是一个"潜在性存在"或者说是一种可能的存在。只有被译文读者阅读过，译作才能被具体化，实现其真正的存在，因为一个简单的事实就是：一般说来译者翻译一部作品的目的就是为了让它拥有更多的读者，得到译文读者的认可，否则作品的意义就没有得到具体化，仍然处于一种睡眠状态或者死一般的寂静之中。因此，在译者、译作以及译文读者这个三角关系之中，译文读者并不只是一个被动接受的部分，也不仅仅是反映的一个环节，而是一个构成历史的积极要素。没有译文读者参与的译作，其历史生命是不可想象的。因此一部上乘译作的翻译质量一定是充分考虑了译文读者的感受。我们认为译作价值和意义的实现也主要是通过译文读者认可程度来决定的。译作拥有越多的读者群体，译作的价值越高，所获得的客观化资本就越多，反之译作的价值相对较小，翻译所获得的客观化资本也较少，因为任何对文本的评价都是基于阅读之上的，而文本通过阅读之后才能激活其潜在的价值和意义。

4.1.4 翻译的制度化特征

布迪厄所说的制度化资本主要是在能力、资格和经验的意义上而言的。

而这些能力和资格都通过社会立法受到保护而合法化，是一种体制化的文化资本，因而具有很大的隐蔽性。这种制度化的资本得到一种资格的认可，通过立法的形式表现出来，具有权威性，为官方所认可，是值得信任的。翻译作为文化资本的制度化特征主要体现在对译者的资格认证、与翻译相关的机构认证以及翻译作品的审查等方面。下面我们对这三个方面进行简要说明。

1. 译者资格认证

译者是翻译行为中不可或缺的行为者，翻译作为文化资本的制度化特征首先体现在译者身上。由于制度化文化资本主要通过国家社会的立法而体现出来，行为者拥有的制度化文化资本的多寡与他所拥有的学术头衔和学术资格相关。这种制度化的资本与身体化的资本有较为明显的差别，译者身体化的资本也有可能是通过自学得到的，这种自学者的身体化资本极有可能受到别人的质疑，而拥有学术资格和文化能力头衔的资本会得到社会的合法保障，因此可以说制度化的文化资本使文化资本超越了身体化的生物局限，使拥有制度化资本的译者具有了合法化的地位。也就是说，官方认可的制度化的文化资本成为人们所力求获取的资深价值的认同和保障。值得注意的是，到目前为止，我国还没有建立起完善的译员资格审查制度，缺乏相对明确的译者资格规范，翻译市场中译者的准入问题长期得不到有效的解决，也没有统一的量化标准。但是这并不是说我们无法对译者的资格进行认证。大体说来，我们主要有以下三类译员资格认证方式：第一类是各种翻译证书的考试和评审；第二类是各种翻译比赛；第三类是社会上权威机构对译者颁发的翻译类荣誉证书。

1）翻译证书的考试和评审

国家权力机关会对翻译人员的资格进行管理，通过翻译证书的考试和评审规定译员的资格和能力。从 20 世纪 80 年代至今，国家职称改革工作领导小组、人事部、教育部等国家权威机构发布了相关文件，对翻译从业人员的考试和培训进行规范管理，比如翻译职称考试、翻译专业考试等。另外，经济发达地区也设有地区性的翻译资格考试，如 1994 年由上海市委组织部、人事局等部门共同设立的上海市英语高级口译岗位资格证书考试等，为国家机关、企事业、公司和涉外单位造就了一批能胜任各类涉外项目谈判、高层次会晤、新闻发布会、记者招待会以及国际研讨会的翻译人员，并为同声翻译人才的培养打好基础。近年来，随着新经济形势下国家对语言服务业人才的需求上涨，国家促进规范了语言服务行业的发展。中国翻译协会语言服务能力培训与评估中心（LSCAT）于 2014 年 12 月在全国推出了 LSCAT 第一阶段、第二阶段评估考试，旨在针对全社会及各大专院校的不同学科背景，发展跨学科的产、学、研合作模式，推广及实施语言服务业标准。共建语言服务业人才培养平台。该平台着重产学互动一体化，全面涉及语言服务人员的入门职业规划、专家培训（可通过网络远程实施）、翻译实习实训安排、结业评估，以及翻译人才入库管理与就业推荐，是翻译全行业人才的综合培养、管理和服务平台。

2）翻译比赛

译者除了通过各类翻译证书的考试和评审获得一定的制度化文化资本以外，还可以通过参加具有一定影响力的社会团体举办的翻译比赛获得一定的成绩和名次从而取得学术资格。那些想进入翻译领域的初学者往往比较看重这类翻译比赛，他们总是把这些比赛的成绩和自己的翻译能力和资格等同起来。目前国内设置时间长、比较有影响力的翻译比赛有"韩素音青年翻译奖"（1986 年设立）、"戈宝权文学翻译奖"（1986 年设立）等。另外为奖励中国年度翻译和出版的最优秀的法语图书，法国大使馆还于 2009 年设立了"傅雷翻译出版奖"。为了弘扬美国著名作家、记者海伦·斯诺（Helen Foster Snow）的"架桥"精神，培养大学生对翻译的兴趣，发现译界新秀，陕西省翻译协会于 2002 年设立了"海伦·斯诺翻译奖"。商务印书馆《英语世界》杂志社于 2010 年设立了"《英语世界》杯翻译大赛"。此赛事虽然设立时间不长，但是参赛人数多，目前已经成为国内最有影响的翻译赛事之一。随着英语工具性功能在现代社会凸显，各个高校或者行业协会也举行多种翻译赛事，推动翻译教学和质量的不断发展。

3）翻译类荣誉证书

对于那些在翻译领域做出突出贡献的译者，我国以及世界上都有不少专门机构为他们颁发相应的认可证书。这些证书的颁发无疑通过官方的渠道确定了译者在翻译界的地位，同时也增加了译者的文化资本。比如说中国翻译协会设立了"资深翻译家"和"中国翻译文化终身成就奖"。"资深翻译家"评奖从 2001 年开始对取得突出成就的翻译家进行了表彰。受表彰的翻译家中有的曾于 20 世纪 50 年代和 60 年代为毛泽东、周恩来、邓小平等党和国家领导人做外事翻译工作，有的曾参与我国领导人的著作、我国党和政府的重要文献、我国政府重要外交文件的翻译工作，也有长期在译坛耕耘，将大量外国经济、哲学、文学、科技等领域的有关著作翻译介绍给广大中国读者的前辈学者。截至 2010 年，中国译协分别对在各个领域辛勤工作的 2219 位翻译家进行了表彰。

林本椿、林克难、陈宏薇、郭著章、潘文国、汪榕培、郭建中、杨武能等学者均榜上有名。"中国翻译文化终身成就奖"于 2006 年设立，授予健在的、在翻译与对外文化传播和文化交流方面做出杰出贡献，成就卓著、影响广泛、德高望重的翻译家，是中国翻译协会设立的表彰翻译家个人的最高荣誉奖项。季羡林、杨宪益、沙博理、草婴、许渊冲、屠岸、李士俊等翻译家都曾获得此殊荣。我国也有一些译者因为其在文化传播上的卓越贡献而获得其他国家颁发的翻译奖项。比如北京大学阿拉伯语系教授仲跻昆于 2011 年获得"沙特阿卜杜拉国王世界翻译奖"，是获得此奖项的首位中国学者。获得该奖项的还有上海外国语大学的朱威烈。陈薇、岳远坤、陆求实等获得日本讲谈社颁发的"野间文艺翻译奖"。浙江大学的郭建中由于在译介国外科幻小说方面的成就，于 1991 年获世界科幻小说协会颁发的恰佩克翻译奖，1997 年获得北京国际科幻大会科幻小说翻译奖——"金桥奖"。四川大学的杨武能教授致力于中德文化交流，译介了大量高质量的德国作品，于 2013 年获得歌德学会颁发的"歌德金质奖章"，他还于 2000 年荣获德国总统约翰尼斯·劳颁授的"国家功勋奖章"，2001 年获得具有德国终身成就奖性质的洪堡奖金。

2. 与翻译相关的机构认证

制度化的文化资本得到国家的保障，是国家通过体制化的形式认可或保护的资本。国家设立一定的权威机构，培养翻译人才，出版翻译方面的图书，召开专业的会议，发布研究的课题，出版发行翻译方面的期刊等。

学校是培养人才的权威机构。在翻译专业设立之前，各个高校英语专业培养出来的学生被默认为具有一定翻译潜能的人。与非英语专业的学生相比，英语专业的学生在社会的认可度高于非英语专业的学生。2006 年，教育部批准设立翻译专业，同时在一些有条件的高校还批准设立了翻译硕士专业。截至 2014 年，共有 152 所高校获得教育部批准，试办翻译本科专业；截至 2011 年 12 月，获准试办翻译硕士专业的高校已达 159 所。从这些学校翻译专业毕业的学生被默认为具有较高的翻译能力，这些学校颁发给学生的毕业证书就是他们获得的在人力市场上最初的圣旨，因为社会上预先存在的社会差别就墨守成规地认为这些证书是神圣不可侵犯的。

出版社和杂志社是赋予图书制度化资本的机构。比如中国外文出版发行事业局（中国外文局）是中央所属的事业单位，是中国历史最悠久、规模最大的专业对外传播机构。这个机构在国内外均有多个分支机构，形成了涵盖翻译、出版、印刷发行、互联网和多媒体业务、理论研究及社会事业等领域的事业格局。每年以 10 余种文字出版 3000 余种图书，编辑近 30 种期刊，运营 30 余家网站，书刊发行到世界 180 多个国家和地区，网络受众遍及世界各地。由这个机构发行的翻译作品，或者发表翻译作品的译者均获有较高的制度化文化资本。类似的机构还有外语教学与研究出版社、上海外语教育出版社、商务印书馆等出版机构。这些机构在国内出版行业有比较权威的地位，因而由这些机构发行的翻译作品也具有较高的文化资本。隶属于中国出版集团的《英语世界》杂志，是新中国第一家英汉对照的英语学习杂志，编委阵容强大，2009 年荣获"新中国 60 年有影响力的期刊"称号。在此刊物上发表的译文以及译者均拥有较高的文化资本。同理，在翻译界比较权威的一些杂志，如《中国翻译》《外国语》《外语教学与研究》等发表译文同样具有较高的文化资本。此外，这些与翻译相关的机构还会举办各种翻译培训班，对译员进行培训和指导，同时杂志社还举办学术研讨会等，对翻译的问题进行探讨，并达成某种共识。

3. 翻译作品的审查

事实上，翻译审查一直是一个在文化领域中绕不开的问题。而且，翻译很可能成为审查制度的核心，因为翻译是要将外国的事物通过语言的转换传递进来，让读者与可能不熟悉、不相容或者对世界造成危险的观点相接触（Merkle, 2010）。面对不同的事物，审查制度可以通过使用权力将其剔除或保留。国家权力机关往往会对翻译的作品进行审查，保护有利于自己国家利益的翻译作品，抵制不符合自己国家利益的作品。通过国家权力机关审查的翻译作品，从制度上保证了其文化资本的存在，作品可以在译入语国家进行流通和传播，从而有可能获取更多的文化资本。而那些未通过国家权力机关审查的作品，在译入语国家内会受到遏制、禁止，其制度化的文化资本难以得到保障。事实上，世界各国都有非常严格的翻译审查制度，对外来的作品进行审核，保护有利于自己国家利益的翻译作品，抵制不符合自己国家利益的作品。一般说来，国家权力机关对作品的素材进行审查，主要涉及意识形态、道德伦理等方面的审查。

1）意识形态方面的审查

这方面的审查主要涉及政治历史敏感的问题。20 世纪初，海明威的作品《永别了，武器》（1929）被冠以"反意大利"的标签而被禁止在意大利发行，其原因是该书描述了意大利军队惨遭失败的经历，政府方面认为这本书让整个民族蒙羞。海明威小说的意大利译本直到法西斯倒台后才得以在意大利出版。当时无论海明威的英文原版小说还是任何的外文译本都不允许进入意大利。19世纪的西班牙在弗朗哥统治期间，书籍审查制度非常严格，尽管康德的作品《纯粹理性批判》的第一个西班牙语译本于1883年出版，然而直到1896年，康德在西班牙还不为人所知，其原因也在于西班牙的出版审查制度。19世纪初期的西班牙教育被教会把持，对外国著作的介绍和使用均受到长期以来的双重审查制度控制。西班牙教会每隔一段时间就会列出一批被禁止的书目，教会还下令对书店进行搜查，港口和边界都受到政府和教堂的控制。搜到的禁书通常被烧毁，禁书主人甚至会被判以死刑。从古希腊的神医希波克拉底（Hippocrates）、解剖学家盖伦（Galen）、哲学家亚里士多德（Aristotle）等到卢梭（Rousseau）、伏尔泰（Voltaire）等的作品都在禁书之列。康德的作品也不例外，因为康德的《纯粹理性批判》作为西方哲学史上一本划时代的著作，推翻了旧形而上学的统治，被称作哲学上的"哥白尼革命"。他的新的批评哲学改变了现存的哲学系统。因此他的作品在审查制度严明的西班牙遭到冷遇也不足为怪。换言之，他译作的文化资本在西班牙得不到制度的保障。

2）道德伦理方面的审查

这方面的审查尤其关注两性方面的问题。这类问题在东西方都是争议比较大的。19世纪期间，一本翻译小说如果在审查中被认为是"淫秽的"或者"不恰当的"，就会成为禁书，因为人们认为它缺乏道德教育作用。第一本翻译成葡萄牙语的法语小说，因其内容被认为不符合道德规范，葡萄牙语译者还对作品进行了自我审查，使其译文符合葡萄牙的道德规范方才得以进入译入语社会进行流通。德国墨索里尼统治期间，审查制度中对于道德的控制是比较严格的，涉及性及性行为描写的书籍会遭到没收。因此，译者为了通过国家权力机关的审查，在翻译中会采用各种变通的翻译策略。比如英国维多利亚时期的文化产品以注重品德修养著称。源文本中那些与译入语文化规范有冲突的部分常常会受到删改。意大利作家薄伽丘的《十日谈》虽然是乔叟《坎特伯雷故事集》的模拟对象，也是英国文学基石的一部分，但是同时，这本书也以登有英国19世纪所认为的不雅内容而广为人知，因此在翻译中也没能摆脱被改编的命运。伯恩（Bohn）19世纪的《十日谈》译本尽管宣称是当时全新的修改译本，还是有部分章节采用了意大利语和法语，直到1886年出版了由约翰·佩恩（John Payne）翻译的全译本。20世纪早期苏联的审查制度非常严密。20世纪30年代晚期，文学审查制度达到其最严厉的程度。为了使作品通过审查，有些艺术家采用"伊索式语言"进行创作，对原著采用"不忠"的形式，对原文进行删减和增加，以此获得一定的文化资本。苏联翻译家帕斯捷尔纳克（Pasternak）翻译莎士比亚作品《哈姆雷特》时为了维护奥菲莉亚纯洁的形象，隐去了她在第四幕第五场中关于男欢女爱的歌曲。帕氏翻译中的哈姆雷特对母亲不妥协也不残忍。在第三幕中，哈姆雷特对母亲的辱骂也并不像莎剧中那样使用粗俗的语言，尽量避免使用涉及性描写方面的言辞。评论家弗朗斯认为帕氏的译作最成功之处在于帕氏根据自己对哈姆雷特的理解来翻译作品。他翻译了一个高贵、慷慨的哈姆雷特，在最后思考如何复仇、面对死亡之时也表现了自己最后的尊严。他认为帕氏减弱了莎剧中哈姆雷特的悲剧意味，因为帕氏想降低基督徒对赎罪的悲剧色彩（Aoife，2009）。然而英国评论家对帕氏的"不忠实"感到失望，他们将原著和译本进行比较，感叹说哈姆雷特的性格遭到了扭曲，莎士比亚阴郁的悲剧被刻画成技艺高超的俄语剧本。

另外，与其他文化资本一样，翻译还具有可转换性特征和可传递性特征等。翻译作为文化资本的可转换性特征主要表现在，翻译作为一种文化资本在一定条件下可以转换成一定的经济资本、社会资本或者象征性资本。翻译的作品可以出售，译者、出版机构可以通过翻译出版获取直接的经济利益，翻译转化成为经济资本。翻译也可以转换成为社会资本，比如孙致礼教授翻译了简·奥斯丁所有的作品，朱生豪翻译了莎士比亚的作品，江枫翻译了雪莱的作品等等。由于他们在翻译方面的贡献，人们常常把他们和他们所翻译的作品联系起来，把他们尊称为翻译家。换言之，对这些经典作品的翻译使他们获得较高的社会资本。翻译还可以通过累计，转换成为一种象征性资本，表现为一种权力，以更加曲折和隐蔽的形式进行资本"正当化"和权力分配。在各类学术研讨会上，拥有较多文化资本的"大家"的发言往往更容易得到大家的认可，同样的讲座内容，不同的人来宣讲，所引起的反响是大不相同的。

翻译作为文化资本的可传递性特征主要体现为：翻译出来的作品是一种客观化的文化资本，这种固化、物理化的文化资本是可以被保留，并代代相传的。翻译作为文化资本的可传递性特征主要表现在以下四点：第一，译作可以被用来作为研究和学习的对象，译作的内容可以通过这样的方式传递到学习者身上。第二，根据本雅明的观点，翻译是原文的"after life"。译作传递了原文的内容以及所包含的文化内涵、习俗等。各种语言中出现的大量外来词就是翻译具有传递性的明证。英文中的大量法语词汇、中文中大量的英语词汇以及英文中有一些逐渐被认可的中文词汇等都可以算作是翻译文化资本传递性的特征。第三，翻译会对译入语产生一定的影响。特别是当译入语还不是太完备的时候，翻译对译入语的形成会产生非常大的影响，比如中文的欧化现象。第四，翻译文本对翻译原则和方法会产生一定的影响，尤其是一些经典文本，学者对这些译本进行研究，并推荐给学习者使用。学习者通过学习，会模仿并形成与经典译本相似的翻译风格。

综上所述，翻译具有文化资本的典型性特征，具有隐蔽性，翻译就是一种文化资本，是在社会文化场域中不可忽视的一支力量。

4.2 翻译行为者与文化资本

布迪厄认为资本是进行社会实践的工具。资本对场域的制约作用是通过其生成的权力来进行的，这种权力对场域中普通功能的规律性和规则进行了控制。社会场域中的行为者则根据他们手中所拥有资本的多寡来进行相应的活动。也就是说，资本从某种程度上来说，规定了行为者活动的可能性和机遇（宫留记，2009）。而场域中的行为者进行实践的最终结果则是，根据获得累计资本的多寡，决定其在场域中的不同的位置。毋庸置疑，在翻译场域中，翻译行为者是不可或缺的，因为没有翻译行为者的实践活动，原作语言永远都不可能转化成另外一种语言，成为译作。也就是说，没有他们，原作将在文本传递的时间和空间上受到很大的限制。要说明的是，这里说的翻译行为者不仅仅包括进行文字转换工作的翻译者，还包括对翻译活动进行干预的国家权力机关、翻译赞助人等。这一节主要谈及各种不同的翻译行为者（国家权力机关、译者、翻译赞助人）在社会场域中拥有怎样的文化资本，他们又是如何利用这些文化资本影响翻译行为以及翻译结果的产生。

4.2.1 国家权力机关与文化资本

文化场域、政治场域、经济场域等若干的场域空间组成国家场域空间。在国家这个社会场域空间中，国家权力机关是实现国家管理的重要部门，执行着国家利益高于一切的原则。国家权力机关拥有绝对充足的各类资本，在社会场域中处于核心的位置，对场域的运作起到至关重要的决定性作用。任何时候，文化建设都是维护国家统治一个不可或缺的重要内容，古今中外的统治阶级为了维护国家的长治久安和持续发展，都会把国家的文化建设纳入其工作的主要内容，根据国家发展和管理的需求，统治阶级会在不同的阶段制定一些相应的文化策略，除了对本国传统文化的传承以外，对异域文化的引入或者对本国文化的推广也是国家文化战略中的重要组成部分。翻译场域是国家文化场域的一个部分，作为拥有文化资本最多的国家权力机关在这个场域中仍然拥有最充足的文化资本，是场域中的操控力量。翻译行为首先要符合国家的利益，包括国家的安全利益、经济利益以及文化利益。参与翻译行为的各方利益在发生冲突的时候，首要考虑的是国家利益，尤其是国家的政治利益，要对国家的主流意识形态有高度的认同和自觉的维护，从这个角度来说，翻译中的"忠实"首先体现在对国家的"忠实"上。为了更有效地执行国家的意愿，政府部门也会成立相关的机构直接为本国的文化传播和翻译提供服务。我国有唐朝的"译场"，清朝的"总理衙门""京师同文馆"等机构。其他国家有德国出版局、法国国际出版总署、英国文化委员会、意大利文化院等。这些机构根据国家的政策和利益，对翻译的流向、内容等都起着决定性的作用。

从历史的角度上看，翻译促进民族文化的诞生和发展，没有翻译和借鉴，民族文化就只能在狭窄的小路上爬行，整个人类的文化也会因缺乏横向联系而徘徊不前。一个国家的统治阶级是否引入异域文化或者对外传播本国文化，主要是由本国文化的发展状况或者统治需求来决定的。一般说来，如果本国文化处于肇始阶段或者发展初期，要想使本国文化得到滋养，发展壮大，常常需要引入他国文化中的优秀因子。当一个国家社会矛盾丛生、本国文化不足以解决本国阶级之间的矛盾之时，统治阶级会考虑引入异域文化中有利于缓解国内矛盾的内容。在世界场域中，如果一个国家国力落后，在国际活动中处于弱势地位，国家安全因此遭到威胁的时候，为了国家的生存和发展，统治阶级也会考虑通过引入他国的先进技术或者文化以弥补本国之不足。而当一个民族或国家的文化发展相对完备，在世界文化场域中处于强势地位的时候，统治阶级则会考虑文化的对外传播，制定相关的翻译政策，通过国家权力机关进行译出的翻译活动，从而累计更多的文化资本，巩固该国在世界文化场域中的核心地位。

纵观中外翻译史上的几次翻译高潮，世界各国以译入为主的翻译活动还是比较常见的。以我国为例，历史上发生的四次翻译高潮中，前三次主要以译入引进为主。季羡林老先生就曾经把五千年的中华文化比作一条长河，认为这条河从未枯竭、保持蓬勃发展的原因就是不断有新水注入。最大的两次是分别从印度来的以及从西方来的水，依靠的都是翻译。

第一次翻译高潮是东汉至唐宋期间。这一阶段的翻译主要是佛经的翻译。佛教宣扬人生多苦，生死轮回，要求人们忍辱修行，以便以后能进入"极乐世界"，这种教义符合统治阶级对人民进行统治的需要。所以佛教一经传入，就得到了统治阶级的积极支持，在国家中获得合法的地位。而佛教徒为了宣传教义，势必得引入印度的佛教经典，于是佛经的翻译活动就开始了（马祖毅，1998）。这一时期，出现了安士高、支谦、释道安、鸠摩罗什、玄奘等著名的佛经翻译家。而国家层面也组织了"译场"，以示对佛经翻译的重视程度。

　　第二次翻译高潮是明末清初时期。这一阶段的翻译主要是科技翻译。这些科学技术的引进，是适时的、随着统治阶级的需要而产生的。明末时期，中国所使用的历法由于年代久远，差错很多，修改历法已经成为刻不容缓的一项工作，这就为来华的传教士引入西方历法提供了条件。清朝的康熙皇帝爱好自然科学，对数学和天文具有特殊兴趣，在他的支持下，《数理精蕴》等数学著作也被引入中国。当时以徐光启为代表的一批士大夫都抱着富国强兵的渴望，希望通过向西方学习先进的科学来改变当时中国的贫穷落后面貌，因为明末时期，国家既饱受倭寇之患，又遭到北方勃然兴起的满洲贵族的威胁（马祖毅，1998）。这就迫使士大夫和官僚阶层初步意识到学习和翻译西方书籍和科技知识的重要性。这段时期，传教士与士大夫译介的西方科学技术书籍有 120 种左右，涉及医学、地理、天文学、数学、农业水利、军事、冶金等方面。这些书籍为中国带来了先进的科学技术，促进了中国科学的发展。这期间杰出的代表人物有徐光启、李之藻、意大利人利玛窦、德国人汤若望、比利时人南怀仁和罗雅各。

　　第三次翻译高潮是鸦片战争至五四期间。这一阶段的翻译主要是西学翻译。鸦片战争开始，西方的坚船利炮打开了中国的大门，鸦片战争的失败使中国的统治阶层认识到西方科技的先进，从而开始思考学习西方技术，巩固自身的统治和发展。林则徐、魏源等提出"师夷长技以制夷"的思想，引发了以学习西方科学技术与物质文化为目标的"中体西用"的洋务运动。国家也设立总理衙门、京师同文馆等官方洋务机构来进行西学的翻译活动。这期间杰出的代表人物有林纾、马建忠、严复等人。

　　第四次翻译高潮是 20 世纪 80 年代至今。这一次的翻译高潮的出现是以中国推行改革开放政策，实现中华民族伟大复兴的中国梦为契机的。和前三次的翻译高潮相比，这一时期的信息量更庞大，涵盖面更广泛，题材体裁更丰富多样，从业人员更多，受益者更普遍。还有一点就是，前三次翻译高潮都是外译中为主，这一次的翻译高潮则正在改变中国在翻译上的"入超"地位，对中译外提出了更高的要求。国家领导人习近平明确提出要"讲好中国故事，传播好中国声音"，要"提升我国软实力，讲好中国故事，做好对外宣传"。这一阶段中国政治经济崛起，注重中国传统文化的传承和发扬，主张对外传播优秀的中国文化。中国茶文化就是中国文化的代表之一，值得向全世界进行推广。习近平于2014年4月1日在比利时布鲁日欧洲学院发表演讲时就将茶比作中国文明，提出中国"和而不同"的文化主张，因为中国是茶的故乡，中国茶文化源远流长，博大精深，不但包含物质文化层面，还包含深厚的精神文明层次，与代表中国的儒释道哲学思想相互交融。中国茶人精神中的和平精神、天人合一精神、乐生精神、独立不阿精神、东方独特的审美精神，都是中国茶人特有的，是中国式的真善美精神（王旭烽，2002）。正因为如此，2013年浙江农林大学茶文化学院与塞尔维亚诺维萨德大学共同建立了全世界第一个以茶文化为背景的孔子学院。2014年国家汉办批准成立"汉语国际推广茶文化传播基地"，以更好地传播中国文化。而我国著名作家、茅盾文学奖获得者王旭烽的茶文化作品《茶人三部曲》《瑞草之国》《爱茶者说》《茶的故事》等也被陆续翻译传播到其他国家。

我们再来看一下西方国家的翻译情况，公元前4世纪末，大量的古希腊文学特别是戏剧被介绍翻译到罗马帝国，促进了罗马文学的诞生和发展，因为尽管当时罗马帝国开始强大起来，但是从文化上来说，希腊文化仍然优于罗马文化，对罗马有着巨大的吸引力。罗马帝国的后期到中世纪初期，教会在文化上取得了垄断地位，《圣经》被翻译为拉丁语，为罗马统治阶级所用。随着欧洲进入封建社会，《圣经》被相继翻译成各"蛮族"的语言，为实现统治阶级的利益服务。欧洲文艺复兴时期，德国宗教改革家路德翻译了德国第一部"民众的圣经"，开创了现代德语发展的新纪元，英国1611年《钦定圣经译本》的翻译对现代英语的发展产生了深远的影响。各民族的语言通过将异域的文化翻译成本国语言而使得民族语言在文学领域中的地位也得到了巩固。二战以后，西方社会发展迅速，以英语为本族语的强势语言国家更是不遗余力地向世界各国进行文化输出、文化渗透、文化侵略以及文化殖民。以美国为例，美国的中央情报局就充当了该国的文化部、宣传部，动用巨额资金，发动多种项目进行文化输出。有数据统计，20世纪30年代以来，美国政府对本国文化的价值观在世界范围内进行大力推销，美国的文学作品以及有关民主、法制的书籍源源不断地译入其他国家，目前已译入到45种语言（马会娟，2015）。

当然，即便是国家文化在相对较弱的时候，国家也会根据意识形态的需要，进行对外宣传活动。比如，某一国家的意识形态和社会制度在一段时间内难以为外界所接受，处于相对孤立的局面，对该文化来说，对外翻译的意义往往更显突出。例如，苏联、中国和朝鲜等社会主义国家早年都设有专门的对外翻译出版机构，担负面向国外尤其是英语世界的宣传任务。苏联、中国还曾经分别创办以英语、法语等语言出版的《苏联文学》和《中国文学》等刊物，作为对外介绍本国文学状况的主要窗口（马士奎，2009）。

4.2.2 译者与文化资本

毫无疑问，在翻译这个场域中，译者是不可或缺的，因为他是翻译行为的直接操作者，负责将一种语言转换为另一种语言。没有译者的劳动，原作永远也不会变成译作在译入语社会进行流通。在上文谈及的翻译作为文化资本的身体化特征，主要是就译者的文化资本而言的。译者文化资本的获取是一个长期累积的过程，需要进行时间的投入和社会建构性的投入，译者所具有的语言能力、学识、对世界的认知、审美情趣、对本族语文化和异域文化的把握和态度等构成了译者所拥有的文化资本，这些文化资本的构成形式和资本量的多寡对译者的翻译行为有直接的影响。我们对这个问题主要从两个方面来探讨：第一，文化资本的结构决定译者对文本的选择；第二，文化资本的结构决定译者所使用的翻译策略。

1. 文化资本的结构决定译者对文本的选择

我们知道译者文化资本的获取主要通过两个方面的投入：一个是时间的投入，另一个是社会建构性的投入。换言之，译者需要投入大量的时间，通过优质的教育获得社会认可的某种技能、气质、知识、性情等，并在此期间忍受某种痛苦、单调。他所获得的文化资本构型首先决定了译者对翻译文本的选择。下面我们以蔡元培、鲁迅、朱生豪、郁达夫等我国近现代史上的翻译家为例，来说明译者所拥有的文化资本结构是如何影响他们对翻译文本的选择的。

首先，这几位译家都出生在有一定经济实力，有一定地位的家庭。这为他们今后获取翻译文化资本所需要的教育投资提供了足够的经济资本，因为文化资本的获取，前期往往需要一定的经济资本作为条件，要在一定时间内耗费一定数量的经济资本才能够转化成为文化资本。蔡元培和朱生豪都出生在浙江的商人家庭；鲁迅和郁达夫则出生在知识分子家庭。其次，像他们这样的家庭都非常注重早期对孩子的社会建构性投入，希望他们通过教育获得较高的文化资本，以便在社会上获取一定的社会资本。因此他们从幼年开始都接受了非常系统的中国旧学教育，有深厚的国学基础。他们的家庭还让他们有机会通过上教会学校或者出国留学的形式学习翻译所必需的外语。他们生活在 19 世纪末 20 世纪初的中国，正处于社会变革时期，他们的家世使他们有可能接触到当时比较先进的思想，从而具有改良社会、振兴中华的意愿。这就注定他们会选择对中国社会有裨益的文本进行翻译。

蔡元培认为想救亡图强，必须先从开发民智、培养人才着手。于是他弃官从教。蔡元培在从事教育工作的过程中积累了与教育相关的文化资本。由于他想改变中国教育的状况，急需引入国外先进的教育理念来支持自己的工作，这样他就开始了自己的翻译生涯，大多选择与教育相关的作品进行翻译。他认为可以通过日文博览西方的书籍，于是他开始学习日文，并翻译了《万国地志序》《日人败明师于平壤》《俄土战史》等。为了中国的教育改革，他又学习德语，留学德国，于 1910 年翻译了柏林大学教授、博士巴留岑的《德意志志大学》总论（部分）。1913 年，二次革命失败后，蔡元培到法国留学，开始学习法语，因为他认为法国大革命彻底，在科学、美术、哲学等方面远远优于中国，值得中国好好学习。在法国期间，蔡元培编译法国的社会科学图书等。1923 年，蔡元培游学于欧洲时，又编译了《简明哲学纲要》一书。从蔡元培对翻译书籍的选用可以看出他非常注重翻译的社会功用。他认为政界的翻译工作有关国家安危，国家应该发展外语教育，培养翻译人才。

鲁迅在日本求学期间，受林纾、梁启超等清末翻译家的影响而开始了文学翻译和创作生涯。他强调翻译工作对于"改良思想，补助文明"、引导国人进步的重大意义，他希望通过翻译媒介寻求与中国社会模式相同或相近的东西，以引起诸位的共鸣，激发人们的革命热情。因此他借助日文转译了不少东欧弱小国家的文学作品。鲁迅在 1903 年写的《斯巴达之魂》的译序中指出自己选择题材的原因。他说自己之所以译述这篇历史小说，就是因为感受到"斯巴达之魂"的"懔懔有生气"，想通过这篇译述作品来激励中国的爱国之士"掷笔而起"。同年，鲁迅翻译了科学小说《月底旅行》，在书前"辩言"中也明确说明是为了让读者"获一斑之智识，破遗传之迷信"。当时，国内翻译界中热衷于翻译一些十分低级无聊的侦探、言情小说。鲁迅在"辩言"中特别指出，当时"科学小说，乃如麟角。智识荒隘，此实一端。故苟欲弥今日译界之缺点，导中国人群以进行，必自科学小说始"。

朱生豪在中学时代进入美国教会所办的学校，接受英文教育。在此学习期间他就已经接触过莎士比亚这位蜚声中外文坛的伟大作家的剧作了。其时英语课本采用《莎士乐府本事》（*Tales from Shakespeare*），他还选读过莎士比亚 *Hamlet* 及 *Julius Caesar* 中的片断。七年之后，他下决心翻译莎士比亚的剧作，把全部心血献给译莎事业，最早也是从这里得到启迪的。1933 年毕业后，留校担任《之江校刊》的英文部主任编辑。这期间他利用工余时间，悉心研读及搜集资料，对翻译莎士比亚戏剧逐渐酝酿成熟。正好这时他在南京大学读书的弟弟来信，告诉他日本曾有人讥笑中国没有莎集译本，是一个"没有文化的国家"，并在信中说："如果能把莎翁全集译出，可以说是英雄业绩。"这些话强烈地激起了朱生豪的爱国热情，他决心把莎翁的作品全部介绍到中国来，为祖国争口气。经过了一年多的准备阶段，从 1935 到 1944 年十年间，他克服了种种难以想象的困难，以惊人的毅力，译出莎士比亚全部剧作 37 部中的喜剧 13 部、悲剧 10 部、传奇剧 4 部和历史剧 4 部共 31 部。由于劳累，更是因为极低微的生活水准，朱生豪终于病倒了。在临终之前他还是念念不忘莎剧的翻译。他对宋清如说："早知一病不起，就是拼着命也要把它译完。"

　　郁达夫在私塾教育之后，进入富阳县立高等小学堂。这所小学堂是接受西方文化的一所新学校。在这里，他学了英语以及反映近代科学新鲜知识的课程。他以后能熟练地阅读和翻译外国文学作品与他这个时候打下的基础有密切的关系。17 岁时，郁达夫随长兄留学日本，开始学习日文。在此期间，郁达夫大量阅读国外文学作品，对外国文学的沉醉和对外国文学家的仰慕是他日后热衷于向国内读者介绍西方文学必不可少的先决条件。在翻译题材的选择方面，郁达夫一再表示："想翻译的作品不但要是自己理解的，而且要是自己欢喜的，自己没有感动过的东西是译不好的。"换言之，郁达夫在进行翻译选材时，极为强调非我所爱读的不翻。由于他感伤的个性，那些富于浪漫气息的，抒情味浓的，弥漫着淡淡的忧郁情调的，艺术性较高的作品极为郁达夫所推崇。综观他的翻译文集，他所选择翻译的小说几乎都有着沉郁而幽婉的特色，与其性格中的感伤灰冷一脉相承，如施笃姆的《马尔戴和她的钟》行文细腻；林房雄的《爱的开脱》清淡幽默；林道的《幸猫的摆》意味悠长；味儿根斯的《一个纽英格兰的尼姑》细致典雅；阿河的《一个残败的废人》疲倦颓废。《一女侍》《春天的播种》《浮浪者》更是与他自己的风格如出一辙：忧郁、纤细、主观性强。同时，作为一个革命文人，郁达夫在选材方面也强调文学的社会功能。在翻译的 10 篇短篇小说中，爱尔兰的小说就占据了三篇，即《一女侍》《春天的播种》《浮浪者》，因为当时的爱尔兰长期受制于英国统治，民族灾难深重，人民颠沛流离，其特殊的遭遇令人慨叹。小说中典型的人物形象以及他们身上折射出的在长期压迫下形成的特殊精神气质都能深深引起当时中国读者的共鸣，也有利于唤醒中国人民的民族意识和抗争精神。中国人在那些同样受英、法、德、美等西方强国压制的弱小民族身上看到了

与自己同样的命运，在他们的文学中听到了同样的抗议之声，体会到同样的寻求民族独立、人民解放的情感。（陈秀，2007）

2. 文化资本的结构决定译者所使用的翻译策略

译者所持有的文化资本结构会影响他对世界的认知和态度。从翻译的角度来说，译者所拥有的文化资本会形成译者独特的翻译思想，翻译思想是翻译行为的先导，不仅影响译者对翻译文本的选择，同时也决定他在翻译中所采用的策略。我们下面将举例对此进行说明。首先我们来看一下不同译者对英国作家狄更斯的作品《大卫·科波菲尔》中的翻译。

This was the state of matters, on the afternoon of, what I may be excused for calling, that eventful and important Friday.

林　纾：此即吾生时之境状，……

董秋斯：这就是那重大的要紧的（请恕我这样说）星期五的下午的情形，……

张谷若：在那个多事而重要的星期五下午——如果我可以冒昧地这样说的话——情况就是这样。

从上面的译文，不难识别出三位译者的翻译策略：林纾使用古文进行翻译，在翻译中采用了删减的方法，只是传达了原文的大致意思。董秋斯和张谷若两位译者将所有的信息都传递出来，但是二者的语言风格各不相同。董秋斯采用了过分直译的方式，"欧化"的痕迹比较显著。相对来说，张谷若的译文比较符合现代中文的特点，读起来比较顺畅，不会受到阻隔。

他们三人的翻译方法实际上和他们所持有的文化资本结构有很大的关系。林纾生活在我国19世纪末20世纪初，他从小接受正统的中国传统旧学教育，他钻研经书，倾慕孔孟程朱，把经书和古文奉为古今文章的归宿，把古文作为自己安身立命之所。因此在五四文白之争中，林纾为捍卫古文的地位，与胡适、陈独秀、蔡元培等新文化运动领袖论战，嘲笑白话是"引车卖浆之徒所操之语"，"不值一哂"。因此在翻译中，他坚持使用古文进行翻译。从翻译目的来看，林纾主张输入新思想、新学说，以开阔国人的视野，唤起民众的觉醒，因此他在翻译中多采用改写的手段，对原文进行增加和删节，并未采用一一对应的方式。

董秋斯和鲁迅生活在大致相当的时代，作为新文化的棋手，鲁迅认为翻译、介绍外国文艺可以改造社会、唤醒民众，同时也希望通过直译可以输入新内容、新表现法，弥补早期白话汉语与表达方面的不甚精确的缺陷，对汉语的词语句式起到改造、补充的作用。鲁迅先生的这种翻译思想影响了他同时代以及后来的很多翻译家，董秋斯就是其中的一位。董秋斯认为翻译要忠实于原作，因为："翻译是写别人的话……在词汇和语法方面，都比自己的话受着更大的限制……如要把别人的意思和风格表达得好，也就是要忠实于原作，就不免要迁就原文的语法，于是就发生了外国化（欧化、日化等）的问题。"（董秋斯，1956）在《鲁迅先生对我的影响》一文中，他明确地提出了"模仿"的概念，认为"落后国家若想追上先进国家，不能不先之以模仿，追到一定的程度，然后才能清算这个模仿阶段，从一般性到特殊性……这就像供模仿的仿影和字帖，在初学时期显然是不可少的"。在他看来，一种文学的进步和发展离不开模仿。通过模仿，引进外国文学的内容、写作手法以及语言形式，即引进异质的文化，从而滋养中国的新文学（凌山，2004）。

张谷若则主张"地道的原文，地道的译文"。他所提出的翻译原则是时代的产物，也顺应了时代的潮流。当时，翻译界流行着一股晦涩的翻译文风，张谷若无法接受这样的翻译文风，便立志要采取"与之相反"的译法。他坚持两条翻译原则："不能逐字死译；得用地道的译文翻译地道的原文。"这种翻译方式就是主张译文语言应合乎译语读者的阅读习惯，主张译文要"自然"，不能在译文语言中有大面积异化，从而导致生硬牵强而达意不佳（孙迎春，2004）。

接下来，我们再以我国著名的英美文学翻译家孙致礼教授为例，说明译者文化资本与翻译策略选择之间的关系。孙致礼教授从1979年至今翻译出版译作30余部，其中包括《傲慢与偏见》在内的奥斯丁的全部六部小说，以及海明威的《永别了，武器》和哈代的《苔丝》等。孙致礼教授不仅注重翻译实践，还注重翻译理论研究，著书立学，在翻译研究方面发表了许多独到的见解。孙致礼教授的军人身份，大量的翻译实践活动以及翻译理论研究成果都是他文化资本构成的重要部分。这些对他在翻译中所采用的翻译策略都有直接的影响。

孙致礼先生笃信英国著名翻译理论家纽马克的一句话，即翻译是一项"崇高的求真的职业"。他认为，从翻译的本质来看，翻译应该是一个"求真"的过程，尤其是对包括经典文学在内的"有效文本"的翻译。孙先生认为21世纪的翻译，应该要进行"the return of ethics"，把对原文（特别是"有效文本"）的"忠实"，把对异域文化的"传真"当作一个译者应有的神圣职责来看待，唯有如此，才可能不至于在物质利益的驱使下对原文粗制滥造，才有可能在新时期提高翻译质量。孙教授认为，"翻译的根本任务，是准确而完整地传达原作的'思想'和'风味',欲达此目的,无疑必须走异化的途径,因而异化也就成了矛盾的主要方面,是第一位的;而归化作为解决语言障碍的'折中'手段,也就成为矛盾的次要方面,是第二位"(孙致礼,2001)。孙教授还认为作为一名译者,不仅要对原文负责,还要对读者负责。他认为译者在翻译中要根据文本的性质和目标读者进行处理,照顾目标读者的需求和接受力是必要的,但是也不应该一味迁就读者,译者还应该通过翻译起到"提高"译文读者的作用。在新时期里,翻译应该要尽可能传递出原文的异质因素(陈秀,2005)。我们试以孙致礼教授的译作《傲慢与偏见》中的例子来说明他的翻译策略。

It is a truth universally acknowledged, that a single man in possession of a good fortune must be in want of a wife.

有钱的单身汉总要娶位太太,这是一条举世公认的真理。

简·奥斯丁的写作以幽默见长。这句话前半句笔调十分庄重,后半句语气颇为粗俗,正是这一庄一谐构成了这句话特有的韵味。英语中往往把重要信息放在前面,前半句用了比较大的词汇"truth, universally, acknowledged"等,让人对后半句有一种神圣的期待,想到一定是什么普遍的、哲学意义上的大家都公认的真理,结果却是一个普普通通的常识,从而产生一种让人哑然失笑的幽默感。人们不禁会问:这算哪门子的真理啊?!(后半句话词语使用也比较简单)。这句话的译文前半句用词比较粗俗,后半句用词庄重,既照顾了中英文结构上的差异(中文习惯于把句子中的重要信息放在后面,进行总结和归纳),又很好地体现了原文的幽默,实现了对原文的"传真"。

…nor was Mrs. Hurst, who had married a man of more fashion than fortune, less disposed to consider his house as her home when it suited her.

而那位赫斯特夫人嫁了个家财不足、派头有余的绅士,因而一旦得便,也很情愿把弟弟的家当作自己的家。

孙致礼教授把句中的"a man of more fashion than fortune"翻译成"家财不足、派头有余的绅士"就是采用了异化的方法。孙教授认为文中的赫斯特先生本是个好吃懒做、从不读书的绅士,如果用"穷措大"来形容,虽然顺当又简练,但是却扭曲了人物的形象,将他刻画成了一个类似孔乙己式的穷困的读书人了,这不符合传译原文异质因素的翻译原则。

4.2.3 翻译赞助人与文化资本

在翻译活动中，选择什么样的作品进行翻译？翻译中使用什么样的标准和策略？翻译完成后采用什么样的发行方式？如何让更多的译语读者接受这部作品？上述这些问题并不仅仅由译者决定，很多时候，这些事情的处理和翻译赞助人有关。根据安德烈·勒菲弗尔的说法，翻译赞助人可以是个体的人，也可以是宗教团体、政治集团、一个社会阶层、朝廷、出版商，也可以是媒体，如报纸、杂志或者电视台等（Lefevere，2004）。他们会借助他们所参与建立的系统，比如教育机制、学院、评审制度、评论性刊物等，来影响译者的地位、收入和取向，从而推动或阻挠某些翻译活动。当然，译者也可以主动对赞助人提出要求，以提高自己的地位和收入。他们之间是一种互动的关系。赞助人对译者施加权威的影响，这种影响来源于他们的思想意识、经济因素和政治地位，主要影响和控制接受者和作品的意识形态、出版、经济收入和社会地位。对于翻译活动的走向、翻译文学的兴衰、译者的地位乃至生命，赞助人都起着至关重要的作用。为了便于叙述，我们将翻译赞助人分为团体和个人两个类别，在下文分别加以描述。

团体的赞助人可以是国家权力机关、翻译出版机构、译者工作单位，也可以是一些民间自发的团体。一般说来，团体赞助人有充足的经济资本，可以对翻译行为进行资助，为译者提供相应的翻译设施和报酬，帮助作品出版发行并在社会上进行流通。这是作为翻译赞助人最基本的条件。同时，他们还有较为充足的社会资本和象征性资本，有比较成熟并长期经营的关系网络，占据一定的社会资源或者财富，在社会上有一定的威望和声誉，便于译作的传播和推广。除此以外，这些团体赞助人在社会场域中还拥有优势的文化资本，从制度上来说，有在社会上合法化和正当化所确认的相关头衔、地位等，对社会文化走向和趋势有较为宏观的把握和操控能力。

国家权力机关在社会场域中总是处于中心地位，拥有绝对充足的文化资本，他们有权力制定文化政策，决定翻译的流向、翻译文本的选材和翻译策略的使用，对翻译行为具有宏观的指导作用。国家权力机关可以通过直接下达指令或者政策的方式对翻译活动进行干预，也可以通过官方创建的翻译出版机构从事翻译活动。比如我国历史上的佛经翻译，由于统治阶级意识到佛教对统治的益处，国家权力机关对佛经汉译大多采取欢迎的态度，并且采取积极的措施促进佛经的汉译——对译经事业慷慨解囊，出资设立译场，保证译者有固定的工作场所并能够全身心投入佛经的翻译工作。同时，政府还指定和委任优秀的译者，甚至指定和委任皇室的重臣参加翻译工作，以保证翻译的质量。比如，武则天对佛经的翻译就进行了直接的干预。她听说晋译六十卷《华严经》不全，又听说在于阗有这部经书的梵文全本，于是就派人去于阗取来梵本的《华严经》，并亲自出面组织这部经书的翻译工作。这项工作于证圣元年（公元 695 年）在洛阳大遍空寺开始，到圣历二年（公元 699 年）十月完毕。武则天重视并亲自过问《华严经》的翻译工作，主要是因为她了解到这部经书能够在更大的范围内适应她的需要。武周时代建立起来的华严宗，就是以这部经书为依据的，而这也是武周统治所更加需要的。（郭朋，1994）

国家权力机关对翻译策略的使用也有不同程度的影响。我们仍然以佛经翻译中的翻译策略为例来进行简要的说明。佛经汉译初期，佛教还没有得到统治阶级的重视，当时译者常常采用"格义"的方式来翻译佛经，也就是多用道教和儒教的教义来解释佛学中的术语，把"波罗蜜多"（pārāmitā）翻译为"道行"，把"智"或"明"译为"圣"等。后来，随着统治阶级对佛教的认可，佛教在中国逐渐取得了独立的地位，脱离了对道教和儒教的依赖，则采用了玄奘提出的"五不翻"的策略。玄奘采用这一策略主要是为了凸显异域的文化，保持佛典典雅、庄重的文体。除此以外，在佛经翻译中还出现了"伪译"现象。这种现象在《大云经》《华严经》以及《宝雨经》的翻译中都能见到。武则天是中国历史上第一个、也是唯一的一个女皇帝，为了说明"武周"女皇地位顺乎天意，她行驶了"牧师的职能"，通过"伪译"策略的实施，为自己的称帝套上了"佛意"的光环，进而为自己的女皇统治提供了充足的理由。据《旧唐书》记载："……有沙门十人伪撰《大云经》，表上之，盛言神皇受命之事。"在伪撰之后，经过和尚的疏释，武则天做女皇就变成了"佛意"，她自然也就当仁不让，变唐为周了。在敦煌残卷《大云经疏》中，就有这样的《疏》文："经曰'即以女身，当王国土'……者，今神皇王南阎浮提一天下也。……经曰'女既承正，威伏天下，所有国土，悉来承奉，无违拒者'，此明当今大臣及百姓等，尽忠赤者，即得子孙昌炽……皆悉安乐。……如有背叛作逆者，纵使国家不诛，上天降罚并自灭！……"长寿二年，即公元 693 年，印度僧人菩提流志重译《宝雨经》，为了适应武周统治的需要，这个译文增加了一段"经文"，完全是译者伪造的，伪译的经文中有这样的文字："……我涅槃后，最后时分，第四五百年中，法欲灭时，汝于此赡部洲东北方摩诃支那国，实是菩萨，故现女身，为自在主，经于多岁，正法教化，养育众生，犹如赤子，令修十善，能于我法广大住持，建立塔寺，又以衣服、饮食、卧具、汤药、供养沙门。……"（郭朋，1994）这段译文的意思是：在

"佛灭"后,有一位"故现女身"的"菩萨",要在印度东北方的中国"为自在主",也就是要做"女皇帝"(修文乔,2008)。

一般说来,社会上的翻译出版机构以及其他团体赞助人都会遵守统治阶级所主导的意识形态和主流文化思想,他们会直接或者间接地受到国家权力机关的操控。为了自身的发展,他们会积极响应国家的号召,选择翻译主题,挑选符合条件的译者,并要求译者在翻译中遵守制定的翻译规范。京师同文馆,作为官方的翻译机构,其目的是通过翻译、印刷等出版活动了解西方世界,该机构设立英文、法文、俄文、德文、天文、算学、格致、化学等馆,从西方各个国家翻译了历史、法律、天文、数学等方面的书籍。洋务派还创立了江南制造局,并于 1867 年成立了翻译馆,聘请英国人傅兰雅、伟烈亚力等从事翻译,至清末,该局共翻译出西方书籍 200 种,大多是兵工、科技方面的书(陈福康,2002)。现代社会的出版社也会根据国家的需求,通过发布课题等形式翻译出版符合国家需要的作品。中央编译出版社是中共中央编译局的中央级社会科学专业出版社,主要翻译介绍世界政治、经济、哲学和文化等社会科学方面的经典著作和前沿作品,完成"让中国了解世界,让世界了解中国"的使命。外语教学与研究出版社和上海外语教育出版社是我国目前以外语出版为特色的出版社。它们多用语言翻译出版了大量的图书,同时还配合国家的"文化走出去"战略,将国内优秀的图书推广到国际市场。中国出版集团公司是目前在中国拥有最丰厚的出版和文化积累,具有最强大的文化影响力的出版机构,该公司囊括了中国最优秀最著名的出版机构,成为中国出版门类最齐全,占据市场份额最大的出版集团。它囊括了商务印书馆(中国最早的现代出版机构)、中华书局(中国历史悠久、古籍类图书出版最多的出版机构)、新华书店总店(新中国成立最早的国家级发行机构)、人民文学出版社(新中国成立最早的文学出版机构)等机构。由于中国出版集团在中国出版业占据了强大的文化资本,该集团对翻译的影响无疑也是巨大的。相对来说,其他的各大学的出版社在出版界所占有的资本比例较小,发挥的作用也受到一定的影响。

谈到个体的翻译赞助人,林则徐和梁启超是这个群体的代表人物。他们通过翻译,推动国家的发展,做出了积极的贡献。他们在当时的社会上拥有较多的文化资本,处于文化场域的中心地位,具有一定的学术头衔和社会认可的地位,可以利用他们手中的文化资本对社会场域的行为进行操控,从而形成一定的话语权力,巩固其文化思想,改变场域中的资本构成。

林则徐是 19 世纪 40 年代中国封建社会开始崩溃之际睁眼看世界的第一

人，也是向西方学习进步技术的开风气者。他父亲是一名私塾教师，从小重视孩子的教育，林则徐四岁时跟随父亲进入私塾进行学习，后科考中举，走上官宦之路，他官至一品，曾任湖广总督、陕甘总督和云贵总督，两次受命钦差大臣，因其主张严禁鸦片，在中国有"民族英雄"之称。

他重视翻译工作，在广州禁烟期间，他"日日使人刺探西事，翻译西书，又购其新闻纸"……当时澳门的报纸上报道说，林氏"署中养有善译之人"，专门翻译外国书报，以了解敌情。……他还组织人翻译了一些外国历史、地理方面的书籍。……他从事翻译的意旨在于借鉴西方，目的是"制敌"。这一思想对中国近代译学理论具有极深远的影响。（陈福康，2002）他主张"师夷长技以制夷"。他曾设立译馆，编译过《四洲志》《华事夷言》等书，引起很多人的注意。《四洲志》是近代中国第一部系统介绍西方各国地理知识的译著。道光二十二年（公元1842年），林则徐的朋友魏源将《四洲志》及其他译文汇编为《海国图志》，于1844年出版，1847年又加以增修。此书对日本的明治维新产生过影响。陈澧叹为"奇书"。张之洞称此书为中国知西政之始。林则徐组织人翻译过1758年瑞士人滑尔达（De Vatfell）的《各国律例》（*Laws of Nations*）英译本的有关段落（马祖毅，1998）。

梁启超是中国近代思想家、政治家、教育家、史学家、文学家。他是戊戌变法（百日维新）领袖之一，中国近代维新派、新法家代表人物。梁启超幼年时从师学习，17岁中举。后从师于康有为，与康有为一起发动著名的"公车上书"运动，此后先后领导北京和上海的强学会，又与黄遵宪一起办《时务报》，任长沙时务学堂的主讲，并著有《变法通议》，为变法做宣传。梁启超是晚清诸多知识分子中充分认识到翻译重要功能并积极倡导翻译，以实际行动推动中国翻译事业发展的赞助人。

首先，他在多篇文章中肯定翻译的重要社会功能，指出："处今日之天下，则必以译书为强国第一义。"（梁启超，1984）"故国家欲自强，以多译西书为本。"其次，他以实际行动推动了中国翻译事业的发展。他积极投身翻译实践，不仅在其主编的《新民丛报》和《新小说》上刊载了许多翻译小说，推动翻译文学的发展，还于1898年在上海设立大同译书局，旨在"首译各国变法之书，及将变未变之际一切情形之书，以备今日取法。译章程书，以资办事之用。译商务书，以兴中国商学，挽回权利"（王秉钦，2009）。第三，他将译书和推行维新变法结合起来，认为："本局首译各国变法之书，及将变未变之际一切情形之书，以备今日取法。"并大声疾呼："及今不速译书，则所谓变法者尽成空话，而国家将不能收一法之效。"（郭延礼，1998）第四，他还发表了自己的翻译思想,用自己的翻译思想来引领他所支持的翻译事业。他于 1897 年在《时务报》上连续发表了轰动一时的《变法通议》,其中第七章是"论译书",详尽地阐述了他的译学思想,提出:"今日而言译书,当首立三义:一曰,择当译之本;二曰,定公译之例;三曰,养能译之才。"即,第一是关于翻译内容的选择。他认为当时中国官局所译之书,兵学几居其半。而他认为"西人之所强者兵,而所以强者不在兵"。所以,有很多更重要的书急需翻译。他列举和详论了外国有关律例章程、学校教材、法律书、史书、政书、农书、矿学书、工艺书、经济学书、哲学书等等对我国的重要参考价值,认为都有翻译的必要。……第二是关于译名统一的问题。他认为今欲整顿译事,莫急于编订译本统一译名的专书,整齐划一,使译者共同遵守。他又具体而详尽地论述了他对翻译人名、地名、官制、名物、律度量衡、纪年等等的看法。……第三是关于翻译人才的培养。他认为:"凡译书者,于华文、西文及其所译书中所言专门之学,三者具通,斯为上才;通二者次之;仅通一则不能以才称矣。"(陈福康,2002)

4.3　译作与文化资本

根据前文对客观化文化资本的叙述,我们已经形成这样的认识:翻译是一种文化资本,是社会场域竞争中社会行为者争夺的目标,对某类翻译作品的累积,会改变社会行为者文化资本拥有的增减,因而决定社会行为者在社会场域中的位置,引起社会结构的重大变革或者重构。翻译作为文化资本的客观化特征主要体现在文本上,更具体地来说,主要是通过译作这种客观存在的物质形式得到体现的。译作是一种物化的文化财产,是一种客观化的文化资本,进入市场流通以后,通过客观形式的物质(图书)进行传递。译作这种客观化的文化资本的多寡决定了它在文化场域中的位置。

那么译作的文化资本是由什么所决定的呢?我们认为译作的文化资本主要取决于以下三个因素:第一,原作的文化资本;第二,译作的忠实程度;第三,译作的社会功能。下面,我们将对此进行叙述。

4.3.1　原作的文化资本

一般说来,译作的文化资本与原作的文化资本成正比关系,也就是说,原作的文化资本越高,译作的文化资本也越高,反之亦然。因此,翻译行为者常常会挑选拥有较多文化资本的原作作为翻译的对象,以期获得尽可能多的文化资本。原作的文化资本主要由两部分构成,即原作本身固有的文化资本和原作在译入语社会中的文化资本。

1. 原作固有的文化资本

我们可以将一部已经完成的作品看作是一种文化财产，以一种文化商品的物理形式存在。原作是否具有经典性是评价其文化资本高低的一把尺子，也就是说，经典性的文本往往拥有较高的文化资本，更容易被挑选作为翻译的对象。如何判断作品的经典性呢？下面我们以文学作品为例，对作品的经典性进行说明。我们认为原作的经典性一般体现在以下四点。

1）原作揭示了普遍的人性

"文学是人学"这一命题几乎是大多数文学爱好者和研究者耳熟能详和乐于称道的。虽然人并不是文学描写的全部，但是不可否认，人一定是文学描写的重要内容。好（经典）的文学，不论从一个岛，一座山，一个村子，一个小镇，一个人，一群人或者一座城市，一个国家出发，它都可以超越民族、地域、历史、文化和时间而抵达人心（铁凝，2009）。这就是说，一切好的文学都应该超越国家、民族、地域历史文化和时间而通向普遍的人心和人性。任何一部写人性的作品，都会牵动不同肤色、不同种族的人心，都会让人产生共鸣。越是经典的文学作品，对人性的描写就越深刻，越能展示人性的普遍状态和集体期待，表达人类对某种共性相同的追求。马克·吐温的作品《哈克贝利·费恩历险记》之所以被当作美国 19 世纪最重要的小说，成为小说中的经典，就是因为这部看似为儿童写的小说展示了美国乃至全世界的人们对世界的看法，体现了人类生活的原型：人只有回归自然，思想上回到童真时代，才能够重获自由，让人类最原始最健康的本能复活，去除邪恶、仇恨、战争。

2）原作反映了一个时代的特征

一般说来，一部好的作品是对一个或者多个时代的描述，体现了某个时代的特征。《红楼梦》让我们窥见那个时代的面貌：下层人民生活在水深火热中，统治阶级贪图享乐，国力衰退，政治腐败。它使我们对中国封建社会的文化、制度等有了比较深刻的了解。英国作家丹尼尔·迪福的小说《鲁滨孙漂流记》表现了强烈的资产阶级进取精神和启蒙意识。书中的主角鲁滨孙勇敢、坚毅，体现了资产阶级上升时期的创造精神和开拓精神。

3）原作反映了一个深刻的主题

每一部经典的作品都有一个深刻的主题，是对人类发展历程的记录与思考。比如说海明威的小说《永别了，武器》是战争题材的小说。小说通过亨利志愿参战、负伤、重返战场、开小差、单独媾和、爱人孩子双亡等痛苦的经历，反映了战争对人性的影响。战争让人从心底感到了深深的绝望，战争对人类美好的幸福、理想和爱情都有致命的摧残。小说名字"A Farewell to Arms"一语双关，既可以解释为"永别了，武器"，也可以理解为"永别了，怀抱"，这里"怀抱"指代爱情，暗示了作品的战争与恋爱的双重主题，或者更加确切地说，小说要表达的是"战争"如何毁灭了"爱情"，深刻地揭露了战争毁灭生命、摧残人性的本质。

4）原作影响了一个或者多个时代

作品的影响力说明了它被读者消费、鉴赏和支配的情况，一部作品的影响力越深远，说明这部作品越能受到读者的认可，也拥有越高的文化资本。《诗经》是中国最早的一部诗歌总集，对我国后代诗歌发展有深远的影响，成为我国古典文学现实主义传统的源头。古希腊诗人荷马创作的两部史诗《伊利亚特》和《奥德赛》让所有的西方文学找到了自己的存在，可以和同时期中国的《诗经》相提并论。中国儒家思想的经典著作《论语》先后影响了中国社会、周边国家和地区以及世界各地的华人达两千多年。这些经典作品自从问世以来，一直被珍爱、被学习，作品中所阐述的真理激励着一代又一代的读者，不单单去学习和与他人分享，甚至还尝试将作品的力量融入自己的日常生活工作中去。也就是说，经典的作品能激发读者的某种情感，给予人们对于自身生存的某种启发。

2. 原作在译入语社会中的文化资本

原作在译入语社会中的文化资本则取决于该文本在译入语社会中的需求程度，原作在译入语社会中的需求程度越高，其获得的文化资本就越多。原作在译入语社会中的需求程度主要看原作是否满足国家需求、译入语社会的主流期待以及译者的需求。下面，我们将对这三个方面予以说明。

1）原作符合国家的宏观需求，是国家战略的重要组成部分

国家是一个阶级统治另外一个阶级的工具，国家的统治阶级为了实现和巩固其对被统治阶级的统治，除了要建立一整套的法律、制度、执行机构，要使用军队、警察、法庭、监狱等具有专政功能的国家机器以外，还需要在文化领域为公众提供一套价值体系，让国家的权力作用于文化，影响和制约文化的生成和演进，让民众形成符合统治阶级需求的价值观，主动接受统治阶级的统治。除了继承和巩固本国文化传统中有利于其统治的内容以外，统治阶级也不拒绝外来文化中对自己有利的部分。我国历史上关于佛经的翻译

应该算是一个比较典型的例子。佛教宣扬因果报应、人生多苦、生死轮回，要求人们忍受苦难，消灭贪、嗔、痴等，最终脱离苦难，达到涅槃的境界。这种要求人们安于现状、忍辱修行，以便今后进入"极乐世界"的教义是符合统治阶级对人民精神统治需求的。因而佛经的翻译一开始就得到各个朝代统治阶级的欢迎和支持，使之实际上成为当时国家政权发起的一场政治运动，而佛经翻译也能够从 148 年安世高起到北宋末年，历时九百余年，形成中国翻译史上的第一个高潮。东汉明帝派使者到西域取回佛法，并从大月氏（今阿富汗境内）迎请印度高僧迦叶摩腾和竺法兰，在洛阳建立白马寺，供他们翻译佛教经书；虽然隋文帝杨坚本人用暴力去"禁人为恶"，但是他却要求和尚们用宗教去"劝人为善"，忍受压迫，放弃反抗；隋炀帝杨广杀兄弟，弑君父，篡夺了皇帝宝座，"亦厚皈依佛教"，装出一副菩萨心肠，愚弄人民，下令造寺院，发赦度千僧；前秦苻坚将高僧释道安送到长安五重寺，奉为国师；后秦时期，龟兹名僧鸠摩罗什被邀抵达长安受到国师般礼遇，后秦国主姚兴倾心佛教，以国家力量为翻译、讲说佛经提供财力方面的支持，还赦令 800 位僧人领受鸠摩罗什的教导，协助他翻译佛经，以政治权威的形式组成以鸠摩罗什为中心的长安僧团；唐太宗也积极为玄奘译经事业提供资助。由于国家力量的直接介入，佛经翻译从最初的个体行为上升成为有组织、有计划、有规模、有制度、有官衔的国家行为。国家出面设立专门的译场，建立一套极为严格的翻译制度，并建立僧官制度，让国家政治的力量更好地渗入佛教的社会传播中，进而影响百姓的道德观和思想意识形态。

2）原作符合当前译入语社会的主流期待，是大众乐于接受的对象

原作被选中的第二个客观条件是原作内容应该符合当前译入语社会的主流期待，有可能被人民大众所接受和认可。我们知道在原作、译者和译文读者之间，译文读者绝不是一个被动接受的角色，相反，他们永远是不容忽视的一部分，是积极构建文本历史不可或缺的重要存在。一个不能被公众积极接受的文本肯定是没有生命力的，从某种程度上来说也是没有价值或者价值不大的。因此翻译行为者在选取文本进行翻译的时候，毫无疑问总是要考虑译入语读者对原文本的接受情况，确保原文本所传递的信息和内容有可能被大众所接受，否则将面临不被接受的命运。一个文本能否被大众接受至少要满足两个条件：一是文本所描述的内容符合受众的现实状况，表达了受众的集体期待；二是文本能激起受众的情感需求，让受众感同身受，进而信任文本内容并乐于接受。我们仍以我国佛经翻译为例子进行说明。佛教传入中国并被大众接受，除了统治阶级的刻意利用以外，和当时人民大众的需求也是

比较相关的。汉代时期，佛教始终被人们看作当时社会上盛行的神仙方术迷信的一种，把"浮屠"与"老子"并称。人们祭"浮屠"和祀"老子"一样，都是为了求福免祸。十六国时期，北方战事频繁，人民流离失所，老弱辗转沟壑，而异族统治阶级的剥削压迫又极端残酷，农民生活困苦不堪，生命更无保障，在反抗遭到失败之后，他们"不得不退却，不得不把委屈和耻辱、愤怒和绝望埋在心里，仰望茫茫的参天，希望在那里找到救星"（马祖毅，1998）。汉朝时，社会问题不断，小农经济不断瓦解，贫富两级不断分化，导致了"富者田连阡陌，贫者无立锥之地"的悬殊状况。东汉以后，政治更加腐败无比。皇亲和宦官交替专政，对劳动人民巧取豪夺、残酷压榨。与此同时，水旱蝗虫等自然灾害以及沉重的苛捐杂税使农民不堪重负，挣扎在死亡线上。黄巾大起义失败以后，各地割据势力又混战不已。在这个民不聊生、多灾多祸的年代，农民流离失所，四处奔波，无所依靠，死后只能暴骨荒野。这种恶劣的生存境况为佛教的人生"无常""无我""因果报应"以及"死后安乐"的思想说教提供了最适宜生长的沃土，广大贫苦人民看不到有生之年的幸福，于是就接受了佛教中的宿命理论，为自己在现实的苦难中忍辱偷生提供一种精神安慰，寄希望于死后的"极乐世界"。就这样，苦难的劳动者把自己的无奈、智慧、情感、追求标记在自然的事物之上，祈求神灵和自然的庇护，产生一种对自然和神灵的依赖之情，用这种精神的鸦片来麻醉自己的灵魂。佛经在中国民众中找到了适合自己生存的土壤。

　　我们再来看一下其他文本的情况。美国斯托夫人（Harriet Beecher Stowe）的小说《汤姆叔叔的小屋》（Uncle Tom's Cabin）一经出版，不仅在美国风靡一时，而且在欧洲各国也被争相翻译，先后译成法文、德文、瑞典文、荷兰文、西班牙文与意大利文等二十多种语言。这本书在中国由林纾、魏易合作翻译出版，取名《黑奴吁天录》，也引起中国民众的极大反响，译者林纾流着眼泪完成翻译，认为黑奴的惨状"触黄种之将亡，因而愈生其悲怀耳"，希望中国人以为前车之鉴，"振作志气，爱国保种"。而译文读者纷纷赋诗作文，悲叹黑奴的苦况，感中国人的命运："黑奴可作前车装，特为黄人一哭来"，"此书之不可不读，而不忍卒读也"，"曼思故国，来日方长，载悲黑奴，前车如是，弥益感喟"，希望这本书"唤醒我国民"。这本书之所以引起受众的共鸣和认可主要是因为19世纪中后期，中国劳工在美国受尽欺辱，横遭殴打屠杀，美国国会还于1882年通过排华法案，而腐败的清政府不敢对美国政府提出强硬的交涉，这种现状自然让译者和读者均从书中描绘的黑人遭遇联想到中国民众的悲惨生活，引起强烈的共鸣和认可（邹振环，2008）。

3) 原作符合译者的兴趣所在，是体现译者思想的一种表现形式

尽管传统译论要求译者竭力摆脱主观性的控制，主张忠实于原文，而实际上，在翻译中，译者从一开始就不可避免地带有主观性。译者对原作的选择，本身就潜藏着一定的倾向性。很难想象译者会去选择一本他根本没有兴趣读下去的作品来进行翻译。译者对原作品的兴趣，对书中人物的同情、喜欢、认同在很大程度上会对译者的翻译工作起积极的促进作用，反之，则起消极作用。一般说来，译者总是选择自己认可的作品进行翻译，兴趣是译者进行翻译的首要动力，这样的例子应该是顺手拈来。《红楼梦》英译者之一的约翰·闵福德（John Minford）曾说过，无论是霍克思还是他本人，着手对《红楼梦》进行翻译，是"出于对原作本身的热爱之情"，这就是他们工作下去的动力之所在。而霍克思（David Hawkes）也说过："我认为，所有翻译《红楼梦》的人都是首先被它的魅力所感染，然后才着手翻译它的……因为我也是其中的一员。"（刘士聪，2004）朱生豪能够做到"饭可以不吃，莎剧不可不译"何尝不是源于其对莎剧的一种热爱之情，正是因为这种兴趣，他才能做到"余驾嗜莎剧，尝首尾研诵全集至十余遍……"（罗新璋，1994），做到在战火纷飞的年代埋头译莎，虽然艰辛备尝，却也乐在其中，在生命的最后时刻他说的是："早知一病不起，就是拼着命也要把它译完。"（吴洁敏，1989）朱生豪就是这样为了自己对原作的兴趣，无怨无悔地付出了自己的生命。

译者选择了作品，并且不辞辛劳地翻译出来，除了兴趣使然以外，还因为译者对作品所体现的思想和原作者语言风格的认可，或者说译者能够在翻译中体现自己的某种思想或者语言使用状况，虽然译者对此不一定能够明确意识到。

我国著名的英美文学翻译家孙致礼教授选取作品进行翻译时有两个原则，一是选择严肃的作品，二是选择自己喜爱的作家。他认为只有这么做，才有可能在翻译时投入整个的身心，翻译出高质量的译文，而不是受物质利益的驱动，粗制滥造（陈秀，2005）。从孙教授选择作品的原则和他所翻译的主要作品是不是也可以窥见他的一些思想呢？

首先，喜欢严肃的作品体现了孙教授在翻译生涯中所恪守的职业道德，他认为"译者应该树立崇高的职业道德"。这种职业道德要求我们在选择作品翻译的时候，"首先应从民族利益出发看看有没有译介的价值，其次还要看自己是否能胜任这项翻译任务。如果有译介价值，自己也能胜任，那就可以接受，否则，再有多大的诱惑，也应加以拒绝"（孙致礼，2007）。正是因为如此，孙教授选择的作品均为文学作品中的经典之作。对简·奥斯丁作品的翻

译可以看作他的代表译作。简·奥斯丁是世界文学史上最具影响力的女性文学家之一，她的作品被比喻为"两寸象牙雕"，善于从日常生活的琐事描绘出当时的社会百态，其语言诙谐幽默。他还翻译了海明威的两部作品《老人与海》和《永别了，武器》，海明威被认为是20世纪最著名的小说家之一，其作品《老人与海》获普利策奖和诺贝尔文学奖，而《永别了，武器》被美国现代图书馆列入"20世纪中的100部最佳英文小说"。这些作品都是人类精神世界的宝贵财富，是值得推广和译介的。

其次，孙教授对这些作品成功的翻译是不是恰恰也说明孙教授同样精湛的语言功力？在翻译海明威的作品《老人与海》中，孙致礼明白无误地表达自己的观点：一切照原作译，遵循原文的用词、表意方式、句法结构以及陌生化表达方式。译者似乎完全"归顺"了海明威，一心考虑的是如何再现原作者的风格，尽量体现海明威在创作中采用的"冰山"原则和"电报式"文体，即以简洁凝重的笔法，客观精确地描绘出意蕴深厚的生活画面（孙致礼，2012）。译者毫无怨言地"归顺于"原文，成功再现原文的语言特点，谁又能说这种成功译作的语言风格不是译者语言风格和思想的反映？

4.3.2 忠实与文化资本

谈到翻译，"忠实"问题是翻译研究中一个无法躲过去的问题，古今中外的翻译研究者对这一问题都纷纷进行论述。时至今日，随着对翻译重视问题的不断深入探讨，在"忠实"问题上，人们基本上达成了共识，认为"忠实"是翻译属性的本质特征，是翻译研究中不可回避的本体性问题，是翻译作为一种独特书写形式而存在的关键。因此，译作的忠实程度对译作文化资本无疑有决定性的作用，忠实程度越高的译作，其文化资本就越多。我们认为，基于翻译的复杂性，"忠实"应该是一个动态的、多维的概念，不仅涉及原文，还涉及翻译行为者、目标语读者等，主要包含了对原文的忠实、对译文读者的忠实、对译入语的忠实以及对翻译行为者的忠实。忠实这一概念的含义在这四个方面也有不同的侧重。

1. 对原文本的忠实

翻译中"忠实"的第一层含义是对原文本的忠实，这是由翻译的本质属性所决定的。这层含义似乎不言自明，因为忠实于原文一直是译界学者孜孜不倦追求的目标，甚至长期以来我们把这个追求当作翻译的唯一评判标准，常常使译者陷入顾此失彼的尴尬境地。如果我们梳理一下人们对翻译的定义，不难发现一个不变的事实，那就是翻译一定是基于原文之上的，一定是对源语的"表达""阐释""再现""转换"。没有原文这个基础，翻译将不复存在。基于这样的事实，毋庸置疑，在翻译中，忠实于原文是必需的，是翻译的灵魂，是翻译得以存在的根本，正是基于这样一个显而易见的事实，众多的学者容易陷入绝对忠实于原文这个永远无法企及的理想，即对原文亦步亦趋，不容丝毫的更改，包括内容、信息、写作方式、遣词造句，甚至要求语序也一样。那么，我们应该忠实于原文的什么？笔者认为忠实于原文主要包含两方面内容：第一，忠实于原文的信息/意义。一个文本，无论它使用何种语言形式，总是要传递一定的信息和意义，因此，翻译的首要任务是翻译文本的信息（意义）。原文是 A，在译文中不可能翻译为 B。比如，原文是《威尼斯商人》，译文绝不是《罗密欧与朱丽叶》。第二，忠实于原文的功能。一个文本总有一定的功能，德国功能派代表人物莱思（K. Reiss）把文本划分为三种类型，即信息型、表情型和操作型。在翻译中一定要传递出文本的特定功能。文学文本的翻译不仅要关注说了什么，更重要的是要关注怎么说；而在翻译实用性文体时则要更多关注文本的意图。

因此，对原文本的"忠实"，是"以实相告""不走样"的意思，相当于英语的"fidelity"，最主要的是要准确传递原文的信息，即忠实于原作者的"欲言"。

2. 对译文读者的忠实

接受美学认为，读者阅读之前的作品只能算半成品，本文意义的真正实现还得依赖于读者。显然，作为交际媒介的翻译也是如此，一部译作，如果得不到读者的认可，也不能算是一部成功的译作。因此在翻译时，译者总是应该时刻想着自己的读者，常常琢磨读者对自己作品的反应。古今中外的译者无不把译文读者放在心中，为其考虑。西塞罗"作为演讲家"的翻译，就是为打动听众而服务的；马丁·路德的意译主张是以使读者完全看懂译文为最终目的；奈达为追求译文读者和原文读者的同等反应而提出"动态对等"；英国翻译理论家萨瓦里（T. H. Savory）、傅斯年、矛盾、鲁迅、辜正坤等都明确提出译文读者的不同类别，以指导翻译实践活动。由此看来，译者总是将读者的接受状况纳入考虑的范围。

在翻译莎士比亚作品时，卞之琳采用诗歌体翻译莎剧，翻译时"亦步亦趋，刻意追求形式的近似"；朱生豪采用散文体进行翻译，其翻译"译笔流畅，译笔流畅，文辞华瞻，善于保持原作的神韵，传达莎剧的气派"；梁实秋采用异化翻译方式，无疑都是为了不同的读者而服务（朱骏公，1998）。霍金斯在翻译巨著《红楼梦》时，对于其中的文化内容，进行大量的解释，其目的在于考虑读者的接受状况。傅东华在《飘》译本的序言中坦率地说明可读性是他首要考虑的，"因为译这样的书与译 classics 究竟两样"（傅东华，2008），结果是他的译文有过多的删节和改动，大量使用归化手法。

由此看来，对译文读者的"忠实"是"忠心耿耿""可信赖"的意思，相当于英文的"faithfulness"，要求译者与读者建立一种朋友般的关系，使译文读者信赖译者并产生阅读译作的欲望。

3. 对译入语的忠实

译作语言问题是翻译研究中一个绕不过去的问题，中外翻译学者对此问题都有所涉及。大多数学者认为译作语言应忠实于译入语：西塞罗指出翻译家必须照顾译语读者的语言习惯，用符合译语规范的语言来打动读者或听众；泰特勒的三原则中也要求译作必须"忠实体现原创作品的通顺"；奈达给翻译的定义中使用了"最切近而又自然的对等语"，这意味着应使译作语言尽可能符合译入语的表达规范和表达惯例。在中国，早在东汉末年支谦在其《法句经序》里就提出译文应当做到"易晓"和"不加文饰"；晚清时期严复的"信、达、雅"三原则中"达、雅"就涉及了译作的语言问题；茅盾提出应当使用"纯粹的祖国语言"；傅雷认为，理想的译文就应该像是"原作者的中文写作"；而钱锺书则强调译文要"不因语言习惯的差异而露出生硬牵强的痕迹"；张谷若提出"地道的原文，地道的译文"；许渊冲主张"发挥译语优势"等都说明了忠实于译入语的重要性。

也有学者认为应对原作顶礼膜拜，亦步亦趋。不过他们的声音比较微弱，并在实践中屡屡受挫。古罗马时期的斐洛和奥古斯丁鼓吹翻译《圣经》必须要得到"上帝的感召"，几个人翻译出来的译文应该"一字一句都相同，好像听写一样"（谭载喜，2000），其结果是翻译出来的作品质量低劣，不堪卒读，但是却使教会得以牢牢掌控对《圣经》的解释权。不满教会黑暗统治的宗教改革派认为人人都有权力读到并读懂《圣经》，他们提倡让普通民众读到简明易懂的译文。德国宗教改革家马丁·路德主张在翻译中必须使用地道的德语。改革派通过自己的努力，最终使《圣经》翻译世俗化。

翻译的目的是为了让原作在译入语社会扩展其生命空间，延续其生命时间，这种目的是通过译入语在译文读者中间传播而达到的。毫无疑问，译作的语言如果不符合译入语规范，很难得到译入语读者的认可，其目的也就很难达到了。需要说明的一点是，符合译入语规范并不拒绝输入原文的异质因素，主要包括一些新的词汇和表达方式，但是原语的句法结构、修辞手段等是必须要遵守的规范，因为它们是译入语规范的脊梁。

因此，对译入语的"忠实"是"符合""一致"的意思，相当于英文的"conformity"，要求译作语言符合译入语规范，只有如此，才可能使译作得到译语读者的认可，使原作在译语世界得到传播。

4. 对翻译行为者的忠实

翻译研究发展到现在，翻译界已经达成一个共识：翻译并不是简单的两种语言之间的转换行为，而是译入语社会中的一种独特的政治行为、文化行为、文学行为，译本则是翻译行为者在译入语社会中的诸多因素作用下的结果。翻译行为者包括译者、出版商、委托人等。毋庸置疑，作为翻译行为的直接实施者，译者对译作的形成有着决定性的作用，但出版商、翻译委托人等对翻译的过程及其结果也有不同程度的操控。因此，在翻译中，对翻译行为者的忠实也是个不得不考虑的问题，主要涉及对译者和翻译委托人（国家权力机关、出版商、客户等）的忠实。

忠实于译者自己并不包括随心所欲的胡译和乱译，其前提条件是译者要树立崇高的职业道德，以不断提高翻译质量为追求。翻译是一项"崇高的求真的职业"（Anderman, 2003），对于译者来说，应该树立崇高的职业道德，即应以真善美为理想，以国家和民族利益为重，以振兴本民族文化为目标，做一个讲究道德、崇尚情操的人。只有在这种职业道德的指引下，译者才可能选择情趣高雅、有利于民族进步的文本进行翻译；在翻译过程中，选择正确的翻译策略，不仅做到考虑现时目标读者的阅读情趣和接受能力，更努力做到注重积极地去影响、提高读者；只有树立崇高的职业道德，译者才可能发扬"板凳甘坐十年冷，文章不写一句空"的治学精神，通过不懈努力，不断提高自己的翻译水平，孜孜不倦地追求自己译作的卓越，为读者奉献出优秀的译作。

忠实于翻译委托人也是在翻译中必须考虑的。只要我们稍加注意，就可以发现翻译委托人对翻译行为的影响是显而易见的。在翻译过程中，翻译委托人主要指托付译者完成翻译任务的人，可以是译者的上司、友人、客户、出版商，也可以是国家权力机关。他们会向译者交代翻译任务，提供或指定原文本，还会就翻译目的、服务对象、具体要求等事项做出交代，并跟译者进行协商，征得译者的同意，甚至签订合同（孙致礼，2007）。忠实于翻译委托人意味着译者有时候不能根据自己的习惯和常规的方式进行翻译。比如，在翻译莎士比亚的作品时，梁实秋和朱生豪采取了不同的翻译策略：梁实秋译本以原语文化为取向，朱生豪译本以中国文化为依归，这种差异部分地归因于委托人的不同要求。朱生豪的委托人曾经是他的同事，对其翻译工作没有进行太多的干预，这使得他能够按照自己推崇的中国传统，采用归化的翻译策略进行翻译。以胡适为代表的编译委员会是梁实秋的翻译活动的委托人，他们对梁实秋的翻译提出了具体的要求：采用有节奏的散文，翻译不能采用解释的方法（paraphrase），文中难译之处，须详加注释。结果是梁实秋在翻译莎剧时未做任何删节，试图采用异化的翻译策略将原文忠实地予以再现（贺显斌，2005）。英国作家斯威夫特的作品《格列佛游记》有为成人而译的全译本，也有儿童版译本，书名有的叫《格列佛游记》，有的叫《大人国与小人国》《小人国》，处理方式有的是"改编"，有的是"缩写"，有的是"缩编"等，这些名目繁多的形式都是忠实于翻译委托人的结果。

由此看来，对翻译行为者的"忠实"是"忠于职守"的意思，相当于英语中的"responsibility"，要做到这一点，要求译者不仅恪守高尚的职业道德，保证翻译质量，还要根据委托人的意愿进行翻译，即保持二者之间的平衡。

4.3.3 译作的社会功能

基于翻译的社会属性，我们知道，翻译的目的、内容、方法、审美等一系列的标准都是社会性的产品，而这些标准都是在一定的社会环境中产生的，这一切也不可避免地会受到现实社会语境的影响。译者选择什么样的作品进行翻译，在翻译中采用何种翻译策略等都会受到社会和时代的制约，因此译作的文化资本还体现在作品对当前社会乃至以后的社会所产生的影响和作用上。如果作品对译入语社会产生了积极的作用和较大的影响，那么译作就会有较高的文化资本。这种作用和影响体现在语言、思想或者文化上。需要说明的是，由于翻译的社会性特征，在一定阶段对社会有重大影响和作用的译本，其影响很可能会随着时间的流逝而有所减弱，但是这并不能否认该译本对当时社会所产生的影响和作用。以下列举的译作，都因其对译入语社会产生了巨大的作用而拥有较高的客观化文化资本。

1611 年出版的《钦定圣经译本》是 17 世纪乃至整个英国翻译史上最重要的译作，该译本吸收了 16 世纪各译本的优点，译文质朴、庄严、富于形象，韵律也绕有声咏之美，发挥了英国民族语言的特点，独具一格，对英国散文、语言和文化的发展都产生了不可估量的影响（谭载喜，2004）。《简明剑桥英国文学史》认为它是"所有翻译作品中最伟大"的，是"对英国性格和语言有着最大影响的一个源泉"（王佐良，1990）。16世纪的宗教改革家马丁·路德率先用大众化的语言翻译德语《圣经》，使《圣经》为普通老百姓所理解和接受，从而动摇了教会的权威，推进了宗教改革运动。他的《圣经》翻译是德国乃至欧洲翻译史上的一个里程碑，它不仅统一了德国语言，促进了德国文学的发展，而且为翻译理论和实践做出了贡献，在西方翻译史上占有极其重要的一席。朱生豪所译的《莎士比亚全集》"替中国近百年来翻译界完成了一件最艰巨的工程"（吴洁敏，1989），被时人叹为"宏伟的工程""伟大的业绩"。朱生豪以自己的实际行动反击了当时日本人对中国人的讥笑，完成了他自己所认为的"英雄业绩"。他的译文注意汉语言文字的音乐美，讲究平仄、押韵、节奏等声韵上的和谐，"译笔流畅，文辞华瞻，善于保持原作的神韵，传达莎剧的气派，译著问世以来，一直拥有大量的读者"。严复所译的《天演论》出版后立即引起了轰动，赞誉之词纷沓而至，认为此书"其说极精""极有理"，是"中国西学第一者也"。当时翻印《天演论》的版本多达三十余种。商务印书馆至1921年已发行了二十版。《天演论》发出的是发愤变法自强的号角，这一译本使中国人不仅获得了"物竞天择、适者生存"的新鲜知识，而且还获得了一种观察事物和指导自己如何在危机时代生存、行动的方法和态度。该书出版后不到几年便成为一般救国及革命人士的理论根据，"物竞""争存""优胜劣败""自强""自力""自立""自存""自治""自主"等词，成为人们的口头禅和流行语（邹振环，2008）。

第五章　惯习与译者

5.1 译者的惯习与翻译

在社会场域中，推动拥有一定资本数量的社会行为者在行动中采取这样或者那样不同策略的是布迪厄提出的惯习概念。布迪厄把惯习看作是植根于行为者性情倾向系统中，作为一种技艺存在的、具有某种创造性艺术的生成性能力。行为者依据这种能力，在社会场域中采用适合于自己身份的策略进行活动，并达到一定的目的。可以说社会行为者在实践中总是会依据某种自己信任的逻辑进行活动，从这个角度来说，惯习就是社会实践的一种逻辑。在这一节中，我们将探讨在翻译这个文化场域中，作为翻译行为的直接执行者的译者所具有的惯习，以及惯习对他们翻译行为的影响等问题。

5.1.1 译者的双重文化惯习

通过前文对惯习概念的介绍，我们知道惯习是社会行为者过去的社会实践经历的结构性产物，是行为者看待世界的方式和态度，也是行为者在社会实践中采取某种行为模式的依据，能够指挥和调动社会行为者的行为方向，赋予各种社会行为以特定的意义。因此，惯习成为人的社会行为、生存方式、生活风尚、行为规则、策略等实际表现及其精神方面的总根源（高宣扬，2006）。由此我们可以看到，惯习是一个与文化相联系、一个动态发展互动的概念。一个个人或群体的行为会受到特定时期文化的影响而呈现出某种局限性，而个人或群体如果在场域中占有较多的资本，他们的思想和行为则会反作用于文化，形成一个不断循环的过程。

在翻译场域中，译者是翻译实践的直接执行者，毋庸置疑，译者的惯习将直接影响他对翻译的态度和看法、他的翻译思想、对文本的选择以及在翻译中所使用的翻译策略。不过，由于惯习对行为者的操控和主导是无意识进行运作的，在翻译这种实践活动中，译者要遵从什么样的规范，选择怎样的翻译策略也往往是无意识的。换句话说，在翻译中，译者并不会故意选择什么样的翻译策略。译者有可能在翻译中对原文亦步亦趋；有可能对原文有所改编或者增删；也有可能在翻译中使用了原文中并不存在的节奏、词汇、句法，从而用自己的声音替代了原作者的声音……这一切的发生，都并不是译者有意识地进行选择的结果，而是译者接受了他独特惯习的指挥罢了。

译者的惯习还有一个比较突出的特征，就是译者拥有双重的文化惯习（或多重文化惯习，如果译者习得多种外语的话）。就一般译者来说，双重文化惯习指的是本族语文化惯习和外语文化惯习，因为译者要将一门语言转换成另外一门语言最先决的条件是他必须精通或者至少熟知他所使用的两种语言，也就是说，与一般人不同的是，在他的惯习构成的历史实践中，他比别人多了一项实践内容——对外语的学习和认知。这项实践的经历，构成译者原初的经验之一，对译者的惯习构成也同样有建构性的影响。他是如何习得这门外语的，在什么社会背景下进行学习的，接受外语教育程度如何，谁对他施行外语教育的，他在学习的过程中都接触了什么样的人等等，都会和译者其他的社会历史实践一起，通过一定时间的积累，深入到译者深层的心态结构中，慢慢内化成译者的意识，形成译者对他所学习的语言及其相关的文化、风俗、思维等的态度和看法。最后，译者母语环境中的实践经历和外语环境中的实践经历就构成了译者独特的双重文化惯习，形成译者独特的语言实践逻辑，并指挥和调动译者完成语言文本的转换任务。

我们知道，在社会场域中，行为者惯习的构成是行为者在社会世界中各种体验的结果，这些体验会在行为者的心智中留下一定的痕迹，从而构成行为者的行动倾向。这些体验包括家庭出身、童年生活、教育状况、成长过程中的历史事件等。对于译者而言，这些体验中必不可少的是译者对语言，包括外语的习得。下面，我们以梁实秋、查良铮两位翻译家为例，说明译家双重文化惯习的习得。

梁实秋是我国学贯中西、博古通今的著名文学家和翻译家。他的父亲是同文馆第一期学生，饱读古书，喜欢研究小学和金石学。在读书方面，梁实秋深受他父亲的影响。梁实秋先后上过五福学堂、自家私塾、陶氏学堂等学堂，主要学习国文，接受的是旧式教育；辛亥革命后，他进入公立第三小学，在这家新式学堂里，他开始接触英文，学习成绩优秀。1915年，梁实秋考入了清华，如饥似渴地学习新知识，还接受了五四运动的洗礼，开始接触新的思想和文学。他在父亲的资助下组织过小团体"清华戏墨社"，还与同学一起组织成立了"小说研究社"，并且后来成为新月派之一员。在此期间，他开始习得作为一个优秀翻译家所应具备的技能和素质，因为当时的清华大学是用美国返还中国庚子赔款的一半而建的，事实上是留美预备学校，英文教育在这里受到特别的重视，这从客观上就使得梁实秋打下了坚实的英文功底。他的第一篇翻译小说《药商的妻》发表在 1920 年 9 月的《清华周刊》增刊第 6 期上。1923 年，从清华毕业的梁实秋开始了他的美国留学生涯，先后进入科罗拉多大学和哈佛大学进行学习，接受了系统的英美文学教育。在哈佛，他最感兴趣也对他影响最大的是白璧德教授以及他主讲的"英国 16 世纪以后的文学批评"。1930 年，梁实秋在青岛大学任教期间开始翻译莎士比亚作品，因其当时担任中华教育基金翻译委员会主任，打算"选择在世界文化史上曾发生重大影响之科学、哲学、文学等名著。聘请能手次第翻译出版"（王建开，2003）。莎士比亚全集的翻译工作就在其中。经过 30 多年的坚持，梁实秋终于以一人之力完成了莎剧全集的翻译。这项伟业的完成为中华文化增添了一笔宝贵的精神财富。

查良铮这位著名的诗人和翻译家，其父查燮和多数时间读书、习字、作诗、看报，过着虽清贫却安乐的知识分子生活。其母李玉书虽未受过正规教育，靠随丈夫识字，已能独立阅读《三国演义》《红楼梦》等大部头著作。在这样的家庭熏陶下，查良铮在幼年时期也进行了大量的阅读，阅读范围已包括唐诗、宋词，以及《古文观止》《三国演义》《封神演义》《水浒传》《东周列国志》《聊斋志异》《济公传》等书籍。阅读赋予了查良铮良好的语言功底和创作视角。1929 年查良铮考入天津南开中学。鲁迅、茅盾、郭沫若、巴金等现代作家和诗人的作品以及《文学季刊》《小说月报》《东方杂志》等现代书刊，开始进入他的阅读视阈。南开中学优秀的师资、良好的氛围为他知识体系的完善和创造能力的成熟提供了难能可贵的条件。1935 年，他考入清华大学地质系，半年后改读外文系，接受了系统的英文教育，毕业后从事英文教学和翻译工作。1949 年，查良铮赴美深造，获芝加哥大学文学硕士学位。他回国后在南开大学担任外文系教师，在任教期间翻译了大量的诗歌和文学理论作品。

从以上对两位译家的描述中，我们可以归纳出两位译家双重文化惯习的习得体验。首先，就他们的母语（中文）文化惯习而言，他们的原初体验都深深地烙上了浓厚的书香印迹，他们的父亲都是儒雅开明的知识分子，饱读诗书并要求、鼓励孩子热爱学习和阅读。在家庭的熏陶下，他们在幼年时期进行了大量的母语阅读，了解和掌握了中国的传统文化，同时也给自己的母语能力打下了扎实的语言功底。其次，开明的家庭都在他们十来岁的时候把他们送到新式的学堂，接受新式的教育。这个时候他们开始了对英语这门外语的学习实践，初步形成他们对英语这门语言以及该语言所涉及的文化、风俗、社会、思维方式的体验和认知。然后他们都赴美进行深造，进一步接受了更为系统的英美文学教育，为他们外语文化惯习的获得提供了滋养。双重文化惯习的形成是译家进行翻译活动的基础。译家的翻译思想、文本选择、翻译策略等都在无意识中受到双重文化惯习的指挥。我们将在后面的叙述中谈及这方面的内容。

5.1.2 文化惯习与翻译思想

与其他行为者的惯习形成一样，译者的惯习是他们在结构性的社会场域中，通过一系列的历史实践活动沉积下来并内化为心态结构的一种持久性的倾向性系统。这个系统与译者所处的社会历史条件、成长环境、实践经历以及长期的精神状态有比较密切的关系。同时译者的惯习也会成为他们翻译活动的实践逻辑，指导译者的翻译活动。惯习对译者的影响首先体现在翻译思想上。接下来，我们试以国内几位知名的译家为例，对此进行说明。

我国近代翻译史上，由于中国在世界场域中的积弱积贫的边缘地位，一批先进的中国学者本着救亡图强的主张，在翻译思想上强调翻译的社会功能和目的，他们认为翻译对于改良思想，补助文明，引导国人进步有重大意义，希望通过译介国外的作品，寻求到与中国社会模式相同或者相近的东西，激发人们的革命热情，实现国家的富强和进步。蔡元培将译学分为"政界之事"和"学界之事"，认为政界之译学是与外交有关的翻译工作，是有关国家安危的大事。周作人在《侠女奴》的序言中写道："沉沉奴隶海，乃有此奇物，亟从欧文迻译之，以告世之奴骨天成者。"这表明他翻译该书的目的是激起国人的反抗精神。后来在谈到林纾翻译小说的影响时，他又曾有过这样的记述："使我们读了佩服的，其实还是那部司各得的《撒克逊劫后英雄略》，其中描写了撒克逊移民和诺曼人对抗的情形，那是看了会有暗示的意味。"这里的"暗示意味"实指国人应像撒克逊移民那样奋发起来，积极地投身到反对帝国主义和清王朝封建统治的斗争中去。另外，他还认为翻译国外优秀作品可以起到"借鉴"的作用。20世纪早期，在侦探和言情小说翻译日益泛滥成灾之时，我国著名文学家、翻译家茅盾深受《新青年》所提出的民主与科学的影响，对翻译科学小说表现出热情，向国人宣传新思想、新文化；同时还译介了代表先进思想的马列著作、共产党文件和介绍社会主义苏联的文章；此外他还全面系统而又有重点地介绍欧洲文艺思潮，为反对封建旧文学，提倡新文学提供思想武器（陈秀，2007）。

在翻译标准上，他们大多提出直译的主张。鲁迅的直译观是大家都熟知的，他认为"这样的译本，不但在输入新的内容，也在输入新的表现法"；周作人在《文学的改良与孔教》一文中，开宗明义地表达了自己对于直译的看法："我认为以后译本……要使中国文中有容得别国文的度量……又当竭力保持原作的'风气习惯，语言条理'。"（周作人，1993）王国维指出："言语者，思想之代表也。故新思想之输入，即新言语之输入之意味也。"周建人认为"要求不失原文的语气与文情，确切地翻译过来的译法"，是"企图把原文的思想感情尽可能地十足译出来"（周建人，1994）。也就是说，周建人"直译"主张包含了以下两个精神：一是要尽量切合原文的意思，即要做到忠实于原文；二是忠实于原文不仅停留在字面意义对等的层次，还应照顾到原文"语气""情感""文风"等语言其他层面的东西。茅盾提出就一般翻译而论，"应当以求忠实为第一要义"……至于文学翻译，最好自然莫过于"能够又忠实又顺口，而且又传达了原作的风韵"。他还进一步指出："'直译'……就是强调要忠实于原文，在忠于原文的基础上达到'达'和'雅'。"为此，"我们一方面反对机械地硬译的办法。另一方面也反对完全破坏原文文法结构和语汇用法的绝对自由的翻译方法"。我们应当把"适当地照顾到原文的形式上的特殊性"和"尽可能地使译文是纯粹的中国语言"结合起来。

在国内大部分知识分子为救亡图强而掀起学习西方高潮，大量译介西方作品时，当时的"怪杰"和"狂儒"辜鸿铭则有不同的主张。辜氏认为他们这么做，完全是舍本逐末，因为在他看来，中华文明才是世界上最优秀的文明，中华文明不仅能够拯救中国，在中国得到发扬光大，而且也能够拯救西方社会。他认为西方传教士翻译的儒家经典不能真正反映中国的传统文化，为了使西方各国了解中国的儒家经典，他的翻译目的则是为中华文明而译，基于此，他将《论语》《中庸》《大学》等翻译成英文，成为第一个把这些儒家经典翻译成英文的中国人。辜氏在《论语》英译序言中说："我们只想借此表达这样一个愿望，即受过教育的有头脑的英国人，但愿在耐心地读过我们这本译书后，能引起对中国人现有成见的反思，不仅修正谬见，而且改变对于中国无论是个人、还是国际交往的态度。"辜氏在《中庸》英译本中又说："如果这本出自中国古代智慧的小书能有助于欧美人民，尤其是那些正在中国的欧美人更好地理解'道'、形成一种更明白更深刻的道德责任感，以便能使他们在对待中国和中国人时，抛弃那种欧洲'枪炮'和'暴力'文明的精神和态度，而代之以道，无论是以个人的方式，还是作为一个民族同中国人交往的过程，都遵从道德责任感——那么，我将感到我多年理解和翻译这本书所花费的劳动没有白费。"在翻译的标准上，辜鸿铭则更多考虑译语读者的接受状况，主张用译入语读者熟悉的表达方式来进行翻译，以符合目标语的思维习惯，达到让目标语读者接受的目的。为此他主张用归化的翻译，消除意向性读者的陌生感。同时他还主张用类比的翻译方法，即用西方一些著名思想家的言论对译文进行注解和阐释，有助于译文读者对东方文化的了解。他自己就曾经说过，自己翻译《论语》是"努力按照一个受过教育的英国人表达同样思想的方式，来翻译孔子和他弟子的谈话"（黄兴涛，1996）。

尽管上述译者生活在大致相同的时期，但是他们却表达了不同的翻译思想。究其原因，主要是和他们所形成的惯习有很大的关系。蔡元培、周作人等先进的中国学人从小生活在中国，亲历了家道的中落，目睹国家在战争中的失败、国内变法的失败。在国际交往上，国家受人凌辱，没有地位，国内各种矛盾突出，人民生活在水深火热之中。西方社会的繁荣、富强使他们坚信，西方的科学、文化、政治等都是先进的，都是值得学习和借鉴的。他们想用知识来改变中国的命运，振兴中华。正是因为如此，蔡元培学习了日语、德语、法语，并将这些国家的历史、政治、教育、社会学、哲学等著作翻译成中文。周作人强调翻译文学作品的移情和涵养神思的作用，同时基于对被侮辱与被迫害民族的同情，翻译了波兰等东欧诸弱小民族的文学作品，这些都植根于一种崇高的使命感。同样，茅盾也积极译介国外的作品，向国人宣传新思想、新文化。正因为如此，在翻译标准和方法上也主要采取对原文亦步亦趋的直译，因为他们认为翻译既要输入新的内容，也要输入新的表现方式，以对中国的语言文字进行改良。

而纵观辜鸿铭经历的社会实践，他生在南洋，学在西洋，婚在东洋，仕在北洋。在十来岁的时候他被义父带到英国，在西方留学的14年里，学习并精通了英、法、德、拉丁、希腊、马来西亚等多种语言，获得13个博士学位。留学期间在英、德、法、意大利等国家的游历过程使他对西方文化与民俗有了相当深入的了解，深刻地认识到西方社会存在的种种弊端和弱点。特别是当时欧洲发生的第一次世界大战使千万生灵涂炭，在辜氏看来，西方的武力主义、军国主义、金钱主义等是当时战争的源泉，而西方的道理观、价值观来源于信奉"性本恶"的基督教，导致西方社会崇尚物质，导致道德的堕落。他特殊的身份，使中国传统文化在他眼里多了一层神秘的面纱。在他29岁回国之时，正值中国遭受西方列强蹂躏的当口，他的民族自尊心受到了前所未有的打击，自此文化保守主义的思想基调基本形成。辜氏认为，与西方文化相比，中国所固有的"道德力"是可以用来征服和控制人类情欲的。中华民族是一个永不衰老的民族，因为中国人温柔敦厚，深沉博大，具有同情心，有着一颗赤子之心和成年人的智慧，过着一种心灵的生活。这就是中华民族永葆青春的秘密，也是中华文明能够拯救西方社会的原因。（辜鸿铭，1996）加之他对西方传教士中国文化译本的不满，自己就大张旗鼓地担当起翻译中国儒学经典的重任了。由此可见，辜氏独特的生活经历塑造了其不同于中国本土学者的惯习，而该惯习又深刻地影响着他的翻译思想，使其成为中国文化坚定的守护者。

5.1.3　文化惯习与翻译行为

　　译者特有的文化惯习建构了译者的翻译思想，而翻译思想最终的落脚点还是译者在翻译实践中所表现的各种行为，因为任何一个译者在翻译实践中都要接受一定思想的指导。毫无疑问，持有不同翻译思想的译者在翻译实践中会有不同的表现。即便是同一个译者，如果他的翻译思想发生变化，其前后期的译作也有显著的差别。严复前期译作更重视"达雅"，最好懂的自然是《天演论》，桐城气十足，连字的平仄都留心。……但是他后来的译文，"信"看得比"达雅"都重一点……粗粗一看，简直是不能懂的。鲁迅先生初期的译作不少地方有些不顺，主要是因为他主张为了忠实宁可"容忍多少的不顺"。而他后期的译作则"忠实"与"通顺"兼顾了，因为他主张"凡是翻译，必须兼顾着两面，一则当然力求其易解，一则保存着原作的风姿"（郭建中，2003）。说到底，译者的翻译行为还是离不开译者惯习的引导作用，已经内化成译者性情倾向性系统的惯习外化成译者的翻译思想，最终构建生成了译者在翻译实践中的具体行为，主要体现在对翻译文本的选择和翻译策略的运用上。下面我们将对这两个内容进行叙述。

　　首先我们来看一下译者惯习对选择翻译文本的影响。不同的译者在选择翻译文本的时候会体现出不同的倾向性，而这些倾向性无疑也是译者惯习的体现。从翻译流向来看，我国近代翻译史上大部分先进的中国学者会选择译介西方文明成果，以此来激励国人，推动中国社会的进步，因为他们在社会实践中看到了积弱积贫的祖国和先进强大的西方列强。而在同一时期内，辜鸿铭则反向行之，极力宣扬中国文化，不辞辛劳将中国的儒学经典翻译成英文，也是因为辜氏特有的原初体验和惯习使然。从文本的选择来看，不同内容的选择与他们的惯习有必然的联系。例如我国近代史上的学术巨人王国维

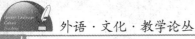

在翻译事业上也颇有建树，其一生翻译了 20 多部（篇）著作，内容涉及西方哲学、心理学、教育学、伦理学、逻辑学和农学等诸多方面。王国维广泛的兴趣爱好和探索离不开他家庭的影响。王国维出生于习儒经商的家庭，其父是鸦片战争以后诞生的，从小既受中国文化影响，也受到西方文化的熏陶，是个见多识广、通习经文、嗜好书画的新派人物。在这样的家庭环境中，王国维从小就受到了多元文化的浸染，既接受中国传统文化的教育，又接受西方资产阶级教育，学习了英、日两种外语，涉足了文史哲、数理化等科目，通过翻译并研究多种学术文化，他做到了学贯中西、博大精深，在哲学、文学、文字学、历史学、考古学以及美学、教育学诸方面均有开创性的贡献。生物学家周建人在其兄长鲁迅的建议下，开始学习生物学，因为在中国当时的条件下，植物随处可见，制作植物标本也很容易。另外，鲁迅还鼓励周建人自学外语，为了促进他的学习，自 1904 年以来，鲁迅陆续从日本给周建人寄回植物学方面的书籍，如德国司脱拉司蒲克（Strusborger）等四人所著的《植物学》的英译本（这是世界上最有名的第一本植物学著作）、英国杰克逊（Jackson）的《植物学词典》原文本、英文译本的《植物学教科书》等。就这样，为了掌握更多的生物学知识，周建人努力学习外语；在生物学知识逐步提高的同时，他的外语水平也突飞猛进。这一切都为他今后的生物学译介打下了坚实的基础。周建人翻译的文本主要集中在生物学上，包括《物种起源》《生物的进化》《进化的生理学上的证据》《生育节制》等。

在翻译文本的选择上，还有一个值得一提的翻译家，她就是我国著名的作家张爱玲女士。她的翻译囊括了语际翻译、语内翻译以及自译。我们仅选取比较有代表性的几个文本稍加说明。在语际翻译方面，张氏翻译了海明威的《老人与海》，这是在中国香港的第一个中文译本；她选择《海上花列传》这部吴方言章回体小说进行了语内翻译；她还把自己创作的《金锁记》《秧歌》《赤地之恋》等翻译成英文。

张爱玲女士在翻译选材方面独特的翻译行为也是和她的文化惯习有密切的联系。张爱玲出生于显赫的贵族家庭，但生不逢时，年少时家道中落，父亲是典型的纨绔子弟，生活堕落腐朽，母亲由于对家庭不满，在她年幼时即抛下儿女，远赴重洋。后来父母离异，她跟随父亲和继母生活，遭生父和继母毒打虐待，过着寄人篱下的生活。张爱玲的童年充满了梦魇般的记忆：母亲的缺席、继母的冷脸、父亲的拳打脚踢。她成年后与风流成性的胡兰成的恋爱与婚姻的失败，更让她对男性、对整个世界充满了怀疑与失望。张氏的个人经历、家庭背景与所处时代已在她原初的体验中留下了深深的印迹，所有历史的社会实践都会经过积累沉淀，逐渐内化成她特有的文化惯习，继而在她的文学实践和翻译实践中转变成了"内在的外化"（externalization of internality）。

《老人与海》是海明威的作品，叙述的是一个老渔民山蒂埃戈（又译"圣地亚哥"）在海上捕鱼的经历。张爱玲丝毫不掩饰她对这部作品的喜爱，并说"……我自己也觉得诧异，我会这样喜欢《老人与海》。这是我所看到的国外书籍里最挚爱的一本"（陈子善，2004）。一个以诠释"硬汉"精神著称的作家怎么会赢得一个以关注女性世界扬名的译者的芳心呢？《老人与海》中的马林鱼虽然奋力抗争，还是被山蒂埃戈打败，而山蒂埃戈尽管奋力反击，仍然没敌过鲨鱼的进攻，保存住自己的战利品，结果大马林鱼还是被吃的只剩下骨架。无论是山蒂埃戈还是马林鱼，他们最后都成为鲨鱼的牺牲品，这些构成了小说主题的悲剧性。而张爱玲由于生于兵荒马乱的年代，国家动荡不安，家族大起大落，个人经历坎坷不堪，难免产生了对人生、对世界的悲观情绪。这种对生命、人生的悲剧性认识，使作家和译者达成了共识，找到了心灵的契合点。

《海上花列传》这本方言小说描述的是 19 世纪末上海滩的一群青楼女子的生活及婚恋，小说的主人公尽管有着身陷青楼的悲凉处境，但仍然没有停止对真爱及美满婚姻的渴望和追求。小说通过妓女这个载体折射出当时中国各阶层的生活状态。胡适先生称这部小说是苏州土话文学的第一部佳作，鲁迅在《中国小说史略》中称其为清代"狭邪小说"的压轴之作，具有极高的文学价值。张爱玲对这部小说情有独钟，为扩大这部作品在中国的传播，她将小说翻译成汉语。同时在胡适先生的鼓励与支持下，她又将其翻译成英语，最终将该作品推向世界。该作品获得张氏的青睐，究其原因是文本呈现出的强烈的女性独立意识——青楼女子也有自己独立的个性及对美好爱情的向往，女人不再通过婚姻来改变自己的命运，更多地是依靠自己来直面婚姻及生活。这种思想与张爱玲长期以来对女性心理和命运的特别关注与深入思考不谋而合。

《金锁记》是张爱玲在 1943 年创作的一部中篇小说，塑造了曹七巧这个女性形象。她在生活压力和哥嫂的欺骗下被迫嫁给了一个残疾人，想爱而不能爱。在强烈的财欲和情欲的控制下，她的心灵被扭曲，为达目的不择手段，行为变得残暴乖戾。几十年来她带着沉重的金钱枷锁，残害了别人，也断送了自己的生命。张爱玲到美国后，对这部《金锁记》进行了多次自译：1956年，她把这部作品翻译成 *The Pink Tears*；1967 年，又翻译为 *The Rouge of the North*，并由英国凯塞尔出版社（Cassell）出版；1971 年应夏志清之邀，再

次译为 *The Golden Cangue*。《金锁记》中的曹七巧不幸的生活经历导致她叛逆、变态、扭曲的行为和内心，如同戴上了一把沉重的枷锁。而生活波折，缺少关爱，在婚姻中遭遇背叛的张爱玲，她的内心也是和主人翁一样：忧郁敏感、悲观绝望、压抑焦虑。在生活中是那样的无助，只能以疯狂古怪的行为方式表现出来。

接下来，我们来探讨译者惯习与翻译策略选择的关系。作为一种持久的性情秉性系统，惯习是在历史经验中积淀下来"外在的内化"（internality of externalization）的结果。它的形成与行为者所处的历史条件、环境、社会地位、实践轨迹等有密切的关系。这种内化的系统又对行为者的行为进行指导，以"内在的外化"（externalization of internality）体现出来。就译者而言，译者在翻译中的策略选择就是这种惯习外化的体现之一。下面我们以辜鸿铭的翻译策略对此进行说明。

前文谈及与同一时期的翻译家相比，由于其独特的社会实践活动，狂儒辜鸿铭的翻译思想独树一帜，翻译策略的使用也与同一时代的人不同，归纳起来，他主要是以意向性读者的接受为依归，采用归化的翻译策略。他的归化翻译策略主要由省略、类比、增译等翻译方法来体现。

1. 省略

辜鸿铭翻译中省略方法的使用，比较显著的是体现在对人名的翻译上。在翻译孔子大部分学生的名字时，他并没有采用音译的方式，而是省略了名字，用"a disciple of Confucius"来表达。对文本中其他人名的处理也是如此。他这样做的原因是为了减少译文读者的阅读负担，同时使译文流畅，具有可读性。

例 1

曾子曰："吾日三省吾身……"（1-4）

辜译（辜鸿铭译文，下同）：A disciple of Confucius remarked, "I daily examine into my personal conduct on three points…"

威译（威利译文，下同）：Master Tseng said, Every day I examine myself on these three points…

例 2

有子曰："其为人也孝悌，而好犯上者，鲜矣……"（1-2）

辜译：A disciple of Confucius remarked, "A man who is a good son and a good citizen will seldom be found to be a man disposed to quarrel with those in authority over him;..."

威译：<u>Master Yu</u> said, Those who in private life behave well towards their parents and elder brothers, in public life seldom show a disposition to resist the authority of their superiors.

例 3

<u>王孙贾</u>问曰：“与其媚于奥，宁媚于灶，何谓也？”（3-13）

辜译：<u>An officer in a certain State</u> asked Confucius, saying, "What is meant by the common saying 'It is better to pray to the God of the Hearth than to the God of the House?'"

威译：<u>Wang-sun Chia</u> asked about the meaning of the saying,

　　　　Better pay court to the stove

　　　　Than pay court to the Shrine.

上述例子中，我们可以看到，辜鸿铭将孔子的学生“曾子”和“有子”的名字都省略了，而是不加区别地翻译为“a disciple of Confucius”，对“王孙贾”这位卫国的大夫也采用了同样的翻译手法，即以解释身份特征的方法进行翻译，译为“an officer in a certain State”。我们来比较一下汉学家威利（Arthur Waley）的翻译。他采用了音译的方式，分别译为“Master Tseng”“Master Yu”和“Wang-sun Chia”。很显然，辜氏的译文更容易让译文读者接受。《论语》以语录体为主，叙事体为辅，记录了孔子及其弟子的言行，集中体现的是孔子的政治主张、伦理思想、道德观念和教育原则等。因为孔子才是这本书的主角，对于书中出现的若干弟子，如果一一道来，反倒是让初读此书的英文读者不知所云，影响了对书中要义的理解了。辜氏在西方社会十几年的学习经历，使他对英语这门语言的把握达到了本族语使用水平，有与英文读者相同的语言认知，让他能更好地站在译文读者的立场，对译文进行评判。在人名翻译中，采用省略的方式，是为了“尽可能地消除英国读者的陌生和古怪感觉，只要可行，我们都尽量去掉所有那些中国的专有名称”（辜鸿铭，2014）。

2. 类比

辜鸿铭翻译中国古典作品的另一个特征是，为了照顾译文读者的知识结构和阅读期待，他常常会采用类比的方式，即用西方对等或者类似的事物和人名对中文文本进行翻译。我们可以从《论语》的翻译中找到这样的例子。

例 4

子入太庙，每事问。（3-15）

辜译：When Confucius first attended the service at the Sate Cathedral (Ancestral Temple of the reigning prince), he enquired as to what he should do at every stage of the service.

威译：When the Master entered the Grand Temple he asked questions about everything there.

例 5

子曰："道不行，乘桴浮于海。从我者，其由与？"子路闻之喜。子曰："由也好勇过我，无所取材。"（5-6）

辜译：Confucius on one occasion remarked, "There is no order and justice now in the government in China. I will betake me to a ship and sail over sea to seek for it in other countries. If I take anybody with me, I will take Yu," referring to a disciple. The disciple referred to, when he heard of what Confucius said, was glad, and offered to go. "My friend," said Confucius then to him, "you have certainly more courage than I have; only you do not exercise judgement when using it."

威译：The Master said, The Way makes no progress. I shall get upon a raft and float out to sea. I am sure Yu would come with me. Tzu-lu on hearing of this was in high spirits. The Master said, That is You indeed! He sets far too much store by feats of physical daring. It seems as though I should never get hold of the right sort of people.

例 6

子曰："吾与回言，终日不违，如愚……"（2-9）

辜译：Confucius, speaking of a favourite disciple whose name was Yen Hui, remarked, "I have talked with him for one whole day, during which he has never once raised one single objection to what I have said, as if he were dull of understanding..."

威译：The Master said, I can talk to Yen Hui a whole day without his ever differing from me. One would think he was stupid…

在例 4、例 5、例 6 中，辜氏都采用了类比的方式。例 4 中用 "the Sate Cathedral" 来翻译 "太庙"（君主的祖庙），表明地点的重要性。这样的处理，远比威利用 "the Grand Temple" 并加注解 "erected in honour of the first Duke of Chou"要直接干脆。例5中对"仲由"（字子路）的翻译以及例6中对"颜回"的翻译都采用了同样的方式，即音译加注解的方式。译者也说明对孔子的这两个学生的人名进行了"例外的处理"，主要是因为二人出现的频率较多，是孔子比较喜欢的学生，这样做的目的是以便后文中可以直接引用二人的名字。正是因为如此，在注解中，为了让译文读者更好地接受这两个人物形象，译者在注解中采用了类比的方式，将二人分别对应为译语文化中的"the St. Peter"和"the St. John"，更清晰地体现了二人的特征。注解中说明子路好比孔子的圣彼得：一个勇敢、侠义而又鲁莽的人（the St. Peter of the Confucian gospel: a brave, intrepid, impetuous, chivalrous character）。而颜回就像孔子思想的传教士圣徒约翰：一个纯洁、勇敢而理想的角色（the St. John of the Confucian gospel—a pure, heroic, ideal character）。例5中威利在处理人名翻译时，根据原文出现的"由"和"子路"采用了两个译文，即"Yu"和"Tzu-lu"，然后在注解中进行了说明，这无疑增加了译文读者的阅读负担，对中国文化了解不多的读者会感到疑惑，很容易误认为这里谈及的是两个不同的人。威利在例6中翻译"颜回"时也增加了注解，但是只说明颜回是孔子的爱徒（the favourite disciple），并没有表明他的特征。

3. 增译

为了更好地宣传中国文化，提高译文读者对异域文化的接受能力，同时也说明中国文化的普世价值，除了在译文中使用前文谈及的类比以外，译者还采用了增译的方式，通过增加注解，对中国文化中特有的现象进行了说明。

例 7

子曰："巍巍乎，<u>舜禹之有天下也而不与焉</u>！"（8-18）

辜译：Confucius remarked, "How toweringly high and surpassingly great in moral grandeur was the way by which <u>the ancient Emperors Shun and Yu</u> came to the government of the Empire, and Yet they themselves were unconscious of it."

威译：The Master said, Sublime were Shun and YÜ! All that is under Heaven was theirs, yet they remained aloof from it.

例 8

子张问："十世可知也？"子曰："<u>殷</u>因于<u>夏</u>礼，所损益可知也；周因于殷礼，所损益可知也。其或继周者，虽百世，可知也。"（2-23）

翻译研究的社会学途径——以布迪厄的社会学理论为指导

辜译：A disciple asked Confucius whether ten generations after their time the state of the civilization of the world could be known. Confucius answered, "The House of <u>Yin</u> adopted the civil station of the <u>Hsia</u> dynasty; what modifications they made is known. The present Chou dynasty adopted the civilization of the House of <u>Yin</u>; what modifications this last dynasty made are also known. Perhaps some other may hereafter take the place of the present Chou dynasty; but should that happen a hundred generations after this, the state of the civilization of the world then, can be known."

威译：Tzu-chang asked whether the state of things ten generations hence could be foretold. The Master said, We know in what ways the <u>Yin</u> modified ritual when they followed upon the <u>Hsia</u>. We know in what ways the Chou modified ritual when they followed upon the Yin, and hence we can foretell what the successors of Chou will be like, even supposing they do not appear till a hundred generations from now.

例 9

子曰：以约失之者鲜矣。（4-23）

辜译：Confucius remarked, "He who wants little seldom goes wrong."

威译：The Master said, Those who err on the side of strictness are few indeed!

例 7 中，辜氏先用"the ancient Emperors Shun and Yu"对华夏民族的祖先舜和禹进行了翻译，接着又增加了注解，说明帝舜和禹是中国早期族长社会的两个人，他们都是从民间登上权力宝座，相当于中国历史上的以扫和雅各（the Isaac and Jacob of Chinese history: two men in early patriarchic times in China who rose from the ploughshare to the throne）。威利仅采用了音译的方式，显然不能体现"舜禹"这两个字所包含的文化内涵。例 8 中，辜氏增加注解，对"殷、夏"进行说明，认为夏朝对于孔子时代的人来说，相当于希腊时代对于当代的欧洲人（The period of the Hsia dynasty was to a man in China of Confucius time what the period of the Greek history would be to a modern man of Europe today），殷朝对于当代欧洲人来说相当于罗马时代（The Yin dynasty was, in like manner, what the period of the Roman history would be to a modern man），这样的翻译方式显然是容易得到译文读者的认可的。在例 9 的翻译中，

辜氏在翻译之后直接加了注解，用西方学者歌德的话来说明对孔子这句话的理解。他认为用"He who confines his sphere"来替代"He who wants little"是更好的翻译，因为歌德曾经足以论证这个道理的话"You will find, on the average, few bad economists in the country than in the towns; fewer again in small towns than in large ones. Why? Man is intended for a limited condition."—Goethe. Better, perhaps, "He who confines his sphere."辜氏采用如此策略的原因是在他看来，中国的先贤思想并不亚于西方的哲学，中国文化中也存在着永恒的真理，具有普世性，他认为"道不远人，中西固无二道也"（辜鸿铭，1985）。因此，辜鸿铭在翻译中采用增译或者类比的方式，大量援引西方宗教、文学、哲学中的经典之言，这也不是一般人所能做到的，是他独特的惯习使然，是辜氏西学素养深厚的体现。他推崇儒学，认为儒学早就已经达到了西方哲学和宗教的高度，值得西方人尊敬和学习。在当时西方世界强大自信的时代，期待汉学家理雅各的译文让西方读者耐心阅读是不现实的。为了达到宣扬中华文化的目的，必须采取一些特别的手段，达到翻译的目的。由此可以看出辜氏的良苦用心，辜氏的译笔流畅优美，富于文采，这是他饱读西方学说，有极高的文学修养的结果。就这样，辜氏独特的社会经历形成其特有的文化惯习，并体现在他的翻译思想和行为中，他的翻译打破了当时由传教士、汉学家垄断中学西传、制造中国形象的局面，用自己独特的翻译方式重新塑造了正面的中国形象，获得了在世界面前展示中国文化崭新正面形象的发言权。

　　由于人具有肉体生命和精神生命，精神生命具有超前性和强大的动力，促使人在某种特定情况下指导着施动者的行为，这种强大的活动能力，有时候能够让施动者打破当时语境的束缚，做出令人意想不到的举动。在文化惯习与翻译思想这个部分，我们了解到辜鸿铭独特的生活经历和文化惯习的形成导致他的翻译思想在当时独树一帜。对西方生活的零距离接触，让他更清晰地看到西方社会的弊端和种种缺陷，而青睐于中国文化。因此，在当时大部分有识之士皆以译介西方思想和社会思潮为时尚，否定儒家文化之时，辜鸿铭逆向行之，认为儒家思想是"社会秩序的根本基础"，能赋予人强烈的"道德责任感"（辜鸿铭，1985），并且坚信中国道德文明不会消亡。译者的翻译思想很显然是由译者惯习所决定的。作为一套在历史经验中沉积下来的持久性的秉性系统，它同译者所处的社会历史条件、环境、经历、经验等都有非常密切的关系。它所外化的一切都是基于译者深藏于内心的历史结构、前结构以及现实和将来等多重维度的。一个人所经历的实践越多，他在行动中进行自我诠释和对世界进行诠释的资源和能力就越丰富和越强。因此辜鸿铭的独特的中西方文化浸染让他敢于也有能力和理据对当时西方传教士的翻译说"不",认为他们的翻译并不能够展现真实的中国文化,批评理雅各对中国经典的翻译让人极为不满:"哪怕是对中国语言一窍不通的人,只要反复耐心地翻阅理雅各博士的译文,都将禁不住感到它多么令人不满意。因为理雅各博士开始从事这项工作的时候,他的文学训练还很不足,完全缺乏评判能力和文学感知力。"(辜鸿铭,2014)为了能达到让更多的西方人了解中国文化的目的,辜氏在翻译中采用的省略、类比、增译等另类的翻译方法一方面是译者翻译思想的体现,另一方面,也是译者独特惯习作用下的一种能力的体现。

5.2 葛浩文的惯习与翻译

葛浩文(Howard Goldblatt)是美国著名的翻译家,是英文世界地位最高的中国文学翻译家。葛浩文这个名字,随着 2012 年莫言获得诺贝尔文学奖而变成翻译研究中的一个学术热点。他是"中国当代小说英译孤独领地的独行者",是中国现当代文学的"接生婆"(Updike,2005),是"公认的现当代文学之首席翻译家"。他甚至变成了一个符号,"代表了中国文学向世界传播的一种范式"(孟祥春,2014)。在从事翻译工作近四十年的时间里,他翻译了萧红、杨绛、贾平凹、苏童、王朔、莫言、姜戎等二十多位作家的五十多部作品。他多产的翻译使中国文学在英语世界得到了广泛的传播,使中国文化的译介与研究有了更深层次的了解与接受(曹顺庆,2015)。国内不少学者从改写、操控、接受美学、译者主体性等不同的视角对葛浩文的翻译成就、翻译思想、翻译策略、翻译方法等进行了研究,取得了不少的成果。在本节中,我们把葛浩文作为一个例证,描述其作为译者的双语惯习形成过程,梳理他的翻译行为与惯习之间的关系,进而说明惯习这个实践逻辑如何在翻译场域中指挥译者进行翻译实践活动。而实践的结果又反过来成为译者惯习的组成部分,丰富着译者的性情秉性系统,不断积累译者的文化资本和社会资本,让译者在翻译场域中处于越来越中心的位置。

5.2.1 葛浩文的双语惯习形成

惯习是社会行为者的一种外在的内化,这种经由个人社会实践沉积的在社会环境这个结构中构建而成的个人秉性系统,在社会行为者的行动中会外化出来,进而构建着社会行为者的社会实践。对于译者来说,他的文化惯习是一种双重文化惯习,即本族语文化惯习和外语文化惯习。接下来,我们将通过对葛浩文社会实践的描述来探讨其文化惯习的形成。

　　葛浩文于 1939 年出生于美国加州的长滩市。他在长滩加州州立大学读书时，对"亚洲历史"这门课一点不感兴趣，压根没有学习中文的考虑。1961 年毕业后，他在一所小学教了一个学期，发现对教书并不感兴趣。由于找不到工作，1962 年，葛浩文只好应征入伍。长滩有一个海军造船厂，二战期间葛浩文的父亲曾经在那里工作，于是他很自然地选择了美国海军（Stalling，2014）。在海军军官预备学校 4 个月之后，他被派到中国台湾当通讯官，后来被调到日本，上了一艘军舰。在前往越南参战的途中他猛然醒悟过来，认为自己不能就这么断送了年轻的生命，于是申请返回台湾。这次行为使他的人生方向发生了改变。回到台湾后他请了一个在台湾的东北人做他的中文老师。"葛浩文"便是这位老师给他起的名字。一年半的学习让他发现了自己中文学习的天赋，学习兴趣日渐浓厚，对中国文化也越发痴迷。两年后，葛氏退伍，但是他并没有立即回到美国，而是在台湾师范大学进一步学习中文。1968 年，因为父亲病危，他才被迫提前结束中文学习回到美国。

　　回美国后，葛浩文又一次面临就业的困惑。有一天，他遇到一个大学时的老师，在老师的建议下，他打算去读中文的研究生，于是申请了 25 所学校，最后被旧金山州立大学录取。就这样，1970 年，葛浩文进入旧金山州立大学就读中文研究生，指导老师是海外中国现代文学研究奠基人之一的许芥昱教授。从导师这里，葛氏首次听到了萧军、萧红的名字，了解到二人曲折的爱情故事。于是他找来萧军的《八月的乡村》进行阅读。这是他读的第一本中文小说。这篇小说开启了葛浩文走向中国当代文学研究和翻译的道路。而许芥昱教授正是葛氏在这条路上的引路人。

　　1971 年硕士毕业后，葛浩文教了一年的书，这个时候他意识到自己"除了中文，什么都不会"，于是决定攻读中文的博士。经许芥昱教授引荐，他申请了印第安纳大学，师从另一位华裔学者柳无忌（其父为我国著名诗人柳亚子），攻读中国语言文学博士。在此期间，葛氏开始攻读中国古典文学，学习《诗经》《楚辞》之类的书籍。但是他不想那么古老，想更"现代化一点"，于是在导师的支持下，开始阅读中国近现代的文学作品，接触了鲁迅及其他左翼作家的作品，既读译文也读原文。1970 年，他在图书馆偶然读到萧红的《呼兰河传》，没读几页，就已经深深着迷。在研读了萧红的全部作品后，他既被萧红的作品深深打动，又为这位英年早逝的中国女人的生平所感动。写博士论文时，柳无忌让他报选题。葛浩文先报了朱自清散文，柳摇头；报田汉的戏剧，也摇头；最后他想起"二萧"来，告诉柳无忌，其父柳亚子先生和萧红是有很多来往的，他们不仅认识，而且萧红生病的时候，柳亚子曾经跑去看她，并拿出证据给导师看。柳无忌一听，来了兴趣，催葛浩文"赶快写"，并说"我们之间是有缘分的，你做的工作和我父亲也有关系"（河西，2011）。

毕业后两年，葛浩文的博士论文修订稿经夏志清推荐，在美国正式出版，书名为《萧红评传》。用他自己的话来说，他和萧红始终不曾"离婚"。从博士毕业至今，"萧红"这个名字伴随了他半辈子。为了萧红，他前往日本以及中国的香港和台湾，寻访萧红故友，收集史料。为了萧红，他走遍了东北大地。20世纪80年代，葛浩文曾经在哈尔滨生活过一年，为的是继续做关于萧红的研究。他参观了萧红读过的第一女子中学和道里商市街等与萧红有关的地方，还到呼兰县（现呼兰区）拜访了萧红的故居。

葛浩文的成名作《萧红评传》在1979年被译成中文在香港出版，次年在台湾再版。这本书的问世，令几乎被遗忘的才女萧红迅速受到国内外中文学界的关注。正是葛浩文"发现"并"挖掘"了萧红，而萧红也赋予了葛氏一定的文化资本，并把他带到了中美文学场域中。因此葛浩文在谈到文学研究时说"没有萧红我什么都不是"。

同时，因撰写博士论文之需，他初试译笔，翻译了萧红、萧军的作品片段。后来他把萧红的作品《呼兰河传》译成英文，并于1976年出版。这是葛氏翻译出版的第一本书。正是这本书，让葛氏感受到了翻译的乐趣和成就感。此后，葛浩文的兴趣逐渐从中国文学研究转向文学翻译。

首次中国大陆之行，令葛浩文毕生难忘。在北京，他拜访了杨宪益和其夫人戴乃迭，并带去了一瓶白兰地和一本他翻译的小说《呼兰河传》。那次见面的一个直接结果是，葛浩文得到了翻译张洁小说《沉重的翅膀》的机会。这是他得到的第一部商业出版的翻译小说，是他翻译生涯上的一个重要事件。从此以后，葛浩文接手翻译一篇又一篇、一本又一本当代中文小说。而葛浩文步入他翻译事业高峰的契机，是翻译莫言的《红高粱》。在朋友家读到这部小说时，他意识到自己找到了属于自己的东西，随即试译了八个章节，投给纽约的一家出版社。这时他还得到自己的好友、华人作家谭恩美的推荐，为他争取了比原价高四倍的版税。

就这样，在中国文学翻译的路上，葛浩文孤独而执着地走了几十年，凭着他对中国文学的热爱和了解，翻译了中国作家的50多部作品，成为"西方首席汉语文学翻译家"。他的翻译为中国文学披上了当代英美文学的色彩，也让多位作家作品在国际上获奖。姜戎的《狼图腾》（*Wolf Totem*）、苏童的《河岸》（*The Boat to Redemption*）、毕飞宇的《玉米》（*Three Sisters*）等获得"曼氏亚洲文学奖"；贾平凹的《浮躁》（*Turbulence*）获"美孚飞马文学奖"；朱天文的《荒人手记》（*Notes of a Desolate Man*）获得 2000 年度美国国家翻译奖；最为令人瞩目的当属莫言获 2012 年诺贝尔文学奖。

从以上对葛浩文社会体验的叙述中，我们不难看出葛浩文惯习形成的社会实践轨迹：受父亲的影响，大学毕业后加入了海军。这是译者原初体验中家庭环境和教育给他潜移默化的影响。越战期间被派往中国台湾，这让他有机会接触到中文，在台湾的社会实践是他中文惯习得以形成的必要条件。在台湾一年半的中文教育改变了他的生活方向，并让他逐渐习得一定的中文文化惯习。由于在中文学习中获得的自信，他对中文越发痴迷，回美国后继续进行中文深造，中文文化惯习进一步得到了强化。随后的研究生时期师从文化资本较高的许芥昱教授，为他今后的中国文学研究奠定了基础。事实上，正是由于许教授的引荐，他才得以有缘拜师于另一名华裔学者柳无忌先生，攻读中国语言文学博士。博士论文的选题使他得以进行更为深入和专业的中国文学研究，为了完成学术论文，他小试牛刀，开启了翻译中国现当代文学的道路。从自发学习中文开始到完成博士论文写作的这段实践经历，是葛浩文中文惯习从萌芽走向形成的过程，同时也是葛氏从学习中文这门语言开始，逐渐走向了解中国文化，痴迷中国现当代文学并激发其译介作品欲望的过程。葛氏的博士论文《萧红评传》是他作为汉学家文化资本和社会资本累计的开始。萧红作品的翻译出版，是葛氏作为译者获取文化资本的开始，是他多年中文学习，双语文化惯习外化的具体表现。在惯习这个社会实践逻辑的指导下，葛氏的翻译从此一发不可收拾，他个人的文化资本也随之不断得到累积，并持续转换成为社会资本，直到今日他已经成为当今世界文学场域中地位最高的中国文学翻译家。

5.2.2 葛浩文的翻译思想与惯习

惯习是作为个体的人在社会实践过程中形成的思维习惯和倾向性性情系统，使社会中的个体带有社会化的主体性特征，是社会结构建构的产物，同时这套系统又反作用于行为者个人的实践活动，构成场域中社会行为者的行事逻辑。翻译场域中的情形也一样。译者这个翻译场域中的行为者在自己特定的社会实践中逐渐形成自己独特的文化惯习，并在进行翻译实践的时候无意识地遵循体现自我特征的性情系统。葛浩文的翻译思想就是他双语文化惯习构建的结果，继而指导着他在翻译实践中的具体行为。

时至今日，已经有不少学者对葛浩文的翻译思想进行了研究，主要观点如下：葛浩文认为译者应忠实于原文和译文；翻译是一种跨文化交流；翻译既是一种背叛也是一种重写（文军，2007）。重写主要体现在以译为写，变通灵活，拿汉语读，用英语写（张耀平，2005）。葛浩文在翻译中实施了以读者为中心的翻译思想，这种思想体现在他强调译文的准确性、可读性和可接受性上，同时还在翻译中遵循快乐原则（侯羽，2013）。用《周易》的"易之三名"来概括葛浩文的翻译思想也是比较贴切的："易一名而含三义，所谓易也，变易也，不易也。"易，指翻译作品思想内容再复杂再深奥，经过译者的翻译，其译本都会更易于被目标语读者所接受。变易，指原著在被翻译的过程中，穿越了语言的界限，需要译者根据目标语文化的变化而进行语言变异。也可以说，变易者，变异也。东西方文化的不同使译者不能逐字逐句地进行翻译，而是进行创造性改编。不易，则指在翻译过程中进行创造性改编的前提是忠实于原著的精髓，准确地表达出原著的形与神（曹顺庆，2015）。单就译者的思想而言，可以从译者之"用"、译者之"道"、译者之"质"、译者之"我"四个方面对葛浩文的翻译思想进行总结。译者之"用"，即译者价值之所在。他认为翻译不是背叛，而是救赎，这主要体现在"增益原作""拓展读者群""获得国际声望""复活旧作"与"超越时空""融合国际文学元素与视野"以及"传播人类精神"等层面。译者之"道"，即翻译的方法论。这主要体现在译者在翻译过程中对文本的选择以及翻译策略上。译者之"质"，即翻译的认识论。译者是读者、批评家和再创作者；译者之"我"，即译者的自我认知与定位。他认为译者要做到自信、自知、自觉、自足（孟祥春，2014）。

　　上述学者对葛浩文翻译思想的概括是比较全面的，涵盖了葛氏对翻译功能、翻译本质、翻译方法、翻译批评以及译者职责等方面的见解。思想是惯习的外化结果，葛氏的翻译思想也不例外。归纳起来，葛氏的翻译思想主要与他的惯习这套性情倾向性系统中的以下三点相关：第一，语言的自信；第二，专业的自知；第三，文学的情结。下面我们对这三点逐一进行解释。

1. 语言的自信

　　从葛浩文的成长过程我们可以看到，在去中国台湾正式学习中文以前，他并不能算得上是一个表现优秀的人。上的是一个普通的美国州立大学，学习成绩也并不突出，由于学习成绩不理想，还差点没法毕业。年轻时成天贪玩、喝酒、跳舞，"什么乱七八糟的事都做过"，大学毕业后出于生计的考虑，只好去当兵。那个时候越南局势日趋紧张，谁都知道这个时候参军有多愚蠢。

可以这么说，在学习中文之前，葛氏的人生是被动的、无可奈何的、没有成就感的。正是在后来的中文学习中，他发现了自己的语言天分，也从中获得了主动进行人生选择的砝码和机会，逐渐进入世界文学场域。因此在回美国后，几乎什么都不会、只懂一点中文的他可以选择继续读书。一种语言就是一个灵魂，在获得了另一个灵魂之后，一个全新的世界就向葛氏打开了。在中文世界里他越走越远，越走越自信，特别是他"遇到了"萧红之后，他着迷、被感动、被指引，并由此开启了另一种生存的模式：用自己的语言优势，把感动自己的人和事物通过从一种语言转换成另一种语言让更多的人分享。因此他认可翻译的功能是"救赎"，是"助产"，是"桥梁"，是"协调"，并一生致力于这种沟通和交际行为。

2. 专业的自知

葛浩文不仅仅是一个普通的语言学习者，中文的学习并不是生活中的点缀和附属物。中文的学习改变了他的生活方向，让他找到了自信，同时也找到了自己的努力方向。中文成了他的专业，成了他的衣钵，成了他生命中不可或缺的一个部分。在中文这个领域，他接受了非常专业的系统教育，获得了中文的博士学位，完成了从一个语言学习者到语言研究者的蜕变。这种系统而深入的专业教育让他成为这个领域的专家，从中文场域的边缘逐渐走向中心。因此，一方面，作为土生土长的美国人，他对自己的本族语英语及其社会环境有权威的把握；另一方面，他对中文及其文化也有高于常人的理解。同时，在研究过程中，他深知中英文分属于差异很大的两种不同语言体系，虽然两种语言可以表达相同的人类情感和对世界的认知，但是表达的方式势必会有差异。所以在翻译中，他并不拘泥于原文的语言结构，而是采取比较灵活的方式，甚至是"重写"的方式，企图为译语读者消除阅读障碍。这种对专业的自知使他在翻译中做到我行我素，坚持自己的翻译主张，不看美国方面对他作品的评价，要看的话，也只让经纪人给他看"表扬"的书评（汪宝荣，2014）。他说："包括书评我也不太在意。有人会说这个翻译很棒或者很差，其实他连中文都不懂，怎么能知道翻译的好坏呢？"（郭娟，2009）他又说："……我十分清楚自己在做什么，我根据自己对原著的理解来翻译，我的目标是让目标语读者与市场能够更好地接受译本。"（曹顺庆，2015）

3. 文学的情结

葛浩文是一个有文学情结的人。正是这种文学的敏感性让他"遇见"萧红之后，就被吸引、被打动、被感动。从此，他和萧红就不曾"离婚"。为了她，他走遍东北的土地，遍访萧红的好友。也正是这种情怀，让他在读到莫言的小说《红高粱》时，冲动得不能自己，对自己说："这才是我想翻译的东西"；读到姜戎的《狼图腾》时有一种欲罢不能的感觉。他也说过："当我觉得某部作品让我兴奋不已的时候，我就不由自主地萌生一种将其译成英文的冲动。"（曹顺庆，2015）葛浩文对萧红的"忠诚"，对作品的"冲动""欲罢不能""兴奋不已"都源于他的文学情结。这种情结让他在异域作品的阅读中与原作者产生了共鸣、感同身受，体味到人性中的美与丑、善与恶。小说中对人性的表达打破了国度的疆域，剥去了政治的外衣，让葛浩文急不可待地想把这种人类共同的情感和体验分享给他的读者。当然，葛氏对文学的鉴赏和品味自然也离不开他所接受的系统教育。正是这种情怀，令他认同译者的责任感，忍不住要跳出来对原作评价一番。他认为译者是批评家，这体现在三个方面：第一，译者选择文本本身就是一个文学批评的过程；第二，在翻译过程中译者对原作进行隐性的批评，通过翻译手段来体现；第三，译者对作品进行显性的批评，表现在译者前言、作品介绍中（孟祥春，2014）。这种情结也让他成为一个性情中人，于是在写《萧红传》时，就有这么一段话："有好几个月时间，萧红的一生不断萦绕在我脑海中，写到这位悲剧人物的后期时，我发现自己愈来愈不安，萧红所受的痛苦在我感觉上也愈来愈真实，我写到她从一家医院转到香港临时红十字会医院，我只需写下最后一行，便可加上简短的附录和我的结论……，但是我写不下去……那一刻，不知怎的，我竟然觉得如果我不写这最后一行，萧红就可以不死。"（葛浩文，2013）

5.2.3 葛浩文的翻译实践与惯习

社会场域中的行为者在社会实践和体验中构建了惯习，惯习一旦形成，又成为社会行为者的实践逻辑，对行为者的活动进行指导。译者在翻译活动中的实践行为是译者翻译思想的体现，而译者的翻译思想是译者惯习外化的结果。接下来，我们首先对葛浩文的翻译实践中的文本选择、翻译方法以及市场操作等做一个简短的小结，然后分析葛浩文翻译实践活动及其惯习之间的关系。

1. 葛浩文翻译文本选择

翻译文本的选择是翻译活动的第一步，是任何一个译者都必须首先解决

的问题。在翻译文本选择上，葛浩文主要体现出三点：第一，选择自己喜欢
的作品；第二，选择符合市场需求的作品；第三，接受他人推荐的作品。首
先，葛浩文认为："翻译最重要的任务是挑选，不是翻译。我要挑一个作品，
一定是比较适合我的口味，我比较喜欢的。"（曹雪萍，2008）因此他翻译的
大部分作品都是他自己认可的。萧红让他感动、入迷，他要翻《呼兰河传》；
莫言的《天堂蒜薹之歌》让他很惊讶，他一定要翻；《红高粱》让他坐不住，
一定要搁置其他作品，先翻译这本书；贝拉的《魔咒钢琴》让他觉得特别有
意思，他要翻译；他甚至没读完姜戎的《狼图腾》就迫不及待地开始翻译。
其次，葛浩文是一个职业翻译家，市场的需求是他一定要考虑的一个因素。
就美国人喜欢的中国作品而言，葛浩文认为美国人喜欢三种："一种是 sex（性
爱）多一点的，第二种是 politics（政治）多一点的，还有一种侦探小说……
其他一些比较深刻的作品，就比较难卖得动。"（季进，2009）"美国读者更注
重眼前的、当代的、改革发展中的中国。除了看报纸上的报道，他们更希望
了解文学家怎么看中国社会。另外，美国人对讽刺的、批评政府的、唱反调
的作品特别感兴趣。"（罗屿，2008）贝拉的《魔咒钢琴》有动人的爱情故事，
也有跨文化的议题，应该会有热烈的反应，尤其是在犹太人的圈子（付鑫鑫，
2011）。第三，葛浩文也会接受他人推荐的作品。张洁的小说《沉重的翅膀》
是戴乃迭推荐的；《狼图腾》《北京娃娃》《魔咒钢琴》等作品都是出版社推
荐的。

2. 葛浩文翻译方法选择

葛浩文主张"我译故我在"，也乐于"将各类中文书翻译成可读性强的、
易于接近的，甚至是畅销的英文书籍"（曹顺庆，2015）。他认为"英文和中
文可以说是有天壤之别的两种语言，真要逐字翻译，不但让人读不下去，而
且更会对不起原著和作者"。因此，他会"翻出作者想说的，而不是一定要一
个字一个字地翻译作者说的"（石剑峰，2014）。正是基于翻译是一个重新写
作的过程这样的理念，葛浩文以译文读者为依归，在翻译中采用了比较灵活
的翻译方法，从第一本译作《呼兰河传》至今，他的翻译之路从来没有约定
之规，他翻译每一部作品的方法都不一样。他认为作为译者，原著就是他的
"指南针"，他只能跟着走，而不能用固定的方式来翻译不同的作品，"否则
《河岸》里面的人物说的话翻译出来，就跟《狼图腾》里面的主人公说话一
样了，那是要不得的！"（付鑫鑫，2011）为了保持小说故事情节的连贯和紧
凑，吸引读者，他根据出版社的要求，删去了《狼图腾》每章开头引用的文

献典故；他创造性地改编了《天堂蒜薹之歌》中的第19章中关于中国法律政策的细节描写；他在翻译莫言的一些作品时，在译本上加上了一些原著没有的东西，譬如性描写；但是他也会删除一些比较露骨的性描写，譬如在《生死疲劳》的译本中。正因为如此，有人说他的翻译太葛浩文化了，但是葛浩文对此却不以为然。他说："我有我喜欢用的词语和句法，如果把这些全放弃，转而接受作者的用词，我翻译不出任何书。我一定要用我能把握的、我习惯的、我欣赏的东西去翻译。"（孟祥春，2014）

3. 葛浩文翻译市场操作

职业翻译家翻译的目的总是本着市场去的，总是会尽早促成作品和读者的见面，葛浩文也不例外。归纳起来，葛浩文翻译市场的操作主要体现在以下三点：第一，与出版社合作。一般说来，翻译作品通过出版商和出版机构走向读者，而出版社对市场销售和读者品味的把握也总是高人一等。因此译者要想得到市场的认可，总是乐于和出版社进行合作。出版社会约请葛浩文翻译某部作品，葛浩文也会根据出版社的要求对译作进行必要的修订工作。张洁的《沉重的翅膀》开启了葛浩文商业出版的成功模式，增强了葛浩文走上翻译道路的信心。之后莫言的不少作品都是葛氏与出版社合作的结果。而像《北京娃娃》《魔咒钢琴》等这些葛氏平时不太会关注的作品也是由出版社推荐而翻译的。第二，与作者合作。在葛浩文的翻译实践中，有一个显著的特点，那就是他和大多数作者都是好朋友，在翻译中遇到对原文不理解的地方，或者发现原文中需要改动的地方，他都会和作者进行沟通。这种良好的关系在一定程度上保证了译者对原文理解的正确性，也避免了一些不必要的矛盾。葛浩文与莫言从1988年就开始合作，两人之间的通信多达一百多封，打的电话更是无法统计。葛浩文有时候常常为了一个字，为了在小说中提到他不熟悉的一件东西，都要与莫言反复磋商（莫言，2000）。第三，利用译者多重身份。葛浩文是一位翻译，翻译了大量的作品，但他还是一位20世纪中国文学的研究者，他在英文世界发表大量的文学评论文章，也与人合编评论和翻译文集，这些文章发表在诸如《华盛顿邮报》《泰晤士报》《时代》《洛杉矶时报》等比较畅销的报纸和杂志上。而且，他还是《现代中国文学》的创刊主编，对于读者的文学品味以及市场的接受情况比较了解。同时他也是国际重要奖项的评委之一，在美国俄克拉荷马大学举办美国纽曼中国文学奖的时候，葛氏就提名他所翻译的莫言最新作品《生死疲劳》。毫无疑问，这种多重身份对他翻译作品的出版和接受起到了推波助澜的作用。

　　现在，我们来看一下葛浩文的翻译行为与他的惯习之间的关系。从文本选择和翻译方法选择来看，葛浩文似乎是凭着自己的喜好，无拘无束、我行我素地徜徉在翻译的乐土里，但是他的作品仍然得到了出版社和读者的认可。其实，葛浩文首先是一个 20 世纪中国文学的研究者，出版过相关的专著，发表了不少中文文学方面的评论。他是个学术型的翻译家，对作品的鉴赏和判断都非常专业。他自己也宣称，喜欢严肃的作品，而"年轻人的作品来得快，去得也快"（郭娟，2009）。而在翻译方法选择方面，他坚持自己的译无定法的主张，也是基于他汉学家的身份。他对两种语言的掌握都达到了精通的地步，可以自如地在两种语言之间进行转换。同时，由于他是土生土长的美国人，对美国读者的品味和接受状况有比较清楚的把握。换言之，葛浩文专业系统的教育背景使他在自己的本土环境中，对文本选择以及翻译方法选择充满了自信。他选择的文本，大多跨越了国界，滤去了政治，直抵文学的内核——人性。他的翻译方法虽然灵活多变，但是都不离传递原文精髓、传播人类精神的实质。葛浩文利用多重身份进行市场的操作也是基于他文化惯习中可以利用的文化资本和性格中与生俱来的悟性。他拜师于柳无忌门下，了解到柳无忌的父亲柳亚子与萧红曾经是朋友，就拿出"证据"给导师看，并选萧红为博士论文选题。他借助对萧红作品的研究和翻译获得了进入中国文学场域的入场券。他带着《呼兰河传》的译本来到中国，拜见了杨宪益先生，结果得到《沉重的翅膀》的翻译机会，开启了他职业翻译的生涯。为了积累文化资本，他还选择翻译了巴金的作品《第四病室》。在翻译了十几部现代中文小说之后，葛浩文确立了自己在美国文学场域的地位，积累了一定的文学资本。在此期间，他和多家出版社建立了良好的合作关系，也积累了一定的社会资本。这个时候他读到了《红高粱》，于是他利用柳亚子的文学名声（符号资本），获得了莫言的认同，开始翻译莫言的作品。在他翻译到小说第一章第八节的时候，又不失时机地把译稿投给维京企鹅图书公司，作品的出版获得了成功，他的翻译事业逐渐走巅峰。在文学场域中的活动（评论、翻译等）为他不断地积累了文化资本和社会资本，使他的位置由边缘逐渐进入中心。同时他结交了中国文学场域中的其他行为者，和他们构成一定的关系。这种关系让他在某个特定的时候得到支持，比如在翻译莫言的小说《红高粱》时，他就得到美籍华裔作家谭恩美的帮助，为他向出版社争取到比原价高四倍的版税。这样他就积累了更多的经济资本和文化资本。

参考文献

奥斯丁. 傲慢与偏见[M]. 孙致礼，译. 成都：巴蜀书社，2015.

柏拉图. 柏拉图文艺对话录[M]. 朱光潜，译. 北京：人民文学出版社，1963.

贝克. 翻译与冲突——叙述性阐释[M]. 赵文静，译. 北京：北京大学出版社，2011.

布迪厄，华康德. 实践与反思[M]. 李猛，李康，译. 北京：中央编译出版社，1998.

布尔迪厄. 言语意味着什么——语言交换的经济[M]. 褚思真，刘晖，译. 北京：商务印书馆，2005.

蔡龙权. 在可能与不可能之间——关于可译性与不可译性的思考[J]. 上海师范大学学报（哲学社会科学版），2008(5).

蔡新乐. 翻译与汉语：结构主义视角下的译学研究[M]. 北京：中央编译出版社，2006.

曹明伦. Translation Studies 在中国的名与实——兼谈翻译学的学科范围和界线问题[J]. 上海翻译，2006(3).

曹顺庆，王苗苗. 翻译与变异——与葛浩文教授的交谈及关于翻译与变异的思考[J]. 清华大学学报（哲学社会科学版），2015(1).

曹顺庆. 翻译的政治：翻译研究与文化研究[M]. 北京：中国社会科学出版社，2005.

曹雪萍，金煜. 葛浩文低调翻译家[N/OL]. 新京报，2008-03-23[2016-09-11]. http://news.xinhuanet. com/book/2008-03/23/content_7841379.htm

陈福康. 中国译学理论史稿[M]. 上海：上海外语教育出版社，2002.

陈秀. 论译者介入[J]. 中国翻译，2002(1).

陈秀. 求真路上的探索者——记著名翻译家孙致礼[J]. 上海翻译，2005(3).

陈秀. 浙江省译家研究[M]. 杭州：浙江大学出版社，2007.

陈秀. 翻译"忠实"新解[J]. 吉林省教育学院学报（学科版），2010(9).

陈秀，聂晓霞. 翻译与权力——以布迪厄语言观为视角[J]. 长江大学学报，2011(6).

本雅明. 本雅明文选[M]. 陈永国，马海良，译. 北京：中国社会科学出版社，1999.

陈子善. 说不尽的张爱玲[M]. 济南：山东画报出版社，2004.

崔应贤，常月华. 论毛泽东的语言观[J]. 郑州大学学报（哲学社会科学版），1998(3).

刁克利. 诗性的拯救——作家理论与作家评论[M]. 北京：昆仑出版社，2006.

董秋斯. 翻译工作中的汉语规范化问题[C]//现代汉语规范问题学术会议文件汇编. 北京：科学出版社，1956.

董秋斯. 论翻译理论的建设[C]//罗新璋. 翻译论集. 北京：商务印书馆，1984.

段宝林. 神话与史诗（上篇）：中国神话博览[M]. 北京：民族出版社，2010.

方梦之. 发展与完善我国的译学研究体系——谈建立中国翻译学[J]. 外语教学，1988(1).

方梦之. 《翻译学理论的系统建构》序——为纪念杨自俭教授而作[J]. 上海翻译，2009(4).

费小平. 翻译的政治：翻译研究与文化研究[M]. 北京：中国社会科学出版社，2005.

傅东华. 序言[M]//米切尔. 飘. 傅东华，译. 杭州：浙江文艺出版社，2008.

傅敬民. 翻译能力研究：回顾与展望[J]. 外语教学理论与实践，2015(4).

傅敏. 傅雷谈翻译[M]. 北京：当代世界出版社，2006.

付鑫鑫. 美国翻译家葛浩文：对中国文学进入世界很乐观[N/OL]. 文汇报，2011-10-09[2016-09-11]. http://blog.sina.com.cn/s/blog_413ca21f0100x1d4.html

高宣扬. 鲁曼社会系统理论与现代性[M]. 北京：中国人民大学出版社，2005.

高宣扬. 布迪厄的社会理论[M]. 上海：同济大学出版社，2006.

高一虹. 沃尔夫假说的"言外行为"与"言后行为"[J]. 外语教学与研究，2000(3).

葛浩文. 萧红传[M]. 上海：复旦大学出版社，2013.

葛校琴. 后现代语境下的译者主体性研究[M]. 上海：上海译文出版社，2006.

宫留记. 布迪厄的社会实践理论[M]. 开封：河南大学出版社，2009.

辜鸿铭. 辜鸿铭文集[C]. 长沙：岳麓书社，1985.

辜鸿铭. 中国人的精神[M]. 海口：海南出版社，1996.

辜鸿铭. 辜鸿铭讲论语[M]. 北京：金城出版社，2014.

辜正坤. 中西诗比较鉴赏与翻译理论[M]. 北京：清华大学出版社，2003.

郭建中. 当代美国翻译理论[M]. 武汉：湖北教育出版社，2000.

郭建中. 重视实践，也重视理论[J]. 上海科技翻译，2003(1).

郭建中. 翻译：理论、实践与教学——郭建中翻译研究论文选[C]. 杭州：浙江大学出版社，2010.

郭娟. 译者葛浩文[N/OL]. 经济观察网，2009-03-24[2016-09-11]. http://www.eeo.com.cn/ eobserve/Business_lifes/Art/2009/03/24/133257.shtml.

郭朋. 隋唐佛教思想[M]. 福州：福建人民出版社，1994.

郭延礼. 中国近代翻译文学概论[M]. 武汉：湖北教育出版社，1998.

海德格尔. 存在与时间[M]. 陈嘉映，译. 北京：三联书店，1987.

海德格尔. 在通向语言的途中[M]. 孙周兴，译. 北京：商务印书馆，2004.

韩子满. 对翻译理论的偏见[J]. 上海科技翻译，2003(4).

河西. 葛浩文与他的汉译之旅[N/OL]. 2011-10-09[2016-09-11]. http//blog.sina.com.cn/s/blog_413ca 21f0100x1ci.html.

贺微. 翻译学：历史与逻辑的必然[J]. 外语与外语教学，2000(7).

贺微. 翻译忠实标准研究面面观[J]. 四川外语学院学报，2003(4).

贺显斌. 赞助者影响与两位莎剧译者的文化取向[J]. 四川外语学院学报，2005(6).

黑格尔. 哲学史演讲录：第2卷[M]. 贺麟，王太庆，译. 北京：商务印书馆，1960.

侯向群. 翻译理论在学科研究中的作用[J]. 四川外语学院学报，2004(1).

侯羽，朱虹. 葛浩文为读者负责的翻译思想探究——以《骆驼祥子》英译为例[J]. 燕山大学学报（哲学社会科学版），2013(2).

胡翠娥. 翻译与权力——五四期间文化激进主义和文化守成主义的翻译论争[J]. 天津外国语学院学报，2007(4).

胡庚申. 从"译者主体"到"译者中心"[J]. 中国翻译，2004(3).

胡经之，张首映. 西方二十世纪文论选：第三卷 读者系统[M]. 北京：中国社会科学出版社，1989.

黄兴涛. 辜鸿铭文集：下[M]. 海口：海南出版社，1996.

黄振定. 翻译理论与实践的辩证关系[J]. 上海科技翻译，2003(1).

季进. 我译故我在——葛浩文访谈录[J]. 当代作家评论，2009(6).

伽达默尔. 美的现实性[M]. 张志扬，译. 北京：三联书店，1991.

贾正传，张柏然. 辩证系统视野中的翻译本质和特性[J]. 外语研究，2007(4).

蒋骁华. 意识形态对翻译的影响[J]. 中国翻译，2003(5).

金圣华. 傅雷与他的世界[M]. 北京：三联书店，1996.

卡西尔. 符号·神话·文化[M]. 李小兵，译. 北京：东方出版社，1988.

劳陇. 丢掉幻想 联系实践——揭破"翻译（科）学"的迷梦[J]. 中国翻译，1996(2).

李红满. 布迪厄与翻译社会学的理论建构[J]. 中国翻译，2007(5).

李红满. 探索翻译研究的社会学途径——评介 Michaela Wolf 与 Alexandra Fukari 的《建构翻译社会学》[J]. 中国翻译，2008(6).

李文革. 西方翻译理论流派研究[M]. 北京：中国社会科学出版社，2004.

李霞. 权力话语、意识形态与翻译[J]. 西安外国语学院学报，2003(2).

梁启超. 论译书[C]//中国翻译工作者协会《翻译通讯》编辑部. 翻译研究论文集（1894—1948）. 北京：外语教学与研究出版社，1984.

林丹娅. 中西语言观之辨异[J]. 东南学术，2006(4).

林克难. 翻译需要理论指导[J]. 上海科技翻译，2003(1).

凌山. 一个翻译家的脚印——关于董秋斯的翻译[J]. 上海文学，2004(3).

刘军平. 西方翻译理论通史[M]. 武汉：武汉大学出版社，2009.

刘润清. 西方语言学流派[M]. 北京：外语教学与研究出版社，2002.

刘少杰. 社会学的语言学转向[J]. 社会学研究，1999(1).

刘少杰. 国外社会学理论[M]. 北京：高等教育出版社，2006.

刘士聪. 红楼译评[C]//《红楼梦》翻译研究论文集. 天津：南开大学出版社，2004.

刘拥华. 布迪厄的终生问题[M]. 上海：三联书店，2009.

罗列，穆雷. 翻译学的学科身份：现状与建设[J]. 上海翻译，2010(4).

罗新璋. 翻译论集[C]. 北京：商务印书馆，1994.

罗屿. 美国人喜欢唱反调的作品[J]. 新世纪周刊，2008(10).

吕俊. 哲学的语言论转向对翻译研究的启示[J]. 外国语，2000(5).

吕俊. 跨越文化障碍——巴比塔的重建[M]. 南京：东南大学出版社，2001a.

吕俊. 对翻译学构建中几个问题的思考[J]. 中国翻译，2001b(4).

吕俊. 我国传统翻译研究中的盲点与误区[J]. 外国语，2001c(5).

吕俊. 翻译学构建中的哲学基础[J]. 中国翻译，2002(3).

吕俊. 翻译理论的功能——兼析否认理论的倾向[J]. 上海科技翻译，2003a(1).

吕俊. 理论哲学向实践哲学的转向对翻译研究的指导意义. 外国语[J]，2003b(5).

吕俊，侯向群. 英汉翻译教程[M]. 上海：上海外语教育出版社，2001.

吕俊，侯向群. 翻译学——一个建构主义的视角[M]. 上海：上海外语教育出版社，2006.

马会娟. 加拿大学者视角下的当代西方翻译研究[J]. 解放军外国语学院学报，2015(5).

马士奎. 詹姆斯·霍尔姆斯和他的翻译理论[J]. 上海科技翻译，2004(3).

马士奎. 塑造自我文化形象——中国对外翻译现象研究[J]. 民族翻译，2009(3).

马士奎. 英语地位与当今国际文学翻译生态[J]. 山东外语教学，2014(6).

马祖毅. 英译汉技巧浅谈[M]. 南京：江苏人民出版社，1980.

马祖毅. 中国翻译简史——五四以前部分[M]. 北京：中国对外翻译出版公司，1998。

毛荣贵. 乱花渐欲迷人眼——评译论研究之一隅[J]. 上海科技翻译，2003(4).

孟祥春. 葛浩文论译者——基于葛浩文讲座与访谈的批评性阐释[J]. 中国翻译，2014(3).

莫言. 我在美国出版的三本书[J]. 小说界，2000(5).

穆雷. 翻译学：一个难圆的梦？[J]. 外语与外语教学，2000(7).

潘文国. 汉英语对比纲要[M]. 北京：北京语言大学出版社，2001.

潘文国. 当代西方的翻译学研究——兼谈"翻译学"的学科性问题[J]. 中国翻译，2002(1).

乔姆斯基. 乔姆斯基语言哲学文选[M]. 徐烈炯，译. 北京：商务印书馆，1992.

沈家会. 傅雷翻译"神似"论的美学因缘[J]. 长沙铁道学院学报，2008(3).

圣经（中英对照）[M]. 香港：国际圣经协会，1997.

石剑峰. 葛浩文：滥用成语导致中国小说无法进步[N/OL]. 东方早报，2014-04-22[2016-09-02]. http://culture.ifeng.com/wenxue/detail_2014_04/22/35943426_0.shtml.

孙会军. 译论研究中的文化转向[J]. 中国翻译，2000(5).

孙迎春. 张谷若翻译艺术研究[M]. 北京：中国对外翻译出版公司，2004.

孙致礼. 翻译的异化与归化[J]. 山东外语教学，2001.

孙致礼. 中国的文学翻译：从归化趋向异化[J]. 中国翻译，2002(1).

孙致礼. 理论来自实践，又高于实践[J]. 上海科技翻译，2003(4).

孙致礼. 译者的职责[J]. 中国翻译，2007(4).

孙致礼. 一切照原作译——翻译《老人与海》有感[J]. 当代外语研究，2012(4).

索绪尔. 普通语言学教程[M]. 刘丽，译. 北京：九州出版社，2007.

覃安基. 从语言到语言：一个无法自圆其说的游戏——20 世纪语言学转向及
　　其影响研究[J]. 广西社会科学，2011(2).

谭载喜. 论翻译学的途径[J]. 外语教学与研究，1987a(1).

谭载喜. 必须建立翻译学[J]. 翻译通讯，1987b(3).

谭载喜. 论翻译学的任务和内容[J]. 湖南师大社会科学学报，1987c(3).

谭载喜. 新编奈达论翻译[M]. 北京：中国对外翻译出版公司，1999.

谭载喜. 西方翻译简史[M]. 北京：商务印书馆，2004a.

谭载喜. 翻译学：作为独立学科的今天、昨天与明天[J]. 中国翻译，2004b(3).

谭载喜. 翻译本质的绝对与相对属性[J]. 广东外语外贸大学学报，2007(1).

铁凝. 文学是灯[J]. 人民文学，2009(1).

汪宝荣. 葛浩文英译《红高粱》生产过程社会学分析[J]. 北京第二外国语学
　　院学报，2014(12).

王秉钦，王颉. 20 世纪中国翻译思想史[M]. 天津：南开大学出版社，2009.

王东风. 理论与实践的关系是互动的[J]. 上海科技翻译，2003(1).

王东风. 解构“忠实”——翻译神话的终结[J]. 中国翻译，2004(6).

王宏印. 翻译学建设中理论与实践的关系之我见[J]. 上海科技翻译，2003a(1).

王宏印. 中国传统译论经典诠释——从道安到傅雷[M]. 武汉：湖北教育出版
　　社，2003b.

王洪涛. 建构“社会翻译学”：名与实的辨析[J]. 中国翻译，2011(1).

王建开. 五四以来我国英美文学作品译介史[M]. 上海：上海外语教育出版社，
　　2003.

王捷. 翻译中不可译性问题研究[J]. 语言研究，2008(1).

王克非. 翻译文化史论[M]. 上海：上海外语教育出版社，1998.

王宁. 比较文学与翻译研究的文化转向[J]. 中国翻译，2009(5).

王旭烽. 爱茶者说[M]. 北京：解放军文艺出版社，2002.

王悦晨，从社会学角度看翻译现象：布迪厄社会学理论关键词解读[J]. 中国
　　翻译，2011(1).

王佐良. 英语文体学引论[M]. 北京：外语教学与研究出版社，1990.

魏瑾. 文化介入与翻译的文本行为研究[M]. 上海：上海交通大学出版社，
　　2009.

温秀颖. 翻译理论与实践之间的纽带——翻译批评[J]. 上海科技翻译，2003(4).

文军，王川，赖甜. 葛浩文翻译观探究[J]. 外语教学，2007(6).

吴洁敏，朱宏达. 朱生豪传[M]. 上海：上海外语教育出版社，1989.

武光军. 翻译社会学研究的现状与问题[J]. 外国语，2008(1).

谢天振. 当代国外翻译理论导读[M]. 天津：南开大学出版社，2008.

谢天振. 译介学[M]. 上海：上海外语教育出版社，2000.

谢天振. 《文学翻译的理论与实践——翻译对话录》五人谈[J]. 中国翻译，2001(4).

谢天振. 序言[M]. 贝克. 翻译与冲突——叙述性阐释. 赵文静，译. 北京：北京大学出版社，2011

修文乔. 意识形态观照下的唐朝佛经汉译[J]. 西南农业大学学报，2008(3).

徐友渔. "哥白尼式"的革命——哲学中的语言转向[M]. 上海：三联书店，1994.

许钧. 对翻译的历史思考——读《从西塞罗到本雅明》[J]. 上海科技翻译，1999(3).

许钧. 译学探索的忠实记录和理性总结[J]. 中国翻译，2001(2).

许钧. 翻译论[M]. 武汉：湖北教育出版社，2003a.

许钧. "创造性叛逆"和翻译主体性的确立[J]. 中国翻译，2003b(1).

许钧，袁筱一. 当代法国翻译理论[M]. 武汉：湖北教育出版社，2001.

许渊冲. 实践第一 理论第二[J]. 上海科技翻译，2003(1).

许渊冲. 文学翻译与中国文化梦[J]. 中国外语，2014(5).

杨才元. 文化的可译性：一个相对概念[J]. 扬州大学学报，2009(1).

杨柳. 文化资本与翻译的话语权力[J]. 中国翻译，2003(2).

杨全红. 译可译,非常译——谈几种"不可译"语言形式的变通翻译[J]. 四川外语学院学报，2001(3).

杨武能. 翻译、接受与再创造的循环——文学翻译断想[J]. 中国翻译，1987(6).

杨晓华. 翻译社会学的理论构架与研究——以中国语言服务产业为例[J]. 上海翻译，2011(3).

杨衍松. 古老的悖论：可译与不可译[J]. 外语与外语教学，2000(9).

杨自俭. 关于建立翻译学的思考[J]. 中国翻译，1989(4).

杨自俭. 对翻译本质属性的认识——《自由派翻译传统研究》序[J]. 上海翻译，2008(1).

翻译研究的社会学途径——以布迪厄的社会学理论为指导

姚小平. 洪堡特——人文研究和语言研究[M]. 北京：外语教学与研究出版社，1995.

俞佳乐. 翻译的文艺社会学观[J]. 外语与外语教学，2004(5).

郁达夫. 郁达夫文集[M]. 广州：花城出版社，1983.

袁莉. 文学翻译主体的诠释学研究构想[J]. 解放军外国语学院学报，2003(3).

曾利沙. 翻译实践的社会性与翻译理论的成型性[J]. 上海科技翻译，2003(4).

张后尘. 翻译学：在大论辩中成长[J]. 外语与外语教学，2001(1).

张经浩. 翻译学：一个未圆且难圆的梦[J]. 外语与外语教学，1999(10).

张经浩. 没有理论的实践是盲目的实践吗？[J] 上海科技翻译，2003(1).

张经浩. 主次颠倒的翻译研究和翻译理论[J] .中国翻译，2006(5).

张美芳. 翻译学的目标与结构——霍姆斯的译学构想介评[J]. 中国翻译，2000(2).

张美芳. 《翻译与冲突——叙述性阐释》评介[J]. 外语教学与研究，2007(4).

张南峰. 走出死胡同 建立翻译学[J]. 中国翻译，1995(4).

张耀平. 拿汉语读，用英语写——说说葛浩文的翻译[J]. 中国翻译，2005(2).

赵甲明，韦正翔. 马克思主义基本观点 18 讲[M]. 北京：中国社会科学出版社，2011.

赵巍. 翻译学学科性质与研究方法反思[J]. 解放军外国语学院学报，2005(6).

赵巍. 重新解读钱锺书的翻译思想[J]. 北京航空航天大学学报，2009(4).

周建人. 关于"直译"[C]//罗新璋编. 翻译论集. 北京：商务印书馆，1994.

周领顺. 译者行为与"求真—务实"连续统评价模式[J]. 外语教学，2010a(1).

周领顺. "求真—务实"译者行为评价模式的辩证性——译者行为研究（其四）[J]. 江苏大学学报，2010b(2).

周宪. "吾语言之疆界乃吾世界之疆界"——从语言学转向看当代文论范式的构建[J].学术月刊，2010(9).

周作人. 周作人集外文[M]. 海口：海南国际新闻出版中心，1993.

朱骏公. 朱译莎剧得失谈[J]. 中国翻译，1998(5).

朱湘军. 从权力话语看翻译之强势[J]. 外国语，2008(6).

邹振环. 影响中国近代社会的一百种译作[M]. 南京：江苏教育出版社，2008.

Anderman G, Rogers M. *Translation Today: Trends and Perspectives*[C]. Clevedon: Multilingual Matters Ltd., 2003.

Aoife G. Pasternak's Hamlet: translation, censorship and indirect communication[C]// Chuilleanáin E, Cuilleanáin C, Parris D. *Translation and Censorship: Patterns*

翻译研究的社会学途径——以布迪厄的社会学理论为指导

of Communication and Interference. Dublin: Four Courts Press, 2009.

Austen J. *Pride and Prejudice*[M]. London: Penguin Group, 1994.

Baker M. *Translation and Conflict: A Narrative Account*[M]. New York: Routledge, 2006.

Bassenett, Lefevere. *Constructing Cultures: Essays on Literary Translation*[C]. Shanghai: Shanghai Foreign Language Education Press, 2002.

Bassnett, Lefevere. *Translation, History and Culture*[C]. London: Pinter Publishers, 1990.

Bourdieu P. *Distinction: A Social Critique of the Judgement of Taste*[M]. London: Routledge & Kegan Paul, 1984.

Bourdieu P. *Language and Symbolic Power*[M]. Cambridge: Polity Press, 1991.

Catford J. *A Linguistic Theory of Translation: An Essay in Applied Linguistics*[M]. Oxford: Oxford University Press, 1965.

Chuilleanáin E, Cuilleanáin C, Parris D. *Translation and Censorship: Patterns of Communication and Interference*[M]. Dublin: Four Courts Press, 2009.

Dickens C. *The Personal History of David Copperfield*[M]. Beijing: Foreign Language Press, 1996.

Douglas R. *Western Translation Theory: from Herodotus to Nietzsche*[M]. Manchester: St. Jerome Publishing, 2002.

Dunnett J. Translating under pressure: The censorship of foreign fiction in Italy between the wars[C]// Chuilleanáin E, Cuilleanáin C, Parris D. *Translation and Censorship: Patterns of Communication and Interference*. Dublin: Four Courts Press, 2009.

Eco U. *The Search for the Perfect Language*[M]. New Jersey: Wiley-Blackwell, 1997.

Gentzler E. *Contemporary Translation Theories*[M]. London: Routledge, 1993.

Gideon T. *Descriptive Translation Studies and Beyond*[M]. Amsterdam/ Philadelphia: John Benjamins Publishing Company, 1995.

Heidegger. *Poetry, Language, Thought*[M]. New York: Harper & Row Publisher, 1975.

Heidegger. The origin of the Work of Art[C]//Krell D F. *Basic Writings from Being and Time to The Task of Thinking*. London & New York: Routledge, 1993.

Hermans T. *Translation in System: Descriptive and System-oriented Approaches Explained*[M]. Shanghai: Shanghai Foreign Language Education Press, 2004

Holmes J. The name and nature of translation studies[A]//Venuti L. *The Translation Studies Reader*. New York: Routledge, 2004.

Inghilleri M. Bourdieu and the sociology of translation and interpreting[J]. *The Translator*, 2005, 11(2).

Jakobson R. On Linguistic aspects of translation[C]//Brower R A. *Translation*. New York: Oxford University Press, 2000.

Kellner H. *A New Philosophy of History*[M]. Chicago: The University of Chicago Press, 1995.

Lefevere A. *Translation, Rewriting and the Manipulation of Literary Fame*[M]. Shanghai: Shanghai Foreign Language Education Press, 2004.

Merkle D, O'Sullivan C, Doorslaer L, et al. *The Power of the Pen: Translation & Censorship in Nineteenth-century Europe*[C]. Berlin: Lit, 2010.

Newmark P. *Paragraphs on Translation*[M]. Clevedon & Philadelphia: Multiglingual Matters, 1993.

Nida E. *Language, Culture, and Translating*[M]. Shanghai: Shanghai Foreign Language Education Press, 1993.

Nida E, Taber C. *The Theory and Practice of Translation*[M]. Leiden: E. J. Brill, 1982.

Somers, Gibson. Reclaiming the epistemological "other": Narrative and the social constitution of identity[C]//Calhoun G. *Social Theory and the Politics of Identity*. Oxford: Blackwell, 1994.

Stalling J. The voice of the translator: An interview with Howard Goldblatt[J]. *Translation Review*, 2014, 88.

Steiner G. *After Babel*[M]. London: Oxford University Press, 1975.

Tymoczko M, Gentzler E. *Translation and Power*[C]. Beijing: Foreign Language Teaching and Research Press, 2007.

Updike J. *Bitter Bamboo:* Two novels from China[J]. *The New Yorker*, 2005(5).

Venuti L. *The Translators' Invisibility*[M]. Shanghai: Shanghai Foreign Language Education Press, 2004.

Vermeer H. What does it mean to translate?[J]. *Indian Journal of Applied Linguistics*, 1987(13/2).

175

翻译研究的社会学途径——以布迪厄的社会学理论为指导

Waley A. *The Analects*[M]. Beijing: Foreign Language Teaching and Research Publishing House, 2005.

Wolf M, Fukari A. *Constructing a Sociology of Translation*[C]. Amsterdam/Philadelphia: John Benjamins Publishing Company, 2007.

Wolfram W. *The Science of Translation: Problems and Methods*[M]. Shanghai: Shanghai Foreign Language Education Press, 2002.

索　引

翻译研究的社会学途径——以布迪厄的社会学理论为指导

翻译研究的社会学途径——以布迪厄的社会学理论为指导

图书在版编目（CIP）数据

翻译研究的社会学途径：以布迪厄的社会学理论为
指导 / 陈秀著.—杭州：浙江大学出版社，2016.12
（2018.1 重印）
ISBN 978-7-308-16452-8

Ⅰ．①翻…　Ⅱ．①陈…　Ⅲ．①英语－翻译－研究
Ⅳ．①H315.9

中国版本图书馆 CIP 数据核字（2016）第 290850 号

翻译研究的社会学途径——以布迪厄的社会学理论为指导
陈　秀　著

责任编辑　诸葛勤
封面设计　周　灵
责任校对　杨利军　孙　鹏
出版发行　浙江大学出版社
　　　　　（杭州市天目山路 148 号　邮政编码 310007）
　　　　　（网址：http://www.zjupress.com）
排　　版　浙江时代出版服务有限公司
印　　刷　嘉兴华源印刷厂
开　　本　710 mm × 1000 mm　1/16
印　　张　12
字　　数　215 千
版 印 次　2016 年 12 月第 1 版　2018 年 1 月第 4 次印刷
书　　号　ISBN 978-7-308-16452-8
定　　价　38.00 元